HISTOIRE

PHYSIQUE, CIVILE ET MORALE

DES

ENVIRONS DE PARIS.

—

TOME VI.

IMPRIMERIE MOREAU,
rue Montmartre, n. 39.

HISTOIRE

PHYSIQUE, CIVILE ET MORALE

DES

ENVIRONS DE PARIS,

DEPUIS LES PREMIERS TEMPS HISTORIQUES
JUSQU'A NOS JOURS;

CONTENANT l'Histoire et la Description du pays et de tous les lieux remarquables compris dans un rayon de vingt-cinq à trente lieues autour de la Capitale; enrichie d'une belle Carte des Environs de Paris, et de beaucoup de gravures représentant les principaux Édifices, tels qu'Églises, Palais, Châteaux, Maisons de plaisance, Canaux, Vues pittoresques, etc., etc.

PAR J. A. DULAURE,

DE LA SOCIÉTÉ ROYALE DES ANTIQUAIRES DE FRANCE.

TOME SIXIÈME.

PARIS,

GUILLAUME, LIBRAIRE-ÉDITEUR,
RUE HAUTEFEUILLE, N. 14;

PONTHIEU, PALAIS-ROYAL, GALERIES DE BOIS, N. 252;
PEYTIEUX, GALERIE DELORME, N. 11 ET 13.

1827.

HISTOIRE
PHYSIQUE, CIVILE ET MORALE
DES
ENVIRONS DE PARIS.

SUITE DU LIVRE PREMIER
DE LA HUITIÈME PARTIE.

CHAPITRE IV.

CRÉCY, COUILLY, FAREMOUTIER, LA CELLE, COULOMMIERS, BOISSY-LE-CHATEL, REBAIS, LA FERTÉ-GAUCHER.

§. Ier.
CRÉCY.

PETITE ville du département de Seine-et-Marne, située dans une vallée agréable, sur la route de Paris à Coulommiers et sur le grand Morin, à trois lieues au S. de Meaux, à dix au

N.-E. de Melun, et dix et demie à l'E. de Paris.

Crécy était anciennement le siége d'une seigneurie étendue, dont les possesseurs portèrent d'abord le titre de vicomte, puis celui de comte. Leurs noms paraissent dans plusieurs actes relatifs à des fondations pieuses et datés des premiers règnes de la troisième dynastie. Une chapelle avait probablement existé en ce même lieu avant qu'ils y eussent établi leur résidence; ils l'érigèrent en une collégiale, dont il est fait mention dans un titre de 1123. Dans les siècles suivans, Crécy appartenait à la maison de Chatillon; et divers membres de cette famille s'attachèrent à enrichir l'église dédiée à saint Georges, ainsi que plusieurs autres du pays. Plus tard, la seigneurie fut tenue immédiatement par les comtes de Champagne, comme comtes de Brie.

En 1465, Louis XI donna cette seigneurie en échange à Antoine de Chabannes, comte de Dammartin.

Au XIIIe. siècle, un Hôtel-Dieu existait à Crécy; et quelques titres de cette époque prouvent que cette maison était dirigée par des religieux. Une maladrerie, plus ancienne encore, existait à l'une des portes de la ville; et le souvenir en a été conservé par une chapelle de Saint-Michel qui en faisait partie. Au XVIIe. siècle, cette maladrerie fut réunie à l'hôpital.

A l'époque des troubles religieux, le château seigneurial de Crécy était un des plus forts de la contrée; et la ville était flanquée de quatre-vingt-dix-neuf tours, dont il reste encore quelques vestiges. Une garnison royaliste la défendit contre les efforts des ligueurs.

Au commencement du XVIIe. siècle, sous le règne de Louis XIII, il fut établi à Crécy, comme dans plusieurs autres lieux de France, des communautés religieuses des deux sexes. En 1641, le roi donna son château de Crécy aux pères de la Mission.

Crécy était le siége d'un bailliage, d'une sénéchaussée et d'une maîtrise particulière des eaux et forêts. C'est aujourd'hui un chef-lieu de canton de l'arrondissement de Meaux. Il y a une justice de paix et une brigade de gendarmerie.

Il se fait dans cette petite ville un commerce assez considérable de laines. Il s'y tient deux foires annuelles : le premier jeudi de mai, et le jour de Saint-Michel, le 29 septembre : celle-ci est la plus considérable. Le marché a lieu le jeudi de chaque semaine. Il y a des tanneries, des chamoiseries. Une manufacture de lacets est dans l'ancien couvent des Minimes.

Crécy est entourée de prairies et de vignobles. On y compte environ 1,100 habitans.

Saint-Martin-sur-Crécy et Voulangis. Ce village existait déjà au commencement du xiie. siècle, et on l'appelait le *Vieux-Crécy*. En 1123, l'évêque de Meaux, Burchard, donna à l'abbaye de Saint-Martin-des-Champs de Paris l'église de ce lieu, dédiée au même patron. Des donations subséquentes permirent d'y former un prieuré. La cure fut dans la suite transportée au hameau voisin, appelé Voulangis, puis replacée à Saint-Martin, ce qui a fait confondre les deux lieux en un seul. Le plus considérable aujourd'hui est Voulangis. La paroisse avec le hameau qui l'entoure est à une très-petite distance du grand Morin.

La Chapelle-sur-Crécy était une dépendance du prieuré dont il vient d'être parlé. Cette chapelle, dédiée à Notre-Dame, fut, en 1302, érigée en église collégiale et paroissiale. La cure embrassait, comme on l'a dit plus haut, une partie de Crécy. Un pont établissait dans cet endroit, dès le xiiie. siècle, la communication entre les deux rives du Morin.

La chapelle, y compris quelques hameaux qui en dépendent, est aujourd'hui un gros bourg d'environ 1,200 habitans. On y remarque un ancien manoir féodal et de beaux jardins dessinés par Le Nôtre.

§. II.

COUILLY.

Village situé dans une vallée près du grand Morin, à une lieue et demie au N.-O. de Crécy et à neuf lieues à l'E. de Paris.

Il existait dans ce lieu, au XIe. siècle, une église déjà assez ancienne, située en face d'une seconde église qui se trouvait de l'autre côté du grand Morin. Celle-ci, ayant été donnée vers la fin du même siècle à l'abbaye de Saint-Germain-des-Prés de Paris, en prit alors le nom. Le village qui l'entoura prit aussi le nom de Saint-Germain ou Saint-Germain-sous-Couilly, à cause de sa position, relativement à ce premier village. Peu après, l'abbaye parisienne, ayant reçu d'Espagne la plus grande partie du corps du bienheureux saint Georges, en fit la distribution dans tout le pays et mit en grand renom le culte de ce saint. L'église de Couilly prit alors le titre de Saint-Georges. Le pont qui faisait communiquer en cet endroit les deux bords du grand Morin fut pendant quelque temps appelé *pont Saint-Georges*. Plusieurs paroisses furent honorées de ce même nom.

La paroisse de Saint-Germain était fort étendue; et il en fut détaché dans la suite quelques cures. Quant à celle de Couilly, elle devint, au commencement du XIIIe. siècle, remarquable par un des principaux établissemens religieux de la contrée. C'est l'abbaye de filles de l'ordre de Cîteaux, nommée d'abord l'abbaye *du pont*, ou du *pont Notre-Dame*, ensuite du *pont aux Dames*. Elle avait été d'abord établie très-près du pont de Couilly, dans une de ces anciennes *Maisons-Dieu*, si nombreuses dans ce pays. Trois ans après, elle fut transférée au hameau de Rue, distant d'un quart de lieue et appartenant à la terre de Crécy, dont le seigneur était titulé *gardeur* et *avoué* de l'abbaye dans quelques titres de cette époque [1]. La fondation de l'abbaye du pont aux Dames se rapporte à l'année 1226; et

---

[1] D. Duplessis, *Histoire du diocèse de Meaux*, tome I, page 600.

Hugues de Chatillon, comte de Blois, plus tard appelé le comte de Saint-Paul, en fut le fondateur. L'acte qui institue le monastère mentionne diverses concessions faites en sa faveur par ce Chatillon : celle-ci est digne de remarque : « Pour l'entretien desdites religieuses » j'ai donné, du consentement de tous les » hommes de Couilly, les fours dudit lieu à » l'abbaye, de telle sorte que nul laïc, demeu- » rant à Couilly, ne pourra cuire que dans les » fours appartenant au monastère, et que per- » sonne n'y pourra posséder de fours, si ce n'est » lesdites religieuses [1]. » Là, comme ailleurs, les seigneurs laïques ou ecclésiastiques avaient envahi le monopole de toute espèce d'industrie.

Les successeurs de Hugues ajoutèrent à ses dons, et fondèrent dans le sein de l'abbaye diverses chapelles auxquelles furent attachées des religieuses du même ordre pour assister les saintes filles dans l'exercice de leurs devoirs. L'église de l'abbaye devint la sépulture de cette famille. La réputation de ce couvent

---

[1] Duplessis, *Histoire du diocèse de Meaux*, pièces justificatives, n°. 271.

s'accrut chaque jour; et il eut pour abbesses les filles les plus distinguées par leur naissance. Il ne paraît pas que ce monastère ait jamais subi de réforme.

Détruit pendant les troubles auxquels le royaume fut en proie sous les premiers Valois, il fut rétabli après l'expulsion totale des Anglais et la pacification du royaume. Il a été de nouveau démoli à la révolution.

Le terroir de Couilly se compose de terres labourables et de vignes. Ce village est traversé par la route de Paris à Coulommiers. Il appartient au département de Seine-et-Marne, arrondissement de Meaux, canton de Crécy. Réuni à plusieurs hameaux des environs, il présente une population de 850 habitans.

§. III.

FAREMOUTIER.

Bourg assez considérable, situé sur le petit Morin, à environ cinq lieues au S. de Meaux et douze de Paris.

Ce lieu, comme plusieurs autres du royaume, doit son existence à une abbaye célèbre, dont la fondation lui est antérieure, et par conséquent autour de laquelle il s'est formé. L'origine de cet établissement se rapporte au commencement du VIIe. siècle; et il eut pour fondatrice sainte Fare, dont le frère, saint Faron, occupa le siége épiscopal de Meaux. Ces deux personnages avaient pour auteur un seigneur de la cour d'Austrasie, originaire de la Bourgogne [1]. Fare était encore dans l'âge le plus tendre, lorsque saint Columban, obligé de quitter ce dernier pays, vint se réfugier chez son père, dans les environs de Meaux. En le quittant, *l'homme de Dieu* bénit sa maison où il avait reçu l'hospitalité et voua d'avance à Dieu *Burgundofaram quæ infra infantiles annos erat*[2]. Sainte Fare, ayant atteint l'âge nubile, se sentit destinée à réaliser les espérances de Columban, et refusa opiniâtrément de se marier. Persécutée par son père, elle quitta la maison paternelle. L'évêque de Meaux, Gon-

---

[1] Sainte Fare est nommée Burgundofara dans plusieurs documens anciens; or, ce mot *fara* est un mot teutonique signifiant, suivant Ménage, *voyager, émigrer*, ou pour les Lombards, *race, lignée*, double sens qui s'accorderait également avec l'origine indiquée. *Dictionnaire étymologique*, art. Faraman.

[2] Jonas, *Act. SS. Bened.*, tome II, page 25.

doald, lui fit prendre le voile. Le père, voyant qu'il n'y avait plus de remède, se réconcilia avec elle et lui fournit même peu après une somme d'argent pour bâtir un monastère. Ce monastère fut donc édifié sur un terrain à lui appartenant et occupant toute la pointe de terre renfermée entre les petites rivières d'Aubertin et du grand Morin. On appelait ce lieu ainsi qu'une forêt des environs du nom de *Brige.* Ce nom signifiait *pont* en langue celtique ; et il était donné à cette étendue peu considérable de sol à cause d'un pont existant dès lors sur le Morin. Ce nom de Brige n'est point formé de celui de *Brie* qu'a porté depuis la petite province dont Meaux était la capitale. Il est vrai qu'à cette époque on commença à appeler la contrée *Brigensis saltus, Brigia sylva* ou *pagus Briegius.* L'abbaye fondée par sainte Fare, qui fut d'abord appelée *Brige* ou *le pont,* et qui a conservé assez long-temps ce nom latinisé *Eboriacum* ou *Ebriacum* [1], a pu contribuer, par ses accroissemens et la grande considération qu'elle acquit, à étendre cette dénomination jusqu'aux limites qu'elle n'a pas dépas-

---

[1] Beda, *Hist. Angl.*, lib. III, cap. VIII.

sées[1]; mais il faut dire que tous les auteurs ne sont pas d'accord sur cette étymologie, d'ailleurs peu importante.

Quoique fort jeune encore, Fare fut placée à la tête de la communauté, que son exemple avait rapidement formée : c'est le premier monastère de filles qui ait été établi au pays de Meaux. Saint Eusthase, qui avait puissamment contribué à déterminer la vocation résolue de la jeune fille, fut chargé, comme chef du monastère, de diriger la vie spirituelle des saintes filles. La règle de saint Columban avait d'abord été introduite; et ce n'est que quelques années après que celle de saint Benoît vint la remplacer. Une des pratiques de l'institut était de se confesser *trois fois* par jour à l'abbesse du monastère. L'extrême dévotion de Fare et de ses compagnes fut récompensée par une infinité de miracles dont le monastère devint le théâtre : plusieurs eurent pour témoins oculaires diverses personnes étrangères au couvent, telles que ce Jonas déjà cité, lequel, dit l'historien de Meaux, n'a *jamais passé pour un imbécille*. Il nous en a laissé le récit de quelques uns; et c'est

---

[1] *Duplessis*, tome I, note 17, page 938.

à lui que nous devons de savoir que l'âme de sainte Sisetrude fut renvoyée du Ciel pour reprendre son corps et passer trois jours encore avec lui sur la terre, afin de faire pénitence et de reparaître plus pure encore aux pieds du souverain juge; que sainte Gibitrude ressuscita pareillement, vécut six mois, après lesquels elle *remourut*, laissant sa cellule remplie d'un *parfum délicieux*; que sainte Blitilde, au moment où elle attendait l'instant qui *allait l'unir pour jamais à son céleste époux*, c'est-à-dire l'instant de la mort, vit se changer en lait, l'eau qui remplissait le fond de la lampe, et l'huile se multiplier à tel point qu'elle en dépassa promptement les bords, et une foule d'autres particularités aussi remarquables.

Le monastère eut à supporter quelques persécutions de la part d'Éga, maire du palais, sous Clovis II. On n'en sait pas précisément les motifs; mais il y a lieu de penser que la règle de saint Columban, sous laquelle vivaient encore les religieuses, en était la cause; car certaines pratiques de cette règle rencontraient alors de fortes contradictions. Elles nous sembleraient maintenant ridicules; mais elles avaient beaucoup d'importance dans ce siècle superstitieux. Demander la bénédiction toutes les fois qu'on entrait dans un lieu ou qu'on en sortait ; couper ses cheveux sur le devant et les laisser croître derrière ; *faire en mangeant le signe de la croix sur sa cuillère :* tels étaient les points sur lesquels cet institut trouvait un grand nombre d'adversaires véhémens et de défenseurs entêtés.

Fare mourut. Quarante ans après sa mort, l'évêque de Meaux fit exhumer son corps, et le renferma dans une châsse pour l'exposer à la vénération des fidèles, non sans quelque contradiction de la part des assistans : car un pareil emploi du corps des bienheureux était encore d'un usage assez récent. Quoi qu'il en soit, cette châsse fit, dit-on, dans la suite un si grand nombre de prodiges et de guérisons merveilleuses, qu'un appartement de l'intérieur, où elle avait sans doute été déposée, portait le nom de *chambre des miracles*. La célébrité dont jouit dès lors sainte Fare fit donner son nom à l'abbaye qu'elle avait fondée; et on ne l'appela plus que Fare-Moustier ou Faremoutier.

Au commencement du XIe. siècle, il fallut presque partout réformer les mœurs des monastères qui s'étaient singulièrement corrom-

pus pendant tous les troubles auxquels le royaume était depuis si long-temps en proie. L'abbaye de Faremoutier n'avait point su se préserver de la contagion ; et les religieuses y vivaient dans un déréglement tel, que Philippe Ier., roi de France, écrivant, vers l'an 1099, à Bernard, abbé de Moyen-Moutiers, pour l'inviter à réformer ce monastère, dit que la religion et la règle monastique y sont mises en oubli, (*et, quod miserabilius est, prostibulum factum esse,*) et, ce qui est le plus affligeant, qu'on en a fait *un lieu de prostitution.* La lettre d'Yves de Chartres à l'évêque de Meaux, relative au même objet, n'est pas moins expressive : « J'ai été informé, dit-il,
» de la conduite infâme des religieuses de Fa-
» remoutier. Ce lieu n'est plus habité par des
» vierges du Seigneur : il l'est par des femmes
» diaboliques qui en ont fait un repaire de
» débauche ; elles livrent, sans pudeur, leur
» corps à tous les genres de dissolution ima-
» ginables. »

Il ne s'agissait de rien moins que de chasser les religieuses du couvent ; cependant on se contenta de bannir celles dont la conduite avait offert le plus de scandale, et de ramener les autres aux anciennes règles de piété et de discipline [1].

Au XIIe. siècle, le monastère était dans un état florissant; et l'on y comptait un si grand nombre de religieuses, que le roi Louis-le-Jeune crut devoir le fixer à cent, et défendit sévèrement d'admettre aucune nouvelle religieuse jusqu'à ce que le couvent eût été réduit au nombre déterminé. Ce n'était plus alors, comme dans les premiers temps, une communauté d'hommes qui était chargée de satisfaire aux besoins spirituels des saintes filles, mais de simples clercs dont le même prince réduisit aussi le nombre à sept : cinq prêtres, un diacre et un sous-diacre. Ces clercs se trouvèrent dans la suite réduits à quatre. Ils portaient le titre de chanoines et de curés, parce qu'à tour de rôle ils desservaient la paroisse du lieu, placée sous l'invocation de Saint-Sulpice.

Cette cure de Faremoutier donna lieu à de fréquentes querelles entre l'abbesse et l'évêque : car celui-ci voulait qu'elle fut soumise à

---

[1] Duplessis, *Histoire de l'église de Meaux*, tome II, pièces justificatives, page 16, et tome I, livre II, page 113. — *Gallia christiana*, tome VIII. col. 1703.

la juridiction de l'ordinaire, et l'autre prétendait l'en affranchir. Par un compromis, il fut décidé que l'abbesse aurait le curé en son pouvoir; qu'elle le punirait, en consultant les autres chanoines, s'il y avait lieu, mais qu'en cas de persévérance dans une mauvaise conduite, à l'évêque appartiendrait le droit de le juger et de le déposer.

Vers le milieu de ce siècle, un incendie consuma le monastère. Pour se procurer les sommes considérables qui étaient nécessaires à sa reconstruction, on usa d'un moyen généralement employé alors : on fit une quête en promenant de ville en ville les reliques de sainte Fare et le chef de sainte Agnès, dont les religieuses étaient aussi en possession. Ces reliques firent des miracles et, surtout, produisirent une collecte au moyen de laquelle l'église et le monastère furent rebâtis. Ces porteurs de reliques et vendeurs d'indulgences, au XVe. siècle, étaient, par leur charlatanisme et leurs escroqueries, tombés dans le dernier mépris : on les nommait *porteurs de rogatons*.

Un village s'était formé autour de cette riche abbaye. Les étrangers qui y venaient fréquemment en pélerinage concoururent à sa prospérité. Le monastère offrait un asile aux pauvres. Ainsi qu'à Saint-Faron et à Rebais, on distribuait du pain aux portes certains jours de la semaine; et, au XIVe. siècle, un habitant du bourg fit une fondation pour que cette distribution eût lieu tous les jours.

Nous passons rapidement sur une foule de discussions relatives à la juridiction, qui eurent lieu entre l'évêque de Meaux et l'abbaye, pour ne nous arrêter qu'aux particularités dignes d'attention. Cette vieille querelle du prélat et de l'abbesse se renouvelait toutes les fois que l'un des deux se trouvait avoir un esprit enclin aux tracasseries; alors il s'ensuivait toujours un nouveau procès. Vers la fin du XVe. siècle, on crut devoir encore opérer une réforme dans l'abbaye, où il s'était introduit certaines pratiques relâchées, sinon comparables aux excès qu'il avait fallu réprimer quelques siècles auparavant, du moins fort opposées à la règle fondamentale du monastère. L'évêque fit d'abord à ce sujet une tentative qui n'eut point de résultat; puis il obtint un arrêt du parlement qui enjoignit aux religieuses de *manger et de coucher en commun, de ne pas sortir de l'enceinte sans la permission de l'abbesse*, etc. Les religieuses ne virent rien de mieux alors que d'intenter un procès à l'évêque relativement à la juridiction. L'affaire traîna pendant une vingtaine d'années ; enfin, Marie Cornu, abbesse de Chelles, vint à Faremoutier à la tête de dix religieuses, tirées des abbayes de Chelles et de Montmartre, et y introduisit la réforme tant de fois éludée. Il y eut à Faremoutier, pendant quelque temps, à cette époque, des abbesses triennales; mais, après un petit nombre d'élections de ce genre, l'ancien usage prévalut; et elles continuèrent à être élues à vie par les religieuses jusqu'à l'époque où le concordat attribua le choix au pouvoir temporel.

Peu d'années après, nouvelle guerre entre l'évêque et l'abbaye. Il y avait alors au monastère, pour exercer les fonctions spirituelles, deux religieux de l'abbaye de Saint-Germain-des-Prés. Ces pères avaient un logement dans la cour d'entrée ; c'était une espèce de monastère à part; il se composait d'un dortoir, d'un réfectoire et d'un logement destiné aux hôtes. Ils étaient les conseils et les appuis de ces filles, dans les différens qu'en 1535 leur suscita l'évêque Jean de Buz, dont nous avons raconté la triste aventure.

La famille de l'évêque était riche et puissante. Les premiers démêlés furent amenés par divers empiétemens sur les possessions de l'abbaye, que le prélat et les siens crurent pouvoir se permettre impunément. Il s'ensuivit de sanglantes querelles; quelques serviteurs du monastère furent assassinés et leurs maisons incendiées. Les religieuses se plaignirent. L'évêque, furieux du procès qui lui fut intenté, se transporta un jour au monastère avec quelques valets armés de bâtons, accabla les religieuses d'injures et mit les moines en fuite. Cette démarche violente envenima la querelle : elle dura fort long-temps, et amena plusieurs arrêts du parlement [1].

Au XVIIe. siècle, le procès relatif à la juridiction fut encore repris, et terminé sous l'épiscopat de Bossuet, par une transaction qui affranchit l'abbaye pour le temporel, et maintint la supériorité spirituelle de l'évêque.

Cette abbaye fut détruite pendant la révolution; il n'en reste aujourd'hui que les bâtimens de l'abbatiale, qui forment une résidence fort agréable.

---

[1] *Duplessis*, livre IV, page 345.

La petite ville de Faremoutier était le siége d'une châtellenie, avec haute, moyenne et basse justice, et bailliage seigneurial. Il y a marché le lundi de chaque semaine pour les grains et fruits des environs. Il s'y tient une foire le lundi saint. Le pélerinage à *Sainte-Fare* y est toujours en faveur, et attire en ce lieu beaucoup d'étrangers ; le 10 mai de chaque année. Il y a trois tuileries. On y compte environ 1,100 habitans.

§. IV.

LA CELLE.

Village situé sur la pente d'une colline, au bas de laquelle passe le grand Morin, à deux lieues à l'O. de Coulommiers, et à douze et demie à l'E. de Paris.

Il est dit qu'à une époque assez reculée, un gardeur de pourceaux de la Brie, nommé Blandin, témoigna l'intention de se faire ermite, et, à cet effet, obtint de son maître un quartier de terre dans une île du Morin. Là, il se construisit un oratoire sous le titre de Saint-Pierre. A sa mort, plusieurs abbayes voisines, telles que Faremoutier, Saint-Fiacre, etc., voulurent avoir quelques lambeaux du corps de ce saint homme; mais la plus grande partie resta dans le lieu même qu'il avait habité; et une communauté ne tarda pas à s'y former. Le nom de *Cella* ou La Celle [1], anciennement donné à tout prieuré peu considérable ou au lieu de retraite d'un seul homme, fut conservé à ce couvent, ainsi qu'au village qui se forma à peu de distance.

Les comtes de Dammartin furent les bienfaiteurs les plus considérables, et même les fondateurs réels de cette maison. Aussi fut-elle regardée jusqu'à la fin du XIe. siècle, comme une dépendance de leur seigneurie. Mais, à cette époque, les religieux étaient livrés à de tels excès de débauche qu'on n'ose les retracer. Et suivant un tabulaire de 1082, « le vice était » seul en pratique dans ce couvent; il s'y commettait plusieurs autres infamies, *quæ et dicere pudet, et audire turpe est*, qu'on » rougirait de dire et d'entendre [2]. » Rien ne pouvant rappeler ces moines à leurs devoirs, les possesseurs du couvent, le donnèrent, en

---

[1] Cellule n'en est qu'un diminutif.
[2] *Duplessis*, tome II, pièces justificatives, n°. 18.

cette même année, à l'abbaye de Marmoutiers, pour y introduire une réforme.

Devenu prieuré de Marmoutiers, La Celle se fit remarquer par la régularité de ses religieux; aussi se plut-on à l'enrichir par le don de plusieurs églises des environs. Au XIIIe. siècle, l'église, menaçant ruine, fut rebâtie ainsi que le cloître. Au XVIIe. siècle, l'abbaye de Marmoutiers céda cette maison aux Bénédictins anglais, réfugiés depuis quelque temps en France, et que Louis XIV naturalisa en 1650.

Ce couvent a été détruit lors de la révolution. Il n'offre plus aujourd'hui que des ruines.

La Celle est un village assez considérable, dont les environs sont en terres labourables, vignes et prairies. On y compte près de 1,200 habitans, en y comprenant plusieurs hameaux voisins. Il appartient au département de Seine-et-Marne, arrondissement de Coulommiers.

§. V.

COULOMMIERS.

Petite ville située sur un bras du grand Morin, à quatre lieues au S. de la Ferté-sous-

Jouarre, douze au N.-O. de Melun et quatorze à l'E. de Paris.

Une église, dédiée à saint Denis, existait très-anciennement en ce lieu. Les comtes de Champagne en étaient seigneurs directs, en leur qualité de comtes de Brie, et y avaient établi des chapelains qui jouissaient de plusieurs priviléges. Ces comtes, si puissans, habitaient quelquefois ce lieu où se trouvait un manoir seigneurial. Ce bourg devint bientôt assez considérable. Vers la fin du XIe. siècle, une seconde église, sous le titre de Sainte-Foi, fut érigée par Thibaut III, comte de Champagne, à l'extrémité orientale de la ville et dans un quartier qu'on appelait alors *le Moncel*. Des religieux y furent également établis ; et, peu après, les revenus des chapelains de l'ancienne église passèrent à la nouvelle fondation. Saint-Denis cessa dès lors d'être une collégiale et devint la cure de Coulommiers. Quant à l'église de Sainte-Foi, elle fut donnée par son fondateur à l'abbaye de Conques, du diocèse de Rhodez, dont elle devint ainsi un simple prieuré. Ce prieuré reçut d'importans priviléges. La seigneurie de toute cette portion de la ville lui fut dans l'origine concédée par les comtes ;

le prieur y renonça plus tard ; mais il reçut en échange la juridiction seigneuriale dans toute l'étendue de la ville, et, de plus, le droit de percevoir une contribution sur les marchandises de toute espèce que l'on vendait à la foire qui se tenait, chaque année, le jour de la fête de Saint-Denis et durait pendant deux journées.

Ce prieuré fut successivement enrichi par les dons d'un grand nombre de seigneurs. Plusieurs églises, entre autres la paroisse même de Coulommiers, en dépendaient, ainsi que les écoles de la ville. Il fut sécularisé vers le milieu du XVIe. siècle par une bulle du pape Paul III. Dès lors, il n'y eut plus de moines; et le prieur, qui jouissait ainsi tout seul de riches revenus, se chargeait de payer quelques ecclésiastiques séculiers pour célébrer le service divin au prieuré.

En 1231, Thibaut VI, comte de Champagne, se distingua par un établissement plus grand et plus utile que celui de son aïeul et qui doit consacrer son nom dans les souvenirs de cette petite ville : nous voulons parler de la charte qui affranchit et constitua la commune de Coulommiers. Elle serait une belle action, si le comte ne l'avait pas concédée à prix d'argent comme c'était alors l'usage général. Celle-ci est fort remarquable : le comte y fait plusieurs concessions; il accorde aux bourgeois l'exercice de la justice sur les étrangers qui viendront ou sont venus s'établir dans la commune de Coulommiers, lorsque l'objet en litige ne s'élèvera pas au-dessus de vingt sous ; mais il se réserve la justice pour les crimes très-profitables au seigneur. « Je retiens, dit-» il, le meurtre, le rapt, les larrons; je re-» tiens les champions vaincus desquels j'aurai » l'amende, etc. » Il termine ainsi cette pièce que sa longueur ne nous permet pas d'insérer ici : *Et est à savoir que, se aucun de la commune de Collomiers estait arrétez ou pris en aucun lieu por ma dette, gie* (je) *suis tenu à délivrer luy et ses choses dou mien : et s'il estait pris ou arrestez por autre chose, gie li sui tenu à aider à délivrer à buene foy; et est à savoir que se aucuns de cax* (ceux) *qui venront ester en la commune de Collomiers, s'en veullent raller, il s'en iront sainement et franchement quant il vorront et auront conduit de moi pleinement* xv *jors; et est à savoir que mi serjant qui sunt à moi et sil qui ont mes char-*

tres et les chartres de mes antessors seront en la commune de Collomiers, s'il vuellent, et, s'il ne vuellent, il seront en ma main si cume il estaient devant; et ces convenances qui sunt devant dites gie jurées à tenir par moi et por mes oirs et aux et à lor oirs à tos jors : et por que ce soit chose ferme et estable gié l'ai sellé en mun seel[1].

A peu près vers la même époque fut fondé à Coulommiers, par un seigneur nommé Jean de Patras, un Hôtel-Dieu qu'accrurent dans la suite diverses fondations charitables. Au XIVe. siècle, il était administré par des religieux et par des religieuses. Au XVIIe., on y réunit la maladrerie de Chailly. Vers le milieu de ce même siècle, il se forma dans cette ville une association de dames de la charité. Cette confrérie fut remplacée au commencement du siècle suivant par trois sœurs de la charité pour le soulagement des malades. L'Hôtel-Dieu et l'hôpital de la charité sont aujourd'hui réunis sous le nom d'hospice.

Coulommiers souffrit beaucoup pendant les

---

[1] Duplessis, *Histoire du diocèse de Meaux*, tome II, pièces justificatives, n°. 295.

guerres civiles qui livrèrent le royaume aux Anglais. La ville fut pillée, et le prieuré livré aux flammes ; mais ces calamités furent réparées après le retour de la paix. Ainsi que nous l'avons dit précédemment, on obtint les sommes nécessaires au rétablissement du monastère, en promenant les reliques par tout le royaume. Pour Sainte-Foi de Coulommiers, le même résultat fut obtenu au moyen d'un grand nombre de miracles qui se firent dans tout le cours du xve. siècle : c'étaient surtout les aveugles qui y accouraient pour y recouvrer la vue. Des procès-verbaux du prieuré constataient, dit-on, un grand nombre de ces guérisons miraculeuses [1].

Au commencement du xviie. siècle, Catherine de Gonzague, veuve de Henri d'Orléans, duc de Longueville, qui possédait Coulommiers comme dame ou châtelaine, y fit bâtir un très-beau château dans une île que forme en cet endroit la rivière du Morin. Le duc de Chevreuse, en 1736, fit abattre cette demeure seigneuriale, dont il ne reste plus que des vestiges. A peu de distance du château et sur

---

[1] *Duplessis*, tome I, livre III, page 294.

l'alignement même des bâtimens, la princesse posa en 1617 la première pierre d'un couvent qu'elle destinait à des capucins. Cet édifice fut achevé en 1625; et les pères en prirent alors possession. L'église de ce monastère existe encore, et se fait remarquer par une architecture trop élégante pour une capucinière.

Outre les établissemens religieux ci-dessus désignés, Coulommiers possédait encore, avant la révolution, un couvent de chanoinesses de l'ordre de Saint-Augustin.

Cette petite ville, l'une des principales de la Brie, était anciennement le siége d'un bailliage, d'une élection, d'une maîtrise particulière des eaux et forêts, et d'une subdélégation de l'inteadance de Paris. Elle est aujourd'hui chef-lieu d'un arrondissement du département de Seine-et-Marne et la résidence d'un sous-préfet. Elle a un tribunal de première instance, une justice de paix, et une brigade de gendarmerie.

Le commerce y est très-considérable et concourt surtout à l'approvisionnement de Paris: il consiste en grains et farines, fromages, melons qui y sont fort estimés, laines, tanneries, etc. Il y a deux foires annuelles, le 1er. mai et le

9 octobre : celle-ci est la plus considérable. Le marché se tient le mercredi de chaque semaine. Celui du premier mercredi de chaque mois, qu'on appelle *marché franc*, est presque une foire.

Plusieurs maisons d'éducation pour les jeunes gens des deux sexes sont établies à Coulommiers que sa situation rend saine et agréable. On y compte environ 3,600 habitans.

§. VI.

BOISSY-LE-CHATEL.

Boissy-le-Châtel est situé à une lieue de Coulommiers, et à deux lieues vers l'O. de Rebais.

Ce village, aujourd'hui de peu d'importance, eut autrefois un château fortifié; il appartint, dans la suite, à M. de Caumartin, intendant de Flandre.

Il ne reste plus de ce château qu'une grosse tour, les débris d'une chapelle, et deux autres bâtimens faisant partie de l'habitation principale, entourée de fossés larges et profonds. « M. Villette a fait réparer les deux tours et » les autres bâtimens existans. Ils sont envi-

» ronnés d'un jardin à l'anglaise, dans lequel
» serpente une petite rivière alimentée par une
» source dont les eaux coulent dans la partie
» des fossés qui n'a pas été comblée. »

Le village n'offre rien de remarquable.

§. VII.

REBAIS.

Petite ville située à trois lieues à l'E. de Coulommiers et à dix-sept de Paris.

Nous avons vu le bienheureux Adon fonder le monastère de Jouarre. Pendant qu'il signalait ainsi sa dévotion, Radon ou saint Ouen, son frère, voulut se signaler par quelqu'établissement du même genre. A trois petites lieues de Jouarre était un lieu fort solitaire, également distant du grand et du petit Morin, et voisin d'un torrent alors appelé *Resbac*, d'où vient sans doute le nom actuel de Rebais. Ce lieu faisait partie d'une terre royale. Saint Ouen la demanda à Dagobert qui s'empressa de l'accorder. Une abbaye d'hommes y fut sur-le-champ érigée, et reçut le nom de *Jérusalem* qu'elle a perdu dans la suite. Saint Ouen voulut d'abord s'y retirer, comme son frère avait fait à Jouarre; mais, cédant aux instances de ses amis, il continua, au nom du bien public, de rester à la cour, exerçant sa charge qu'on croit être celle de référendaire. L'abbaye paraît avoir été fondée vers l'an 634. Deux ans après, saint Aile, moine de Luxeuil, en fut nommé le premier abbé [1].

Celui-ci était cousin-germain de saint Faron et fils d'un certain Aguvald, l'un des seigneurs les plus considérables de la cour du roi d'Austrasie, Clotaire II; de plus, sa vocation fut déterminée par une bénédiction de saint Columban, donnée à l'âge de sept ans. Il avait acquis une haute réputation dans le monastère de Luxeuil : c'est pourquoi saint Ouen le demanda au roi et aux prélats assemblés, en 636, à Clichy, comme le personnage qui pouvait le mieux gouverner son monastère. Cette même année, l'évêque saint Faron et le roi Dagobert accordèrent à l'abbaye de Rebais des priviléges dont voici la substance : personne ne pourra s'approprier rien de ce qui appartient au monastère; les évêques ne s'attribueront à ce sujet aucune puissance ou autorité; ils pourront venir prier

---

[1] *Coint. annal. eccles. franc.*, tome III, page 16.

dans l'église du couvent; mais ils s'abstiendront de pénétrer dans le cloître et de le visiter, à moins qu'ils n'y soient invités par l'abbé et les religieux; enfin les moines, au décès de leur abbé, éliront librement son successeur [1].

Sous la direction de saint Aile, cette abbaye devint bientôt florissante. On y comptait alors jusqu'à quatre-vingts religieux. Une Maison-Dieu, c'est-à-dire un asile pour les pauvres, y était attachée. Après saint Aile, on compte parmi les abbés de Rebais plusieurs autres personnages non moins distingués par leur dévotion que par le rang qu'ils ont tenu dans le monde, entre autres saint Filibert, fondateur des abbayes de Jumièges, de Nermoutiers, etc.; saint Rieul, qui devint archevêque de Reims; saint Gautier, premier abbé de Saint-Martin-de-Pontoise; Noël, chancelier sous le roi Louis-le-Jeune, etc.

Dans les siècles suivans, les princes et seigneurs se complurent à doter richement cette abbaye. Au XIIe. siècle, elle possédait un très-grand nombre de terres et d'églises, toutes ré-

---

[1] *Duplessis*, tome I, livre I, page 48.

duites en prieurés. Ces moines savaient fort adroitement stimuler la générosité des seigneurs de cette époque. On voit, par exemple, Henri Ier., comte de Champagne, *s'épuiser* presque, suivant l'expression de l'historien du diocèse de Meaux, pour payer en péages, bois et terres, une petite partie (*particulam*) *du suaire de Jésus-Christ, un fragment du bras du prophète Élysée, une dent du bienheureux martyr Lazare, et deux dents de sainte Geneviève* : précieux trésors que l'abbé de Rebais, Brice, avait bien voulu consentir à échanger pour quelques superfluités de ce bas-monde, c'est-à-dire, de vastes propriétés.

Un bourg considérable s'était formé autour de l'abbaye, dépendant à tous égards du monastère; il ajouta encore à son importance. Fiers de la puissance et des honneurs attachés à leur dignité, les abbés commencèrent alors à vouloir lutter contre les évêques, afin de se soustraire à leur juridiction; il en résulta une querelle semblable à celle dont plusieurs autres monastères avaient été ou étaient le théâtre. Cette affaire dura plus de cent ans ; et la cour de Rome fut plus d'une fois obligée d'intervenir. Dans cette période de temps, les excommunications ne furent point épargnées, comme on le pense bien. Enfin, en 1212, il y eut un compromis par lequel la juridiction spirituelle et temporelle était accordée à l'abbé, hors certains cas, tels que ceux d'hérésie, de sacrilége, etc., lesquels étaient spécialement réservés à l'évêque. En compensation de cette demi-victoire, le monastère s'obligea à délivrer tous les ans au prélat six muids de grain, à prendre sur la dîme d'Ussy. Cette affaire fut reprise au XVIIe. siècle, sous l'épiscopat de Bossuet. Ce prélat ne put souffrir que quelques abbés de son diocèse se prétendissent affranchis du joug épiscopal. Un procès s'ensuivit. Bossuet, ayant alors obtenu gain de cause, rentra dans ses droits de juridiction pleine et entière; et l'abbaye fut, par la même décision, dégagée du tribut des six muids de blé ou d'avoine qu'elle payait depuis le XIIIe. siècle.

Lorsqu'en vertu du concordat de François Ier., le droit d'élire leur abbé fut enlevé aux religieux, le monastère déchut bientôt de son ancienne splendeur. La faveur livra ce riche bénéfice à des hommes peu dignes d'un poste pareil. La discipline se relâcha insensiblement; et, à l'époque où la réforme vint plonger le royaume dans des troubles fatals, l'abbaye était bien loin d'avoir conservé son antique renom. Le nombre des religieux était peu considérable. Ils se regardaient à peu près comme libres de toute règle; et l'abbé, quand il n'était pas à la cour ou ailleurs, vivait au sein de l'opulence dans un château contigu à l'abbaye, et dont il reste encore quelques ruines.

Vers le milieu du XVI°. siècle, la famille de Lenoncourt possédait cette abbaye comme à titre héréditaire en ligne collatérale. Philippe de Lenoncourt, le premier abbé de cette maison, en même temps archevêque de Reims, ayant été nommé cardinal, partit pour Rome, afin de recevoir le chapeau. Dans le but de paraître avec plus de faste à la cour pontificale, il avait fait enlever l'or, l'argent et les pierreries, dont les châsses de son église étaient ornées, et, non content de ces spoliations, avait emprunté une somme assez considérable au capitaine Rentigny, depuis gouverneur de Meaux pour les ligueurs. Celui-ci, voyant que le cardinal ne se hâtait pas de la lui rendre, vint à la tête de cent hommes d'armes, prit le château, le pilla, et y laissa une garnison. Le cardinal résigna peu de temps après l'abbaye à son neveu, nommé aussi Philippe de Lenoncourt, lequel a été surnommé l'*ivrogne*, à cause de ses excès et de ses débauches de table. Celui-ci voulant, au bout de deux années, se délivrer des ligueurs, appela à son secours le maréchal de Biron, qui vint avec cinq ou six mille hommes, et prit possession de Rebais au nom du roi. Il y eut alors même quelque mésintelligence entre les moines et les nouveaux venus; et, comme probablement ceux-ci ne demandaient qu'un prétexte pour agir en ennemis, on prétendit qu'un coup de feu avait été tiré sur les gens du maréchal par quelqu'un du monastère; et Biron, sans plus ample informé, ordonna à ses soldats d'entrer dans l'église et d'y mettre le feu : ce qui fut exécuté. Cet édifice fut reconstruit trente ou quarante années après, mais ce fut dans des proportions moins grandes et moins belles qu'auparavant. Quant à l'abbé, il résigna l'abbaye, en 1622, à son neveu, nommé aussi Philippe de Lenoncourt, et mourut quelques années après *d'une manière si infâme qu'on n'ose en parler*[1].

[1] *Duplessis*, tome I, livre IV, page 405.

Ce troisième Lenoncourt en usa à l'égard de ses religieux, de manière à les forcer de chercher à briser son joug et à s'unir à la congrégation de Saint-Maur. Ses dissipations leur laissaient à peine de quoi vivre. Il se faisait décorer du titre de *marquis*, et visait manifestement à chasser entièrement les moines du couvent, pour le faire ériger en duché. Ils trouvèrent donc le moyen de conclure un traité avec la congrégation de Saint-Maur; mais l'abbé, feignant d'y donner les mains, se fit confier ce traité, qui ne put recevoir son exécution qu'à sa mort. Il mourut en 1661. Pour tracasser ceux des religieux qui désiraient une réforme, il avait introduit dans le monastère une quantité de mauvais sujets, bannis de divers couvens pour leurs méfaits. Dès qu'il eût cessé de vivre, la règle de Saint-Maur y fut introduite; et depuis l'on n'entendit plus parler de cette abbaye : elle a été détruite pendant la révolution. L'église de l'abbaye était sous l'invocation de saint Pierre. Il y avait en outre deux paroisses, toutes deux à la présentation de l'abbé : c'étaient Saint-Jean et Saint-Nicolas. Sur la première se trouvait l'Hôtel-Dieu, composé de deux salles, l'une de huit lits pour les hommes, et l'autre de six seulement pour les femmes. Cet Hôtel-Dieu a été conservé.

Le commerce de Rebais consiste surtout en grains. Il y a cinq foires annuelles et marché le mardi de chaque semaine. Rebais appartient à l'arrondissement de Coulommiers. On y compte 1,200 habitans.

§. VIII.

LA FERTÉ-GAUCHER.

Petite ville agréablement située dans une vallée étroite sur la rivière du grand Morin, et traversée par la grande route de Sézanne à Paris, à dix-huit lieues à l'E. de cette dernière, à quatre lieues et demie de Coulommiers.

Nous avons donné ailleurs l'étymologie du mot *Ferté*; nous ne reviendrons pas sur ce point. Un grand nombre de lieux en France portèrent le même nom; et leur origine doit être expliquée de la même manière [1].

Élisabeth, femme de Gaucher, seigneur de La Ferté, consacra, au XIe. siècle, la maison

[1] Voyez *La Ferté-Milon*, tome v, page 87.

qu'elle avait dans cette ville, pour y bâtir une église de *Saint-Martin* : cette fondation nous apprend à la fois l'origine du nom de *Gaucher*, donné à La Ferté, et la fondation de son église.

Un Geofroy, seigneur de La Ferté-Gaucher, épousa, au XIIe. siècle, la troisième fille de Hugues de Vermandois, nommée Mathilde, de laquelle naquit Ada, qui devint l'épouse de Simon d'Oisy. Voilà tout ce qu'on sait de ce seigneur.

A la fin du XIIIe. siècle, la seigneurie de La Ferté-Gaucher et celle de La Ferté-Ancoul, appartenaient à Jean de Guignes, vicomte de Meaux, qui, en 1305, épousa la veuve de Mathieu v, de Montmorency, Jeanne Le Bouteiller.

Quant à l'église fondée par Élisabeth, femme de Gaucher, elle fut d'abord occupée par des chanoines séculiers ; mais elle passa, bientôt après, aux chanoines réguliers de Saint-Jean-des-Vignes ; enfin, en 1133, des différens survenus entre ceux-ci, et les moines de Molême ou de la Maison-Dieu, qui occupaient l'église de *Saint-Martin-des-Champs*, au sujet d'une église de *Saint-Romain*, dont Saint-Martin-des-Champs avait toujours dépendu, nécessitèrent un réglement portant que Saint-Martin et Saint-Romain seraient dorénavant deux paroisses distinctes et indépendantes l'une de l'autre; que la première appartiendrait à l'abbaye de Saint-Jean-des-Vignes, la seconde à celle de Molême.

Il y eut donc Saint-Martin-des-Champs et Saint-Martin dans la ville. Mais comme le titre de la cure était à Saint-Romain, les chanoines ne tardèrent pas à s'y transporter et à y établir leur demeure. De là le prieuré conventuel qui y subsista long-temps : Saint-Romain était hors de l'enceinte de la ville. Le service paroissial, pour la commodité des habitans, s'introduisit dans l'église de Saint-Martin. Alors personne ne pouvait tenir école, ni dans la ville, ni dans toute l'étendue de la châtellenie de La Ferté, sans la permission des chanoines réguliers.

Vers le commencement du xviie. siècle, fut fondé à La Ferté-Gaucher un couvent de chanoinesses régulières. « Deux filles de cette » ville, dit l'historien de l'église de Meaux, » Barbe Drouin et Louise Drouin, conçurent, » vers l'an 1620, le dessein de se vouer à

» Dieu. Elles s'exercèrent ensemble pendant
» quelques années dans les travaux de la péni-
» tence, sous la conduite de Pierre Legris,
» prieur-curé de la même ville. » La dame de
La Ferté-Gaucher les seconda et fit les frais de
la fondation ; le prieuré resta soumis immédiatement à l'évêque.

« La communauté, qui ne cherchait qu'à
» faire son salut dans une humble retraite et
» dans le silence, jouissait d'une paix pro-
» fonde, que rien ne paraissait devoir trou-
» bler. La prieure mourut en 1634; et M. de
» Bélleau, évêque de Meaux, fit défense aux
» religieuses de procéder à aucune nouvelle
» élection.... On s'arrangeait alors pour chas-
» ser les chanoinesses de leur monastère et
» pour y introduire en leur place les religieu-
» ses de la Visitation; et, le 9 mai 1635, l'évê-
» que arriva lui-même à La Ferté avec quatre
» religieuses de la Visitation, de Meaux. »

Les chanoinesses étaient sans appui, sans
secours ; cependant elles résolurent de résister à l'évêque. Le refus qu'elles firent d'introduire chez elles les protégées de ce prélat irritèrent le saint homme, qui, l'année
suivante, revint à La Ferté, amenant main-

forte avec lui. On rompit la clôture du monastère et fit poster une douzaine de sergens aux portes du dehors. Louise Drouin se mit en devoir de les aller fermer; elle fut saisie par quatre des satellites de l'évêque, qui la jetèrent dans un carrosse et la conduisirent à Faremoutiers. Quatre autres furent enlevées de force et conduites chez les religieuses de la Visitation, de Meaux, qui restèrent en possession du monastère. Cependant les chanoinesses restaient fermes dans leur opposition; et, dans ce temps, mademoiselle de Montpensier vint elle-même jusqu'à La Ferté, afin de les engager à se rendre et à embrasser l'institut de la Visitation; mais elles résistèrent à ses instances. Louise Drouin cita l'évêque de Meaux au parlement. Le procès eut de l'éclat; on prenait alors grand intérêt aux querelles ecclésiastiques. Le parlement donna gain de cause aux chanoinesses, et confirma leur établissement.

La Ferté-Gaucher était, avant la révolution, le siége d'un bailliage seigneurial et d'une maîtrise particulière des eaux et forêts; c'est aujourd'hui un chef-lieu de canton, le siége d'une justice de paix, et la résidence d'une brigade de gendarmerie; l'Hôtel-Dieu a été conservé; il s'y fait un commerce assez considérable. Le grand Morin y fait tourner plusieurs moulins. On compte à La Ferté-Gaucher 1,860 habitans.

Le hameau de Mont-Blain, voisin de La Ferté, renferme un château, dont le site et les points de vue sont très-agréables.

LIVRE II.

CHAPITRE PREMIER.

COUP-D'OEIL GÉNÉRAL. — PAYS D'ENTRE SEINE ET MARNE.

Sur la rive droite de la Marne, la craie et l'argile plastique se montrent en abondance, et le calcaire marin y est rare.

Il en est autrement du calcaire siliceux; ce calcaire, disent MM. Cuvier et Brongniard, forme au sud-est de Paris, un plateau immense. Il n'est interrompu par aucun autre terrain; et, dans tout le pays, dont il forme la base, on ne connaît aucune partie de calcaire marin; mais on ne peut en dire autant de la formation gypseuse, dont les marnes le recouvrent quelquefois, ni des autres formations supérieures à celle-ci. Nous en avons conclu que le calcaire siliceux remplace, au sud-est de Paris, la formation de calcaire marin.

Nous soupçonnons cependant que cette sorte de terrain n'est pas absolument exclue des pays formés par le calcaire marin, et qu'elle s'y montre dans quelques parties en couches extrêmement minces, recouvrant les dernières assises de ce calcaire. Nous soupçonnons, par exemple, que les marnes calcaires dures, souvent grises, souvent infiltrées de silice et de quartz, comme à Passy, à Neuilly, à Meudon, à Sèvres, etc., ne renfermant jamais aucune coquille, ni marine, ni fluviatile, appartiennent à la même formation, que le calcaire siliceux de Champigny, etc. Il y a entre ces couches minces de marnes dures et les siliceuses et entre les bancs puissans de calcaire siliceux, la plus grande analogie; leur position respective dans la série des couches est la même, puisqu'on trouve toujours ces couches au-dessous du gypse, et dans le passage du gypse au calcaire, comme à Triel, à Meudon, à Saint-Cloud, etc.

En partant de Meaux, la vallée de la Marne forme la limite naturelle de ce terrain jusqu'au cap où est situé Ambroise; il n'y a qu'une seule île de calcaire siliceux sur la rive droite de cette rivière, celle qui porte Dampmart et Carnetin.

On remarque que le calcaire siliceux quitte la vallée de la Marne à Ambroise, pour aller gagner, presqu'en ligne droite, celle de la Seine à Villeneuve-Saint-Georges; alors il la suit jusqu'à Draveil. En s'étendant sur la rive gauche de cette rivière, il prend pour limite, à l'ouest, la vallée d'Orge jusqu'à Saint-Yon, au-delà d'Arpajon.

Vers l'est, nous n'avons pu déterminer ses limites d'une manière aussi certaine; elles sont et trop éloignées, et trop souvent cachées par les sables; mais il paraît qu'elles finissent, comme du côté de Nemours, aux collines de craie qui commencent à Montmirail, etc.

Il serait fatigant et inutile de décrire successivement tous les petits plateaux renfermés dans cette grande enceinte; ce serait d'autant plus inutile, qu'il y a peu de terrains d'une structure plus uniforme que celui-ci. Nous nous contenterons d'indiquer quelques-uns des points les plus remarquables parmi ceux que nous avons examinés.

La colline de Dampmart, au nord de Lagny, est le seul terrain de calcaire siliceux que nous connaissions sur la rive droite de la Marne. Ce calcaire siliceux, sans coquille, est recouvert ici de calcaire siliceux d'eau douce; et, vers l'extrémité nord-ouest, cette colline porte le terrain gypseux de Carnetin.

La colline de Champigny, sur le bord de la Marne, est un des points où le calcaire siliceux peut être le plus facilement étudié, et un de ceux où il présente ses caractères de la manière la plus évidente. Le terrain est formé, dans une grande épaisseur, de masses calcaires compactes réunies par des infiltrations de calcaire spathique, de quartz cristallisé, de calcédoine, de cacholong et de silex mameloné et coloré en rouge, en violet ou en brun. Quelques-uns de ces silex, comme l'a découvert M. Gillet-Laumont, offrent ces couches pleines et parallèles de calcédoine et de sardoine que l'on recherche pour la gravure en camées; enfin, on y voit tous les passages possibles du silex dur et translucide au silex blanc, opaque et friable comme de la craie. Le calcaire gris, compact et infiltré de silex, est exploité dans ce lieu pour faire de la chaux d'une très-bonne qualité. Cette exploitation, ayant fait creuser et remuer dans un grand nombre de points le terrain de cette colline, nous a permis de rechercher si nous ne pourrions pas apercevoir quelques débris de coquilles fossiles, soit marines, soit fluviatiles : nous n'en avons vu aucun indice; mais le sommet de la montagne est composé de silex et de meulière renfermant des coquilles d'eau douce.

Selon les observations des minéralogistes cités plus haut, la colline d'Ébly appartient à la formation gypseuse. Il y a, de ce point jusqu'auprès du confluent de la Seine et de la Marne, une grande étendue de terrain sans plâtre; mais il faut remarquer que le calcaire marin disparaît, et que ces deux formations reparaissent également près de Créteil.

« La colline qui domine Créteil au S.-E.,
» et au pied de laquelle se voit le hameau de
» Mesly, fait partie de la formation gyp-
» seuse. Le sommet de cette colline domine
» de quelques mètres l'entrée des platrières.
» On trouve d'abord des marnes argileuses
» vertes, des marnes calcaires dures et des
» rognons de gypse cristallisé, vulgairement
» nommés *grignard*.

» On y reconnaît ensuite les trois masses.
» La première est à trente mètres de profon-
» deur; elle avait un mètre seulement de

» puissance : elle est maintenant épuisée. La
» seconde est à trente-quatre mètres; elle a
» environ un mètre quinze centimètres d'é-
» paisseur. La troisième qui est à trente-huit
» mètres de profondeur, a un mètre trois
» décimètres d'épaisseur : c'est celle qu'on ex-
» ploite actuellement. Elle est composée de
» deux bancs distincts. Ces masses sont sépa-
» rées par des lits de marne feuilletée. On n'a
» point encore trouvé d'os fossiles dans ces
» couches de gypse. »

Entre Seine et Marne, les terrains de sable et grès sont très-rares.

Les meulières sans coquilles se trouvent en petite quantité dans beaucoup d'endroits; mais elles ne sont abondantes et remarquables que vers le cap occidental du plateau de Trapes, et l'appendice de ce plateau qui porte le village de Laqueue. Les meulières y sont en petits fragmens.

Quant au terrain d'eau douce, il est si abondamment répandu aux environs de Paris, qu'on ne peut indiquer tous les lieux où il se trouve.

La vallée de la Seine offre peu de limon d'atterrissement dans la partie de son cours, que nous suivons. Ceux de la Marne sont généralement composés d'un limon plus fin; et on n'y remarque pas ces cailloux volumineux que présentent les atterrissemens de la Seine.

CHAPITRE II.

SAINT-MAUR-DES-FOSSÉS, CHAMPIGNY-SUR-MARNE, CHENEVIÈRES-SUR-MARNE, LA QUEUE-EN-BRIE, TOURNAN, ROSAY, FONTENAY-TRESIGNY ET LUMIGNY.

§. Ier.

SAINT-MAUR-DES-FOSSÉS.

Ce bourg est situé à deux lieues de Paris, sur l'isthme de la péninsule que forme le cours de la Marne.

Une inscription et un diplôme attestent son antiquité. L'inscription, découverte en 1725, prouve qu'il existait en cet endroit un collége de prêtres du dieu Silvain; que cet édifice fut rétabli par deux curateurs, *Marcus Aurelius*, dit *Hilarus*, affranchi d'Auguste, et par *Magnus Cryptarius*.

Collegium Silvani restituerunt M. Aurelius, Aug. lib. Hilarus et Magnus Cryptarius, curatores.

Rien n'indique ici l'époque de cette restauration : le titre d'*auguste*, plus éminent que celui d'empereur, était commun à tous les souverains de Rome. Il est inutile de se livrer à des conjectures sur un sujet peu important. Il suffit de dire que, sous la domination romaine, il existait un édifice consacré à Silvain, dieu des forêts, et que ce lieu convenait à son culte, puisqu'il était couvert de bois.

Le diplôme de Clovis II, roi des Francs, est daté de l'an 638. Ce roi donne à Blidégisile, pour y fonder un monastère, une forteresse, *Castellionam*, appelé des fossés, qu'en langue vulgaire on nomme *Castrum Bagaudarum*, château des Bagaudes [1].

Malheureusement ce diplôme porte, comme tant d'autres, d'incontestables signes de fausseté; mais les moines faussaires n'ont certainement pas altéré les appellations géographiques qui seules ici nous intéressent.

Les Bagaudes étaient des troupes insurgées contre le gouvernement romain, qui, composées de soldats révoltés, d'habitans des campagnes irrités par des injustices, ravagèrent pendant plusieurs siècles l'intérieur de la Gaule.

[1] *Diplomata, chartæ, editoribus* Laporte, Du Theil et de Brequiguy, tome I, page 180.

On les battit plusieurs fois; on ne les détruisit point. Ils existaient encore au v°. siècle, du temps que Salvien écrivait son livre *de Gubernatione Dei* [1].

L'existence des Bagaudes dans les Gaules, sous la domination romaine, comme sous les rois Francs, l'existence des brigands nommés *Brabançons, Henuyers, Routtiers, Grandes-Compagnies, Écorcheurs, Trente mille Diables, Quinze mille Diables*, etc., qui, pendant douze cents ans, désolèrent la France, prouve que les gouvernemens faibles et absolus sont les pires des gouvernemens.

Il paraît que le surnom *des Fossés*, donné à ce lieu, provient de ce que les Bagaudes ou autres, avaient, pour se fortifier, coupé par un fossé profond l'isthme de la péninsule.

L'abbaye de Saint-Maur-des-Fossés ne consistait encore qu'en un petit monastère qualifié de *Cœnobiolum*. Les moines s'en étaient retirés, et les bâtimens tombaient en ruine, lorsqu'en l'an 816, Louis-le-Débonnaire ordonna à Begon, comte de Paris, de rétablir ce couvent. On y rassembla des moines; l'abbé

---

[1] *Salvianus de Gubernatione Dei*, lib. v.

Benedictus fit construire une église élégante, solennellement dédiée en 839; elle fut enrichie du corps de saint Babolein, premier abbé; et on y construisit une chapelle de *Notre-Dame-des-Miracles*. Avec ces ressources l'abbaye prospérait, lorsqu'en l'an 861, les Normands ou Danois, conduits par le fils de Welland, vinrent fondre sur le monastère des Fossés et l'occupèrent; mais l'année suivante ils l'abandonnèrent après l'avoir mis au pillage.

En 868, un parti de ces barbares exerçait ses brigandages sur les bords de la Seine; les moines de Glannefeuille, en Anjou, effrayés de leur approche, prirent la fuite et erraient en divers lieux pour mettre à couvert le corps de leur patron, saint Maur. L'empereur Charles-le-Chauve leur ordonna de le déposer dans le monastère des Fossés. Énée, évêque de Paris, reçut le corps saint, le chargea sur ses épaules, le porta dans l'église des Fossés, et, le 15 novembre de cette année, le renferma dans un coffre de fer. Ainsi, l'abbaye de Glannefeuille perdit le corps de son patron, et celle des Fossés en profita. Ce nouveau saint prévalut sur saint Babolein, premier abbé des Fossés; et le monastère enrichi de cette proie, en reçut le nom. Au lieu de porter celui de Saint-Babolein, il prit celui de *Saint-Maur* qu'il a toujours porté depuis.

En l'an 878, nouvelle incursion des Normands dans les environs de Paris. Les moines fuyent, portant avec eux le corps de saint Maur. Ils le déposèrent entre les mains de personnes qui, par dévotion, voulaient se l'approprier; ce ne fut qu'en l'an 920 qu'elles le restituèrent. Les reliques alors étaient d'un grand prix; on les volait quand on ne pouvait se les procurer autrement.

Les moines de Saint-Maur-des-Fossés eurent bientôt réparé leur perte : au moyen de leur précieuse et productive relique, ils firent rebâtir leur église détruite par les Normands, et devinrent riches. Leur richesse amena le désordre. L'abbé Mainard portait des habits séculiers, et ne s'occupait que de chasser dans les bois voisins. Les religieux imitaient son exemple. Le désordre régna dans l'abbaye. Burchard, comte de Corbeil, avoué de Saint-Maur-des-Fossés, voulant y rétablir l'ordre, y envoya Mayeul, moine de Cluny. Mais celui-ci fit de vains efforts. Les moines lui déclarèrent qu'ils quitteraient leur couvent plutôt que de se soumettre à la réforme. Ces moines dissolus, à l'exception d'un seul, abandonnèrent leur couvent. Mayeul les remplaça par des moines de Cluny, qui furent plus studieux et plus décens dans leurs mœurs.

Au XIIe. siècle, cette abbaye acquit des biens immenses; et, au XVIe., par l'effet du concordat, les abbés de Saint-Maur-des-Fossés devinrent commendataires. François Poncher, évêque de Paris, en fut le premier abbé qui obtint ce titre. Jean de Bellay, qui, après lui, devint évêque de Paris et abbé de Saint-Maur, parvint à faire réunir les biens de cette abbaye à l'évêché de Paris; et, en 1533, une bulle de Clément VII éteignit la dignité abbatiale. On créa des chanoines au lieu de moines.

Au XVIIe. siècle, il se trouvait encore des amateurs de reliques. En 1628, des voleurs, pendant la nuit, s'introduisirent dans cette église, enlevèrent le chef ou la tête de saint Maur, enchâssé dans un beau reliquaire d'argent. Ils prirent ce reliquaire et jetèrent la relique dans les champs. Cette tête était remplie de rouleaux de parchemins écrits, qui la firent reconnaître. Elle fut, un an après, découverte par des laboureurs; on la transporta d'abord dans l'église de Saint-Mandé, puis dans celle de Saint-Maur.

En 1750, les chanoines qui avaient remplacé les moines, furent réunis au chapitre collégial de Saint-Louis-du-Louvre. Ainsi, de cet ancien monastère, de cette abbaye opulente, il ne resta que des murailles et une église qui devint paroissiale.

Les assises, qui rassemblaient les officiers de toutes les justices dépendantes de l'abbaye de Saint-Maur, furent l'occasion d'une fête ou cérémonie qui attirait un concours de peuple si tumultueux, que le scandale et les profanations qui s'ensuivirent, nécessitèrent une ordonnance de l'archevêque de Paris, qui défendait aux chanoines de Saint-Maur d'ouvrir leur église à l'heure accoutumée.

D'abord, ce ne fut qu'une cérémonie assez simple; le cortége des officiers de justice, après leur assemblée, allait, tambours battant, drapeaux déployés, faire la procession dans l'église de ce monastère; il sortait par-dessous le cloître, puis allumait, avec solennité, le feu de la Saint-Jean. Le peuple aime les spectacles; on vint en foule de Paris et des lieux circonvoisins. Le nombre des spectateurs devenant toujours plus considérable, les acteurs redoublèrent d'émulation et donnèrent plus d'appareil à leurs cérémonies.

Les dévots passaient ordinairement la nuit dans l'église ; on y disait la messe ce jour-là à trois heures du matin ; mais, pour rendre la chose plus mystérieuse, on se détermina à la célébrer à minuit. Le peuple, toujours esclave du mystère, s'imagina que la nuit de la Saint-Jean était très-favorable aux miracles. Les moines, secondant ces dispositions superstitieuses, exposèrent les reliques de saint Maur, qui avaient, dans ce temps-là, la faculté de guérir les épilepsies ; et on y transporta les personnes attaquées de cette maladie.

Premièrement, retentissait dans l'église le bruit des tambours et de la décharge des armes à feu ; puis, pendant quatre heures que duraient la messe de minuit et les matines, on n'entendait, dit M. l'abbé Lebeuf, que des cris, des hurlemens continuels des malades, ou prétendus tels, des deux sexes, que six ou huit hommes promenaient étendus sur les bras, tout autour de la chapelle de Saint-Maur. Les malades criaient de toutes leurs forces: Saint Maur, grand ami de Dieu, envoyez-moi guérison, s'il vous plaît; les porteurs faisaient encore plus de bruit, en criant, du vent, du vent; et des personnes charitables éventaient les malades avec leurs chapeaux; d'autres criaient : *place aux malades, gare le rouge,* parce qu'on prétend que cette couleur est contraire aux épileptiques. Quand un malade avait répété trois fois de suite sa prière, on le comptait guéri, et l'on criait à haute voix : *Miracle, miracle!* Enfin c'était un vacarme si grand, que l'on n'entendait point le clergé chanter, et qu'il se formait trois ou quatre chants dans les différentes parties de l'église. Pendant cette nuit, il y avait, dans la même église, de petits marchands de bougies et d'images, des mendians de toute espèce, des vendeurs de tisane qui criaient : *à la fraîche, à la fraîche;* tout cela augmentait le désordre; et, après la grand'messe, les pélerins et les pélerines les plus sages couchaient dans l'église, sans se gêner de leurs petits besoins; les autres allaient passer la nuit dans les cabarets ou aux marionnettes, ou bien à la danse; ainsi se passait cette prétendue dévotion [1].

---

[1] Duplessis, *Histoire du diocèse de Meaux*, t. v, p. 133.

François Rabelais, célèbre par ses ouvrages ingénieux et qui nous paraissent grossiers, obtint, en 1535, de Jean du Bellay, évêque de Paris, la huitième et dernière prébende de Saint-Maur, lorsque l'abbaye fut sécularisée. On prétend que ce fut alors qu'il composa son Pantagruel.

Ce fut aussi dans ce lieu que les confrères de la passion essayèrent les premières représentations de leurs mystères. Le sujet du dernier spectacle donné à Saint-Maur par ces nouveaux comédiens fut la passion de Notre-Seigneur. Le peuple de Paris y courait en foule, et trouvait la passion fort amusante. L'affluence fut à un tel point, que le prevôt de Paris crut devoir en défendre la continuation. Alors ces comédiens se pourvurent à la cour; et, pour se la rendre favorable, ils érigèrent leur société en confrérie, sous le titre de *Confrérie de la passion*.

Le roi Charles VI, qui régnait alors, curieux de voir ce spectacle, se rendit à Saint-Maur, et en revint si satisfait, que le 4 décembre 1402, il donna, aux nouveaux confrères, des lettres-patentes qui leur permettaient de s'établir dans Paris.

Avant la révolution, le prince de Condé avait, à Saint-Maur, un très-beau château qui a été détruit, et dont on voit encore des vestiges avec un parc d'une vaste étendue; il dominait la rive gauche de la Marne. On y voit encore un grand nombre de jolies maisons de campagne, toutes dans une très-belle position.

L'isthme de la péninsule de Saint-Maur qui, dans les temps antiques, paraît avoir été coupé, l'a été de nouveau sous Napoléon, par un canal fort utile à la navigation de la Marne. Ce canal est revêtu en maçonnerie et couvert par une voûte très-solide qui n'ôte rien à l'agriculture et favorise le commerce. Les bateaux, en contournant la péninsule de la Marne, rencontraient des embarras et parcouraient un espace d'environ six à sept lieues; aujourd'hui, par le bienfait du canal, dégagés d'entraves, ils n'ont pas plus de onze cents toises à franchir.

Saint-Maur est du canton de Charenton, de la banlieue de Paris, et contient environ 800 habitans.

§. II.

CHAMPIGNY-SUR-MARNE.

Village situé près la rive gauche de la Marne, sur la route de Rozay à Paris, à trois lieues à l'est de cette dernière ville.

Il existe en France, même aux environs de Paris, plusieurs villages nommés Champigny. On les a quelquefois confondus avec Champigny-sur-Marne; et le savant de Valois s'y est trompé. Le titre le plus ancien qui mentionne ce village est de 1060; il y est nommé *Campenninum;* quelques années plus tard on le trouve appelé *Campiniacum.*

On connaît un grand nombre de seigneurs de Champigny. Lorsque, sous Charles VII, le roi d'Angleterre fut maître de Paris, il enleva la terre de Champigny à Charles de la Rivière, chevalier qui tenait le parti du roi de France, et en fit don au sieur de Salisbury. L'abbé Châtelain écrivit dans ses *Voyages,* que le château de Champigny était aussi laid que le petit Châtelet.

Ce château était fortifié. Le 5 avril, vendredi saint, de l'an 1419, les Armagnacs, dit le Journal du règne de Charles vi, fondirent comme *des diables déchaînés* sur les environs de Paris ; ils mirent le feu au fort de Champigny-sur-Marne, y brûlèrent femmes, enfans, hommes, bestiaux et grains. Quand ceux du fort en sortaient pour échapper aux flammes, ils étaient assaillis et percés à coups de lances, ou massacrés à coups de hache. Cet acte de cruauté fut, le même jour, renouvelé en d'autres lieux ; et le lendemain, veille de Pâques, les Armagnacs en firent autant, ou pis, au château de Croissy [1].

On sait que ces Armagnacs étaient du parti du dauphin, qui devint roi sous le nom de Charles vii.

Les guerres du xve. siècle engagèrent les habitans à se clore de murs. Dans le siècle suivant, François i^{er}. leur en donna la permission par lettres de 1545. Les mêmes lettres établirent un marché à Champigny. Charles ix, en 1563, accorda deux foires à ce village.

Le village de Champigny est orné de plusieurs maisons de campagne remarquables. Il faut surtout citer le domaine du Tremblay,

---

[1] *Journal de Charles* vi, page 61.

dont le château a été détruit, et le château de Cueilly, dont les jardins et le parc sont d'une grande étendue.

Le vin de Champigny avait autrefois beaucoup de réputation ; et, encore aujourd'hui, les vignes sont la principale culture de cette commune. On y trouve aussi, sur les bords de la Marne, des prairies charmantes.

§. III.

CHENEVIÈRES-SUR-MARNE.

Village situé sur l'un des coteaux qui bordent la rive gauche de la Marne, à trois lieues et demie au S.-E. de Paris, par la route de Rosay.

Le premier titre qui mentionne Chenevières est du XII°. siècle. Son territoire était alors, en grande partie, planté de vignes. Au XIII°. siècle, on entreprit de construire l'église sur un plan trop vaste; la nef seule fut achevée sur ce plan. Le chœur, construit dans la suite, est moins élevé. Cette église fut donnée à l'abbaye de Mont-Étif, située à deux lieues de Chenevières.

En 1568, un curé de Chenevières, nommé

Gervais Le Poulletier, mais plus connu sous le nom d'*Aristote de la rue*[1], fut privé de son bénéfice, comme entaché de simonie et d'hérésie. En 1683, Claude Dossier, chanoine régulier et curé de Chenevières, obtint un arrêt du parlement contre le seigneur et les habitans du lieu : cet arrêt lui adjugeait la dîme du vin à l'anche du pressoir, et dans les caves ou celliers de ceux qui ne porteraient pas au pressoir.

Plusieurs communautés, telles que celles de Sainte-Geneviève, de Saint-Maur, avaient des fiefs sur le territoire de Chenevières. Les abbés de Saint-Maur y possédaient des serfs, qu'ils affranchirent en 1250.

Les habitans de Chenevières supportaient impatiemment l'exaction nommée *droit de prise*, attentat manifeste à la propriété. On sait que des officiers du roi, de la reine, des princes, etc., appelés *chevaucheurs, fourriers, preneurs*, pillaient les maisons des habitans des campagnes, enlevaient la volaille, les bestiaux, les lits, le linge, les tables, etc. Cette coutume révoltante, ce brigandage féo-

---

[1] *Histoire du diocèse de Paris*, tome II.

dal dont j'ai souvent parlé, forçait les habitans à déserter leur pays natal, à renoncer à leur famille. Les rois de France avaient déjà accordé à quelques communes des environs de Paris la remise de cette servitude abominable; les habitans de Chenevières, enhardis, se plaignirent au roi Charles VI, qui, par une ordonnance de septembre 1406, les exempta du droit *de prise*, à condition qu'ils conduiraient gratuitement à Paris plusieurs charretées de paille. Les communes de Puteaux et de Suresne obtinrent en même temps la même faveur ou plutôt la même justice [1].

Chenevières est dans une position très-agréable. Plusieurs maisons de campagne s'y font remarquer autant par leurs constructions que par les points de vues qu'elles offrent : telle est celle qu'on nomme *le Château*, dite *des Retz*, appartenant au comte de Veimar. Une maison construite avec goût sur les bords de la Marne appartient à M. de Marsilly; M. Jay possède aussi à Chenevières une maison de campagne, où il se délasse de la culture des lettres par la culture des roses. Son jardin, dessiné en am-

---

[1] *Recueil des Ordonnances*, tome IX, pages 142 et 143.

phithéâtre sur le penchant du coteau, est remarquable par un très-beau point de vue, et par la variété des roses qui l'embellissent.

Près de Chenevières est l'ancien château d'*Ormesson*, bâti du temps de Henri IV. Ce château, qui est aujourd'hui en ruine, a, dit-on, appartenu à Gabrielle d'Estrées.

§. IV.

LA QUEUE-EN-BRIE.

Village situé près de la route de Rozay, à quatre lieues au S.-E. de Paris.

Ce village est nommé dans les titres du XII°. siècle, *Cauda, La Queue*, sans doute parce que le château auquel il doit son origine avait été élevé près de la queue d'un étang. Le château, ou plutôt les seigneurs devaient foi et hommage à l'évêque de Paris.

Un de ces seigneurs, nommé *Hascherus de Cauda*, au XII°. siècle, vendit le château et la terre de La Queue, à Constance, fille de Louis-le-Gros. Cette seigneurie, en 1269, eut pour propriétaire Alix de Bretagne, mariée à Jean de Chatillon.

Le village participa aux malheurs des différens siècles, et notamment à ceux des guerres intestines et presque continuelles qui, à différentes époques, désolèrent la France. Il y participa, au xve. siècle, pendant les règnes désastreux de Charles vi et de Charles vii, et surtout dans les mois de septembre et d'octobre de 1430, où la guerre entre les Armagnacs et les Anglais se concentra sur les rives de la Marne, et dans les cantons que nous venons de décrire.

L'abbé Lebeuf rapporte, d'après les registres du parlement, que, le 9 octobre 1430, le comte de Suffolck reprit sur les Armagnacs le château de La Queue, qu'il fit démolir. Voici le passage : « Après le recouvrement et démoli- » tion de la ville et forteresse de La Queue-en- » Brie, retourna et entra à Paris le comte de » Suffolck, à grande compagnie de gens d'ar- » mes de la nation d'Angleterre. »

Il paraît que le château de La Queue est resté dans l'état où l'avait réduit cette démolition.

La Queue était anciennement entouré de murs avec trois portes. L'abbé Lebeuf dit avoir vu, en 1738, les restes de ces portes; l'une s'appelait la porte de Paris, l'autre la

VILLAGE ET TOUR DE LA QUEUE, (Seine et Oise.)

[illegible]

[illegible] dans les environs de [illegible] maisons de campagne [illegible] le château de [illegible] et la [illegible]

[illegible]

porte de Lagny, et la troisième la porte de Brie.

Quant à la forteresse, il n'en existe que ce qui est représenté dans notre gravure[1]. Ce reste féodal, qui fixe les regards des voyageurs, rappelle des temps d'oppression et de mort, et contraste fortement avec l'air d'abondance qui règne dans les campagnes environnantes.

Ces tristes et informes témoignages de l'existence du régime féodal, et de ces milliers de seigneurs, destructeurs et oppresseurs de ceux qui produisaient, sont nombreux en France. Nous en avons déjà mentionné, nous en mentionnerons encore.

On remarque dans les environs de La Queue plusieurs maisons de campagne, entre autres le château de *Maisoncelles*, dit des *Marmousets*, et la maison de l'*Ermitage*.

§. V.

TOURNAN.

Petite ville bâtie sur la route de Rosay à Paris, à sept lieues et demie au S.-E. de cette dernière ville, à sept lieues au N. de Melun.

[1] *Voyez* la gravure.

Les plus anciens titre latins nomment ce lieu *Turnuacum* et *Turnomium*, puis ensuite *Tornemium*.

On conjecture que cette ville doit son origine à une communauté de filles, et que, durant les courses des Normands, au IXe. siècle, ces religieuses quittèrent leur monastère, lequel, ayant été détruit ou du moins dévasté, fut dans la suite réparé par les soins des évêques de Paris et de quelques riches séculiers.

Il y eut anciennement deux églises dans ce lieu : l'une de Saint-Denis, dans le vieux château à l'occident de la ville, était un pricuré desservi par quelques moines de Saint-Maur; l'autre de Sainte-Madeleine, était l'église paroissiale de toute la ville.

Dès le règne de saint Louis, il existait un Hôtel-Dieu et une maladrerie à Tournan.

Le plus ancien seigneur de Tournan connu est Gui ou Guillaume de Vitry, qui vivait du temps du roi Henri I. C'est lui qui, en 1088, donna aux moines de Saint-Maur, l'église de Saint-Denis. Un descendant de celui-ci vendit, pour aller à la croisade, sa terre de Tournan à Gui de Garlande. Les seigneurs de Tournan relevaient des évêques de Paris, qu'ils devaient porter sur leurs épaules lors de leur entrée solennelle dans leur siége épiscopal.

Au XIIIe. siècle, Ancelle de Garlande était seigneur de Tournan. En 1293, Tournan sortit de la maison de Garlande et entra dans celle de Chambly. Dès lors on trouve beaucoup de démembremens de cette terre : ce qui rend très-confuse la série des seigneurs de ce lieu; cependant il est certain qu'elle fut possédée, en très-grande partie, par Charles, fils du roi Philippe-le-Hardi. Le roi Philippe-de-Valois, fils de Charles, continua à en jouir; et, en 1343, la donna à Jean, son fils aîné, duc de Normandie : il existe plusieurs autres seigneurs de Tournan.

Quoique situé dans la Brie, pays nivelé par de grandes masses d'eaux, Tournan se trouve placé dans un vallon, peu profond à la vérité, où coule une petite rivière qui prend sa source dans les bois d'Hermières et qui se jette dans la Marne, auprès d'Ozouer. On compte dans cette ville 1,646 habitans.

§. VI.

FONTENAY-TRESIGNY et LUMIGNY.

Fontenay est une petite ville avec un château, située dans la Brie, à dix lieues de Paris, sur la route de cette capitale à Rosay, à deux lieues au N.-O. de cette dernière ville.

Fontenay-Tresigny était peu connu avant le xvie. siècle. Un château royal, bâti par François 1er., tira ce lieu de son obscurité. Charles ix y fit plusieurs séjours, y donna des fêtes et y attira, notamment en 1571, les princes et seigneurs du parti protestant qu'il comblait de caresses. Conseillé par son indigne mère, ce jeune roi joua, pendant plus d'un an, sans se déconcerter un rôle de déception et de perfidie habilement conçu, plus habilement exécuté, et dont s'honoreraient des hommes vieillis dans le crime. Il s'agissait d'aveugler, d'endormir les princes et chefs protestans, de gagner leur confiance pour les assassiner avec plus de succès.

L'amiral Coligny, mandé secrètement à Fontenay, s'y rendit. Charles ix l'entretint de son prétendu projet de porter la guerre en Flandres, projet qu'il feignait de cacher aux Espagnols pour mieux tromper les protestans. Coligny, environné de séductions, se laissa entraîner dans le piége; plusieurs s'y jetèrent après lui : tels furent les députés de plusieurs villes protestantes qui vinrent alors à Fontenay pour se plaindre des infractions aux édits, ou pour prier le roi de les garantir de nouveaux troubles. Ce prince leur prodigua les caresses, les promesses et les espérances.

Parmi les députés qui vinrent encore auprès du roi à Fontenay étaient le comte Louis de Nassau, frère du prince d'Orange, les sieurs Lanoue, Théligny, etc., qui, déguisés et en grand secret, suivant l'expresse recommandation du roi, se rendirent ensuite au château de *Lumigny*.

Ce château est situé à une forte lieue et au N.-E. de Fontenay; il est remarquable par une petite montagne d'environ quarante pieds de hauteur, qui est un vrai phènomène au milieu d'une plaine parfaitement nivelée : ce qui porte à croire que cette montagne est factice comme il en existe un très-grand nombre en France. A sa cime s'élève une vieille tour ronde.

Le château et son parc sont considérables, et situés, ainsi que le village, au bas de cette montagne.

Charles IX se déroba de sa cour de Fontenay; et, accompagné seulement de sa mère, Catherine de Médicis, des maréchaux de Montmorency et d'Anville et d'une petite suite, il arriva à Lumigny. Là, avec les principaux protestans qui s'y trouvaient déjà, et quelques autres tels que Briquemaut et Cavagnes, il tint un conseil, où il renouvela des promesses qu'il était bien résolu de ne pas tenir, et des ruses qui tendaient à prouver qu'il trompait les Espagnols pour servir le parti protestant, qui était seul trompé.

Après le conseil, Charles IX, sa mère et les chefs protestans déjeunèrent ensemble; puis ce roi fit une tournée dans le château. En le parcourant, il trouva l'occasion de donner de l'exercice à son naturel méchant : arrivé dans un lieu où l'on nourrissait des lapins, il s'arma d'un bâton, et s'amusa à frapper sur ces animaux; il en tua plusieurs [1]. On sait que ce roi

---

[1] *Mémoires de l'Estat de France sous Charles* IX, t. 1er., pag. 74 et suiv.

se faisait un plaisir d'abattre, à coups d'épée, les têtes de la volaille, des cochons et des mulets, et à donner la mort aux bêtes et aux hommes.

Le séjour du roi à Fontenay eut lieu au mois de juillet 1571; et ce fut le 24 août 1572 que tomba le masque dont le crime s'était couvert, et que furent massacrés ceux qu'on avait abusés par des caresses.

En 1618, le château de Fontenay appartenait au duc d'Épernon, si fameux par son orgueil, ses violences et sa tyrannie effrénée. Le jour de Pâques, le roi Louis XIII et toute sa cour étant en grande cérémonie à l'église de Saint-Germain-l'Auxerrois, le duc, piqué de voir le garde-des-sceaux, Du Vair, assis au-dessus des duc et pairs, se leva brusquement de son siége, saisit le garde-des-sceaux, et le poussa avec injures et mauvais traitemens hors de l'église. Cette violence rappelle celle que ce même duc exerça contre l'archevêque de Bordeaux, qu'il frappa publiquement de coups de poing et de coups de bâton.

Le garde-des-sceaux se plaignit vivement au duc de Luynes, qui gouvernait alors la France, et qui n'aimait pas le duc d'Épernon.

A la cour on résolut d'arrêter celui-ci; mais ce n'était pas chose facile, le duc ayant beaucoup d'amis pour le défendre. Quatre compagnies de Suisses furent destinées à investir son hôtel pendant la nuit du 7 au 8 mai, et à se saisir de sa personne. Le fier duc en fut averti : il réunit trois cents cavaliers affidés, partit à leur tête à la pointe du jour, et arriva à Fontenay.

Le duc, s'y croyant à l'abri de toute poursuite, renvoya une grande partie de son escorte; mais, dans la soirée du 8, il apprit par un courrier que ses amis de Paris lui adressèrent, qu'il n'était pas en sûreté à Fontenay, et que des brigades de gendarmerie et de chevaux-légers de la garde marchaient pour l'y arrêter. Aussitôt d'Épernon donna à tous ses serviteurs l'ordre de monter à cheval, et, pendant la nuit, partit avec eux et prit la route de Metz : voilà ce que lui valut son amour pour les préséances.

Ce château passa ensuite à la famille de Breteuil. François-Victor le Tonnelier-Breteuil était marquis de Fontenay-Tresigny, sous le règne de Louis XV.

La construction du château de Fontenay

date de la renaissance. Son plan est un carré qui laisse au centre une cour de même forme; le tout est protégé par de larges fossés, remplis d'eaux vives. On entre dans ce château par deux portes avec ponts-levis. Ces portes sont, chacune, fortifiée par deux tours que réunit une voute crénelée, et par des meurtrières. Les quatre corps de bâtimens qui entourent la cour portent le caractère des constructions du temps de François Ier. A l'extérieur, les quatre angles sont, chacun, flanqués d'une tourelle ronde et élégante, dont la toiture a la forme conique très-effilée. Ces tours sont plus fortes en diamètre que celles des portes. Une de ces portes se présente en face de l'église paroissiale; et l'autre donne entrée au parc.

Ce château s'est conservé dans son entier jusqu'au commencement du XIXe. siècle, époque où une de ses parties, menaçant ruine, rendit sa démolition nécessaire; il n'y reste que trois corps de bâtimens et deux tours. Une des tours démolies contenait la prison et des cachots; et l'autre, une chapelle de forme élégante.

Dans l'intérieur des bâtimens encore debout, les amateurs des arts trouveront plusieurs objets intéressans : on voit dans les restes d'une galerie, convertis en appartement décoré, des peintures représentant, sur un fond d'or, des femmes en diverses attitudes, et, sur des panneaux et le plafond, divers sujets tirés de la fable et du roman d'Angélique et Médor.

Dans l'une des tours est une pièce ornée de peintures remarquables par leur conservation; elles sont appliquées sur une boiserie circulaire, dont le fond brun fait ressortir des arabesques en or, entremêlées de chiffres couronnés et régulièrement répétés. Dans les panneaux sont peints des vases élégans, remplis de fleurs de diverses espèces, dont l'exécution est d'un fini admirable. Le plafond de cette pièce présente des armoiries et divers sujets allégoriques. Le style de ces peintures fait croire qu'elles appartiennent à l'époque de la construction du château.

La place, qui se trouve entre le château et l'église, est décorée par une de ces fontaines anciennes qu'on voit encore devant de vieux châteaux, et qui se trouvent gravées dans de vieilles vignettes. Vers la cime, trois jets sortent d'un vase en plomb, tombent dans un premier bassin, et s'en échappent pour tomber dans un autre bassin plus vaste.

L'église paroissiale paraît bâtie dans le temps où le furent la fontaine et le château. L'architecture en est simple et de l'époque de la renaissance. On y remarque des fragmens de beaux vitraux; les fonts baptismaux sont remarquables : leur sculpture appartient au règne de François 1er.

Le clocher s'élève en forme carrée; des girandoles semblables à celles du château ornent la toiture de cette église.

La ville de Fontenay était autrefois entourée d'une muraille flanquée de tours et percée de portes. On en voit encore les restes. Il y a environ quinze ans qu'une de ces portes, trop basse pour les voitures de hautes charges, fut démolie. Elle était curieuse et contenait à un étage supérieur une grande salle, où l'ancien bailliage tenait ses séances.

Cette ville est traversée et vivifiée par la grande route de Paris à Rosay.

A une lieue et demie, et au nord de Fontenay, est le vaste château de *la Houssaie*, entouré de larges fossés pleins d'eau; il a été embelli par le maréchal Augereau. On n'y entre que par des ponts-levis.

§. VII.

ROSAY ou ROZOY.

Petite ville située dans une vallée agréable et fertile, sur la petite rivière d'Yères, à onze lieues vers le S.-E. de Paris, et sur une route qui passe à Tournan et se termine de ce côté à Rosay même.

La petite ville de Rosay est fermée de murs flanqués de tourelles de distance en distance : ce qui prouve qu'elle eut autrefois plus d'importance qu'elle n'en conserve aujourd'hui.

En 1016, Hildegaud, seigneur de ce canton, établit dans ce lieu des chanoines qui, plus tard, en 1223, donnèrent un grand exemple de modération à leurs confrères, exemple malheureusement très-peu suivi : ils trouvèrent leurs revenus trop considérables, et demandèrent que le nombre des chanoines fût doublé, afin que chacun, étant moins riche, menât une vie plus conforme à l'évangile.

On remarque à Rosay l'intérieur de l'église paroissiale, qui, par la délicatesse de son architecture, peut être comparée à une cathédrale. Il y avait, avant la révolution, un couvent de religieuses de l'ordre de Saint-Dominique, converti aujourd'hui en hospice. Il s'y tient deux foires par an.

LIVRE III.

Route de Provins.

CHAPITRE PREMIER.

BERCY, CONFLANS, CHARENTON, CRETEIL, SUSSY-EN-BRIE ET BOISSY-SAINT-LÉGER, BRIE-COMTE-ROBERT.

§. Ier.

BERCY.

Chateau et port situés sur la rive droite de la Seine, au-delà des barrières de Paris appelées de la Rapée et de Bercy, entre le cours de cette rivière et la rue ou route dite de Bercy.

Cette vaste étendue de terrain qui s'étend depuis les barrières de Paris jusqu'au territoire de Conflans était jadis occupée par des maisons de campagne, des habitations particulières, et par deux maisons qualifiées de châteaux, et leur parc. L'une, appelée le *Petit Bercy*, est située en-deçà ou à l'ouest de la rue dite *Grange-aux-Merciers* : je parlerai de sa destination actuelle; l'autre, située au-delà de cette rue, subsiste en son entier, et est nommée le *Grand Bercy*.

Ce château a long-temps appartenu à la famille de Malon. D'Olier, marquis de Nointel, l'a possédé, et l'a fait reconstruire par Louis Levaux, architecte du roi; le parc fut planté sur les dessins de Le Nostre; il a près de neuf cents arpens de surface, et est orné de plusieurs statues. L'intérieur, richement décoré, offre des tableaux qui représentent plusieurs circonstances de l'ambassade de M. de Nointel à Constantinople, peintes sur les lieux par Carrey, élève de Lebrun.

Au commencement du règne de Louis XV, ce château appartenait à M. Paris, frère de Paris de Montmartel, si fameux par ses richesses. Ce propriétaire fit construire à une extrémité de la terrasse, sur le bord de la Seine, un gros pavillon nommé encore *Pâté-Paris*.

Ce château et son parc, placés sur le bord de la Seine, et dans une heureuse situation, appartiennent aujourd'hui à M. de Nicolaï.

Le château du Petit Bercy, situé en-deçà et à l'ouest de la rue de la Grange-aux-Merciers, subsiste encore; mais il a subi la métamorphose qu'ont éprouvée les maisons de campagne, les jardins, etc., qui sont situés entre cette rue et la barrière de Paris : voici la cause de cette métamorphose.

Dès qu'une contribution fut exigée aux entrées de cette ville, il se forma au-delà de ses barrières des réunions d'habitations, des guinguéttes, où les boissons, franches du droit d'entrée et à un prix moindre qu'à Paris, attiraient les Parisiens. De plus, une grande partie des vins et autres liquides imposables qui arrivent à Paris, s'y rendant par la partie supérieure de la Seine, passe nécessairement devant Bercy : le commerce sentit bientôt la nécessité d'un entrepôt, où les vins et eaux-de-vie pussent être déposés avant d'être passibles des droits d'entrée. Ce ne fut pas l'unique motif de la préférence que les marchands et entrepositaires donnèrent à l'entrepôt de Bercy sur le grand entrepôt situé dans Paris :

ils étaient plus libres dans ce premier lieu, et pouvaient avec moins de gêne opérer leurs manipulations.

Bientôt toute la partie de Bercy, qui s'étend depuis la barrière de la Rapée jusqu'à la rue de la Grange-aux-Merciers, fut achetée, louée et couverte de magasins, pour la plupart construits à la hâte. Les parcs, les jardins, les avenues plantées d'arbres disparurent presqu'entièrement et furent remplacés par des celliers, des magasins et des maisons nécessaires aux besoins des commerçans. Le château du Petit Bercy eut le même sort : il fut acheté par une compagnie qui loue des emplacemens aux marchands. Le parc sert à cet usage; mais le bâtiment du château, ainsi que son jardin anglais, a été conservé.

Tous ces bâtimens, élevés sur le bord de la Seine, formèrent un quai nouveau dont la longueur était d'environ six cents toises; mais un événement inattendu détruisit en peu d'heures les travaux de plusieurs années.

Le 31 juillet 1820, dans l'après midi, un incendie éclata avec violence et dévora presque toutes ces constructions, la plupart couvertes en chaume. Le vin s'échappait des tonneaux brûlés et s'écoulait par torrens. Les pertes furent immenses : plusieurs marchands y perdirent leur fortune; celle des autres en souffrit plus ou moins. On n'eut à déplorer la perte d'aucun individu. Un homme sur le point de périr, et que personne n'osait enlever au milieu des flammes, fut sauvé par un jeune étudiant, nommé Darode, qui, dans cette occasion périlleuse, montra autant de présence d'esprit que de courage.

Cet événement n'empêcha point les maisons du port de Bercy de se reconstruire; et l'établissement de l'entrepôt vaste, commode et solide, situé dans l'enceinte de Paris, ne l'empêcha pas non plus de prospérer.

La Seine où affluent l'Oise et la Marne, et l'Allier qui se jette dans la Loire, laquelle communique à la Seine par le canal de Briare et par celui de Montargis, transportent à Paris le produit des vignobles voisins de leurs rives; et le port de Bercy en recèle une bonne part. Aussi, dans les mois des arrivages, ce port est aussi animé, aussi embarrassé que les rues les plus fréquentées de Paris.

Les marchandises déposées au port de Bercy sont les vins, les eaux-de-vie, les huiles, les vinaigres, etc. Dans la rue de Bercy, parallèle au port, on trouve des chantiers de bois à brûler et de bois de construction, des entrepôts de pierres à plâtre, de briques, tuiles, ardoises, etc.

Bercy est du département de la Seine, de l'arrondissement de Sceaux et du canton de Charenton.

§. II.

CONFLANS.

Village et château situés à la suite de Bercy, et sur la même rive de la Seine, à une lieue et à l'E. de la barrière de Paris.

Ce lieu doit son nom au confluent de la Marne et de la Seine, qui se trouve dans le voisinage. Il est ancien.

L'église de Saint-Pierre de Conflans existait au xi{ e }. siècle. Il y eut autrefois un château et des seigneurs qu'il serait fastidieux et peu instructif de dénommer. Il suffira de dire que François de Harlay, archevêque de Paris, désirant avoir une maison de campagne dans les environs de cette capitale, en 1672, en acheta une du duc de Richelieu, ainsi qu'une île sur la rivière. Il y fit construire un nouveau château pour lui et pour ses successeurs à l'archevêché de Paris, et y mourut le 6 août 1695. La vie de ce prélat fut peu édifiante ; et son éloge funèbre serait très-difficile à faire sans trahir la vérité.

Le château de Conflans, devenu la maison de campagne des successeurs de l'archevêque de Harlay, se rattache aux événemens de l'épiscopat et aux longues querelles que fit naître la bulle *unigenitus* entre les jésuites et ceux qui ne l'étaient pas[1]. Depuis le galant de Harlay jusqu'à l'ignorant, l'opiniâtre, mais le charitable Christophe de Beaumont, il se présente à raconter trop de faits qui ne plairaient pas à tous les lecteurs. Je me bornerai à dire que, de ce château, magnifiquement orné, irrégulière-

---

[1] On peut juger de l'aménité qui régnait dans ces disputes théologiques, par ce premier couplet d'une chanson répandue au commencement du règne de Louis XV :

> Notre archevêque est à Conflans,
> C'est un grand solitaire ;
> C'est un grand so, c'est un grand so,
> C'est un grand solitaire,
> C'est un grand solitaire, le so ;   *bis.*
> C'est un grand solitaire.

Le reste est dans le même esprit.

ment construit, on jouit d'une vue très-variée, très-pittoresque, qui s'étend sur le cours de la Marne et de la Seine, et sur les campagnes environnantes.

§. III.

CHARENTON.

Bourg situé à l'est et à deux lieues de Paris, sur la rive droite de la Marne, à la suite de Conflans.

Sous ce même nom et sous la même commune sont compris des lieux autrefois distincts, aujourd'hui physiquement réunis, dits *les Carrières, Charenton,* le *Pont de Charenton, Charenton-Saint-Maurice,* tous situés sur la même rive de la Marne, plus ou moins près de son confluent dans la Seine, et au bas du plateau de Vincennes.

Le quartier de Charenton, appelé *les Carrières,* avoisine Conflans. Son nom désigne assez l'ancien emploi de son sol. Ce quartier se recommande par de jolies maisons de campagne placées sur le penchant du coteau, et surtout par des fabriques remarquables; telles que la fonderie de fer de MM. Manby, Wilson et compagnie, dont les ateliers pouraient être comparés aux forges de Vulcain; des graveurs de cylindres pour l'impression des toiles, etc.

CHARENTON-LE-PONT.

Charenton est connu dès le VIIe. siècle, si l'on en croit la légende de saint Merry. Il y avait alors un pont de bois que l'on suppose avoir existé du temps des Romains : on le nommait *Pons Carantonis*.

Le pont de Charenton, sur la Marne, est un des plus anciennement bâtis pour faciliter, par terre, les arrivages à Paris. Il a toujours été regardé comme la clef de la capitale de ce côté. Aussi a-t-il été souvent fortifié et attaqué; et cette circonstance l'a rendu célèbre dans l'histoire de nos troubles civils. Dès l'an 865, on trouve que les Normands s'en emparèrent et le rompirent. En juin 1358, le dauphin Charles, régent du royaume pendant l'absence de son père, Jean, prisonnier en Angleterre, se présenta devant ce pont à la tête de son armée pour s'en rendre maître; il voulait de là se diriger sur Paris, qu'occupaient les Anglais, et leur allié,

Charles-le-Mauvais, roi de Navarre. Les Anglais, qui s'étaient emparés de Charenton, sous Charles VII, en furent chassés le 11 janvier 1436, par la troupe du capitaine de Corbeil, nommé Ferrière. En 1465, l'armée de la Ligue, dite du bien public, attaqua ce pont, et s'y posta pour protéger ses opérations contre Louis XI. Les calvinistes le prirent en 1567. Le 25 avril 1590, Henri IV l'enleva aux soldats de la Ligue, qui s'y défendirent avec acharnement; il était alors protégé par une grosse tour bâtie à la tête du pont; et l'histoire rapporte que dix enfans de Paris y résistèrent pendant trois jours à toutes les forces de l'armée royale. Henri IV fut si irrité de cette défense inattendue, que, devenu maître de la tour, il la fit raser et fit pendre les dix audacieux qui lui avaient tenu tête. Pendant les guerres de la minorité de Louis XIV, les Frondeurs y repoussèrent le prince de Condé, et y firent une perte de quatre-vingts officiers, au nombre desquels était leur commandant. Le prince de Condé s'en empara de nouveau la même année.

Pris et repris ainsi successivement pendant plusieurs siècles, le pont de Charenton avait été rebâti plusieurs fois. Il le fut encore en

1714 tel qu'il est aujourd'hui[1]. Il est assis sur dix arches tant grandes que petites, et construit en pierre, à l'exception des quatre arcades du milieu qui sont en bois. On y fit quelques réparations en 1812. Au mois de février 1814, quand déjà l'ennemi inondait les plaines de la Champagne et menaçait d'arriver bientôt aux portes de la capitale, on fortifia les approches de ce pont, et on établit aux deux extrémités des palissades à l'instar de celles que l'on construisait aux barrières de Paris. Au moment où les armées alliées, malgré les brillantes journées de Champ-Aubert, Montmirail et Montereau, si glorieuses pour les armées françaises, se débordaient, comme un torrent, autour de Paris, la défense du pont de Charenton fut confiée aux élèves de l'École vétérinaire d'Alfort, qui avaient solicité et obtenu du gouvernement l'honneur de se battre pour la patrie; mais ces jeunes Français s'étaient flattés en vain de l'espoir de conserver le poste qui leur avait été confié : le 30 mars, accablés par le nombre de ceux qui les attaquaient, ils furent obligés de céder à la

---

[1] *Voyez* la gravure.

1714 tel qu'il est aujourd'hui[1]. Il est assis sur

force. Charenton fut pris; et l'ennemi se répandit sur la rive droite de la Seine.

Le lendemain, les troupes wurtembergeoises et le corps autrichien du comte de Giulay y établirent leurs bivouacs et campèrent à Charenton.

CHARENTON-SAINT-MAURICE.

Ce qui rend surtout ce village célèbre dans l'histoire, c'est le temple des protestans. Ils en avaient un au village d'Ablon, trop loin de Paris. Henri IV leur permit, par lettres-patentes de 1606, d'en construire un nouveau à Charenton, et de s'y assembler pour les actes et cérémonies de leur religion.

Cette permission excita des oppositions puissantes et des émeutes de la part des catholiques, qui mirent le feu à l'édifice. Deux ans après, en 1623, il fut rétabli aux frais des protestans. Jacques de Brosses, célèbre architecte, en fournit les dessins, dont la magnificence répondit au zèle des religionaires et aux talens de l'artiste. Voici un extrait de la description qu'en fait le Mercure galant du mois de février 1686 : « Le plan était dans un carré

» long, percé de trois portes; savoir, une à
» chaque bout, et au milieu d'une des grandes
» faces. Il était éclairé par quatre-vingt-une
» croisées, en trois étages, l'une dessous l'au-
» tre, élevées de vingt-sept pieds, jusqu'à l'en-
» tablement. Il avait de longueur cent quatre
» pieds dans œuvre, et soixante-six pieds de
» large, aussi dans œuvre. Il y avait une
» grande nef, au plafond de laquelle étaient
» les tables du Vieux et du Nouveau Testa-
» ment, écrites en lettres d'or, sur un fond
» bleu.... Au pourtour de la nef étaient vingt
» colonnes d'ordre dorique de vingt-un pieds
» de haut, et qui formaient trois étages de ga-
» leries.... »

Les protestans tinrent dans ce temple leurs synodes nationaux de 1623, 1631 et 1644. Ils avaient auprès une bibliothèque, une imprimerie particulière et des boutiques de libraires, principalement pour les livres dogmatiques. Plusieurs ministres de Charenton se rendirent illustres par leurs talens. Sur la fin du mois d'août 1685, quelques catholiques essayèrent, pendant la nuit, de mettre le feu à ce temple; les protestans portèrent leurs plaintes au parlement, il y eut ordre d'informer; mais, Louis XIV ayant révoqué, en ce même temps, l'édit de Nantes, on commença à abattre le temple, le soir même du 22 octobre 1665, jour où cet édit fut vérifié au parlement. Au bout de cinq jours, il ne resta plus aucune trace de ce vaste et superbe édifice. Cette destruction fut l'ouvrage du fanatisme. Les produits des nombreux matériaux qui en résultèrent fut appliqué au profit de l'hôpital général de Paris.

Le cardinal de Noailles fit venir du lieu de Val d'Osne des religieuses bénédictines, qui s'établirent dans l'emplacement de ce temple; elles y firent bâtir la petite église qu'on y voit aujourd'hui, et qui fut achevée en 1703.

En 1741, un Sébastien Leblanc fonda, à Charenton-Saint-Maurice, une maison tenue par les Frères de la Charité, et destinée à recevoir les malades, particulièrement ceux qui étaient attaqués de folie. A l'époque de la révolution, cette maison fut réunie à la direction générale des hôpitaux de Paris; mais sa destination resta la même : le Gouvernement s'est même empressé, dans ces derniers temps, de suppléer à ce qui y manquait. L'hôpital de Charenton a été considérablement augmenté et doté convenablement. Plusieurs nouveaux bâtimens ont été ajoutés aux anciens; et maintenant, outre les malades de Charenton et des communes environnantes, on peut y recevoir plus de quatre cents insensés de l'un et de l'autre sexe.

L'on n'admet à Charenton que les fous dont on espère obtenir la guérison ; les autres, ceux qui ne sont pas suseeptibles de retour à la raison, sont renvoyés à Bicêtre.

Une nouvelle méthode de traitement fut employée dans cet hospice. M. de Coulmier, membre de la Légion-d'Honneur, directeur de l'établissement, imagina de faire usage de la musique et des exercices du théâtre pour la guérison des malades confiés à ses soins. Il donnait des bals et des concerts : la comédie se jouait dans un lieu où jadis on ne voyait que le spectacle hideux de la dégradation humaine. C'était les fous eux-mêmes qui, dans leurs moment lucides, remplissaient des rôles, et jouaient sur ce théâtre extraordinaire. Des fous étaient les spectateurs ; quand la singularité de ces moyens curatifs n'y attirait pas des curieux pour remplir le parterre et les loges. M. de Coulmier a donc voulu, dans notre siècle, rendre à la musique son antique influence. On assure qu'il a quelquefois parfaitement réussi; du moins on cite des cures qui en font foi, et ne laissent aucun doute à cet égard.

La situation même de la maison aida beaucoup M. Coulmier dans son singulier genre de traitement : bâtie sur le penchant d'une colline, au bas de laquelle coule la Marne, elle offre de toute part une vue ravissante. L'air qu'on y respire est pur; les bosquets y sont frais, et les promenades délicieuses, au milieu d'un enclos assez vaste pour permettre aux malades de se livrer au doux plaisir de la méditation. Ah! si l'on peut recouvrer la raison, quand elle est égarée, c'est au sein de la campagne qu'on doit en nourrir l'espérance. La nature champêtre, en rendant au corps son énergie, peut seule donner à l'âme les moyens de reprendre sa force morale.

Bonaparte, ne voyant que l'effet de la démence dans les principes horribles et les actes épouvantables du marquis de Sade, monstre de luxure et de cruauté, qui prêchait et commettait des crimes inouïs, le fit renfermer, comme fou, dans la maison de Charenton, où en 1813, il a paisiblement terminé son exécrable existence.

Le village de Charenton-Saint-Maurice est situé dans une position fort agréable. Il est bien bâti et renferme plusieurs maisons de campagne très-jolies, parmi lesquelles on remarque celle qu'on appelle encore aujourd'hui *séjour du roi*.

Gabrielle d'Estrées avait, à Charenton-Saint-Maurice, une habitation que lui fit bâtir son royal amant, Henri IV. Cette maison existe encore : c'est ce bâtiment en briques que l'on remarque à droite de la route, en entrant dans le village par Paris; on l'appelle le Château. Gabrielle était riche en châteaux de cette espèce aux environs de Paris.

Au-delà du pont de Charenton est situé le château d'*Alfort*, consacré à l'utile établissement de l'école vétérinaire, dite *École royale d'économie rurale*.

§. III.

CRETEIL.

Village traversé par la grande route de Paris à Troyes, à trois quarts de lieue au

CRETEIL.

S.-E. de Charenton, à deux lieues un quart au S.-E. de Paris.

Ce village remonte à une très-haute antiquité, si l'on en croit la tradition populaire de Creteil; et son nom latin de *Vicus Christoïlus* est fameux dans les légendes. Saint Agoard, saint Agligert et une foule d'autres saints furent, selon Usuard, martyrisés dans un bourg du territoire de Paris, nommé *Vicus Christoïlus*. Dans le Xe. siècle, quelques auteurs, aussi crédules qu'ignorans, prétendirent que tous ces saints avaient versé leur sang pour la foi, pendant le premier siècle de Jésus-Christ. « Mais, dit l'abbé Lebeuf, aujourd'hui
» l'on juge à la seule prononciation de leur
» nom, qui n'est ni grec, ni romain, ni gau-
» lois, qu'il fallait que ce fussent des étran-
» gers qui, dans le cours du Ve. siècle, eussent
» été mis à mort par les barbares, lorsqu'ils
» firent leurs incursions dans les Gaules.....
» Tout le reste est inconnu. On sait seulement
» qu'en remontant la Marne, un peu plus haut
» que Creteil, commence une île considéra-
» ble, appelée *île Barbière*, que des titres la-
» tins, du XIIIe. siècle, appellent *insula Bar-
» baria* ; cette île n'est arrosée du côté du

» midi que par la *Vieille-Marne*, dite autre-
» ment *Mort-Bras*, qui, étant l'ancien lit de
» la Marne, prouverait qu'elle aurait fait pri-
» mitivement partie de la grande péninsule de
» Saint-Maur. On sait encore que vis-à-vis
» cette île, de l'autre côté de la Marne, il y
» a eu autrefois une chapelle, et une *crypte*
» du nom de Saint-Félix, marquée dans d'an-
» ciennes cartes, sous le nom de *cave de Saint-
» Félix*, et quelquefois, par altération, *cave
» de Saint-Philippe*.... Si le terme de cave ne
» signifie point dans cet endroit une chapelle
» souterraine en forme de voûte, il peut si-
» gnifier une prison, où l'on renfermait les
» bêtes pour les spectacles. Ce saint Félix,
» martyr, était apparemment un des notables
» de la troupe de chrétiens qui fut massacrée
» dans ce lieu, et dont étaient les deux saints
» dont parle Usuard. »

La tradition veut que tous ces saints fussent nés à Créteil, qu'ils aient demeuré à la porte *Caillotin*, et qu'ils soient morts à la *Croix Taboury*.

Le premier monument authentique où il soit fait mention de Creteil est de l'an 900. C'est une charte, par laquelle le roi Charles-le-Simple confirme des donations faites à une église de Saint-Christophe, et située dans le village de *Christoïlum*, sur le territoire de Paris.

En 980, la terre de Creteil passa, on ne sait comment, à la cathédrale de Paris, qui en eut la possession.

Les chanoines de Paris étaient donc seigneurs du village de Creteil. Voici une anecdote qui prouve combien était bornée l'autorité des rois, et puissante celle du clergé.

Le roi Louis VII, étant venu, à l'improviste, à Creteil, y prit son logement à l'entrée de la nuit. Étienne de Paris, écrivain contemporain, raconte de cette manière, et avec toute la naïveté de son temps, les suites de cet événement. « J'ai vu, dit-il, que le roi
» Louis, qui voulait arriver un certain jour
» à Paris, étant surpris de la nuit, se re-
» tira dans un village des chanoines de la ca-
» thédrale, appelé Creteil, *Christoïlum*. Il y
» coucha, et les habitans fournirent la dé-
» pense. Dès le grand matin, on le vint rap-
» porter aux chanoines; ils en furent fort affli-
» gés, et se dirent les uns aux autres : c'en est
» fait de l'Église, les privilèges sont perdus;

» il faut, ou que le roi rende la dépense, ou
» que l'office cesse dans notre église. Le roi
» vint à la cathédrale, dès le même jour, sui-
» vant la coutume où il était d'aller à la grande
» église, quelque temps qu'il fît. Trouvant la
» porte fermée, il en demanda la raison, di-
» sant que, si quelqu'un avait offensé cette
» église, il voulait la dédommager. On lui
» répondit : vraiment, sire, c'est vous-même
» qui, contre les coutumes et libertés sacrées
» de cette sainte église, avez soupé hier à Cre-
» teil, non à vos frais, mais à ceux des hommes
» de cette église : c'est pour cela que l'office
» est cessé ici, et que la porte est fermée, les
» chanoines étant résolus de plutôt souffrir
» toute sorte de tourmens, que de laisser
» de leur temps enfreindre leurs libertés.
» Ce roi très-chrétien fut frappé de ces pa-
» roles. Ce qui est arrivé, dit-il, n'a point été
» fait de dessein prémédité. La nuit m'a re-
» tenu en ce lieu; et je n'ai pu arriver à Paris
» comme je me l'étais proposé. C'est sans force
» ni contrainte que les gens de Créteil ont fait
» de la dépense pour moi; je suis fâché main-
» tenant d'avoir accepté leurs offres. Que l'é-
» vêque Thibaud vienne avec le doyen Clé-

» ment, que tous les chanoines approchent,
» et surtout le chanoine qui est prevôt de ce
» village : si je suis en tort, je veux donner
» satisfaction; si je n'y suis pas, je veux m'en
» tenir à leur avis. Le roi resta en prières de-
» vant la porte, en attendant l'évêque et les
» chanoines. On fit l'ouverture des portes; il
» entra dans l'église, y donna pour caution
» du dédommagement la personne de l'évêque
» même. Le prélat remit en gage, aux cha-
» noines, ses deux chandeliers d'argent; et le
» roi, pour marquer, par un acte extérieur,
» qu'il voulait sincèrement payer la dépense
» qu'il avait causée, mit, de sa propre main,
» une baguette sur l'autel, laquelle baguette
» toutes les parties convinrent de faire conser-
» ver soigneusement, parce que l'on avait écrit
» dessus qu'elle était en mémoire de la con-
» servation des libertés de l'église. »

On voit, par ce passage, que les prêtres, dans ces temps de superstition et de barbarie, insultaient avec impunité à la majesté du trône, pour des intérêts mondains; tandis que les seigneurs, qui opprimaient les peuples, et s'armaient contre les rois, trouvaient en eux des adulateurs ou des complices.

En 1547, Du Bellay, archevêque de Paris, échangea, avec les chanoines de son église, sa terre de Vissous contre celle de Creteil. Cette dernière terre, devenue propriété archiépiscopale, reçut de grands et notables accroissemens et embellissemens. Les successeurs de Du Bellay y firent bâtir un superbe château qui, lors de la révolution, était encore la maison de plaisance des archevêques de Paris. Il appartint depuis au maréchal Serrurier.

C'est sur le territoire de Creteil, au hameau du Buisson, que Charles VI avait fait bâtir une maison pour sa maîtresse, que l'on appelait la *petite reine*. Sauval, en parlant de cette petite reine, raconte que Charles VI, dans ses accès de fureur, battait souvent la reine Isabeau de Bavière, son épouse. Pour éviter ces mauvais traitemens, Isabeau introduisait, à sa place, dans le lit conjugal, la petite reine, qui, par sa douceur, son humeur enjouée, et surtout sa fraîcheur et sa beauté, plaisait beaucoup au roi, et n'en était point battue. La reine, de son côté, allait tenir compagnie à son beau-frère, le duc d'Orléans, qui, plus galant que Charles, ne s'amusait point à la battre. De cette manière et par cet échange, la paix subsistait dans la famille royale.

§. IV.

SUSSY et BRIE-SAINT-LÉGER.

Le village de Sussy est situé à trois lieues et demie au S.-E. de Paris, sur la même montagne que Boissy-Saint-Léger, dont il n'est séparé que par le hameau du Piple. Cette situation procure aux deux villages une très-belle vue sur toutes les plaines d'alentour.

En 1135, le roi Louis-le-Gros exempta les habitans de Sussy de droit de corvée et de gîte.

Sous François Ier., en 1544, ils obtinrent la permission de clorre leur village de murailles et de fossés, d'y construire des tours et des ponts-levis. Le même roi leur accorda, à peu près vers le même époque, l'établissement de deux foires.

On voit encore aujourd'hui à Sussy un vieux château, bâti en 1637, par Philippe de Coulanges, conseiller d'État et maître des comptes.

Boissy-Saint-Léger se nommait en latin

Buxianus vicus; Il est surnommé *Saint-Léger* à cause de son patron.

Les coteaux de Boissy sont garnis de vignes; et l'on trouve que Clovis II, en l'an 650, fit don de ses vignes de Boissy aux religieux de Saint-Maur.

Le village de *Bonneuil,* voisin des précédens, était, dès l'an 616, une terre royale, où les rois de France avaient une maison de plaisance.

§. V.

BRIE-COMTE-ROBERT.

Cette ville, située à six lieues et au S.-E. de Paris, dans la Brie, était, suivant l'abbé Lebeuf, le *Bradeia* dont parle le poète Fortunat, dans la vie de saint Germain de Paris. Cette opinion est vraisemblable; mais ce savant se trompe en confondant quelquefois Brie avec Braie-sur-Seine, deux noms qui, en latin, sont exprimés à peu près de même, et qui indiquent, l'un et l'autre, un sol bourbeux et aquatique. Quant au surnom de *Comte-Robert,* il résulte de ce que le roi Louis VII donna la terre de Brie à Robert, comte de Dreux, son frère.

Ce fut son fils, également nommé *comte Robert*, qui construisit ce château et lui donna son nom.

La mère de ce dernier comte, Agnès, comtesse de Braine, est accusée d'être l'auteur d'un événement déplorable, qui, suivant le même auteur, eut Brie-Comte-Robert pour théâtre : en voici l'exposé succinct :

En mars 1192, cette comtesse Agnès, pour une somme considérable que les juifs du lieu qu'elle habitait lui donnèrent, consentit à leur livrer un chrétien coupable, disaient-ils, de vol et d'homicide; ils lui firent souffrir tous les tourmens signalés dans la passion de Jésus-Christ. Le roi Philippe-Auguste en fut informé; il part brusquement de Saint-Germain-en-Laie et arrive dans le lieu où ce crime venait de se commettre; là, sans procédure, sans s'assurer de la vérité de l'accusation, il fait arrêter tous les juifs qui s'y trouvent; et quatre-vingts ou quatre-vingt-dix, par son ordre, périrent dans les flammes. Une édition des chroniques de Saint-Denis ajoute que la dame du château (Agnès), fut emprisonnée pendant le reste de sa vie. On peut douter du crime de ces juifs, détestés par les chrétiens; mais leur affreux supplice paraît réel; tous les écrivains du temps en attribuent l'honneur à Philippe-Auguste.

Le lieu de cette événement, quoi qu'en dise l'abbé Lebeuf, n'est point Brie-Comte-Robert, comme l'attestent les chroniqueurs et les annalistes du temps, mais Braie-sur-Seine, qu'ils nomment tous *Braia*. Le moine Albéric de Troisfontaine, en racontant le fait, dit précisément qu'il se passa dans le château de Braie-sur-Seine, *apud castrum quod Braiam super Sequanam vocant*[1].

L'erreur dans laquelle est tombé l'abbé Lebeuf, en confondant Brie avec Braie, sur un événement qui s'est passé à la fin du XIIe. siècle, trouve son excuse dans les témoignages authentiques des siècles suivans, qui donnent indifféremment au lieu qui nous occupe la dénomination de Brie ou de Braie, de *Braia* ou de *Bria*.

L'église paroissiale, sous le titre de Saint-Étienne, fut, au commencement du XIIIe. siècle, fondée sans doute par le comte de Dreux, Robert II. En 1248, cette église était assez bien

---

[1] *Alberic, Triumfontium monachi chronic.* Recueil des historiens de France, tome XVIII, page 756.

constituée pour prêter la somme de soixante-six livres à un homme d'armes, nommé Henri d'Altilly. Au XIV°. siècle et dans les siècles suivans, cette église était desservie par deux curés : l'un faisait son service à droite, et l'autre à gauche. On distinguait le curé *à dextre* du curé *à senestre*.

L'Hôtel-Dieu de Brie-Comte-Robert est presque aussi ancien que l'église paroissiale; sa chapelle, sous le titre de Saint-Éloi, fut fondée par le même comte Robert de Dreux. Il y eut aussi dans cette ville quelques autres fondations et une chapelle de Saint-Lazare, vulgairement nommée de *Saint-Ladre*, etc., tous établissemens religieux, dont l'existence est principalement attestée par les querelles d'intérêts, et les procès qu'avaient entre eux les ecclésiastiques bénéficiers.

Le château de Brie-Comte-Robert, bâti à la fin du XII°. siècle ou au commencement du XIII°., fut, comme tous les châteaux de cette époque, une cause de guerre et de calamités pour les habitans du lieu et du voisinage. Les maisons de Dreux, de Bretagne, de France, d'Évreux, etc., le possédèrent successivement; mais elles ne dominèrent pas seules cette seigneurie ; elles la partagèrent avec quelques autres particuliers, et notamment avec l'évêque de Paris, auquel les seigneurs de Brie-Comte-Robert devaient foi et hommage pour leur château.

Jeanne d'Évreux, qui épousa, en 1326, le roi Charles-le-Bel, lui apporta en dot la terre de Brie-Comte-Robert etc. Elle voulut en faire hommage à Guillaume de Chanac, évêque de Paris ; mais il lui répugnait de figurer en personne dans cette cérémonie humiliante pour une reine : l'évêque exigeait qu'elle vînt elle-même à la maison épiscopale lui rendre ce devoir de vassalité. Une lutte assez vive se manifesta entre une reine et un évêque, entre les prérogatives de la couronne et les droits féodaux d'un seigneur ecclésiastique. L'évêque, après plusieurs refus, consentit enfin, en faisant des actes de protestations pour que sa déférence ne nuisît ni à lui, ni à ses droits, ni à ceux de ses successeurs, à recevoir cet hommage par le ministère de Jean de Soisy, chevalier, seigneur de Brunoy, fondé de pouvoir par cette reine[1]. Ce n'est pas le seul

---

[1] Lebeuf, *Histoire du diocèse de Paris*, t. XIV, p. 105.

exemple de cette tenacité féodale qu'aient donné les évêques seigneurs temporels.

Jeanne d'Évreux mourut au château de Brie-Comte-Robert le 4 mars 1370. Ce fut aussi dans ce château que, le 29 janvier 1349, furent célébrées les noces entre le roi Philippe-de-Valois et Blanche de Navarre. Philippe était âgé de ciquante-six ans, et Blanche, destinée d'abord au fils de ce roi, n'avait que dix-huit ans. Ce mariage disproportionné abrégea les jours du vieil époux royal qui mourut l'année suivante [1].

Le séjour de plusieurs princes et princesses à Brie-Comte-Robert illustra sans doute cette ville, mais ne la préserva point des calamités qu'amenèrent les guerres civiles des XIVe. et XVe. siècles, temps féconds en dévastations, massacres, incendies et famines; cette ville en souffrit beaucoup. Le 5 septembre 1430, le sieur d'Estafort, connétable de France pour le roi d'Angleterre, partit de Paris, et vint assiéger Brie-Comte-Robert; le deuxième jour du siége, cette place fut prise d'assaut. Le châ-

---

[1] *Anecdotes des reines et régentes de France*, tome III, pag. 201.

teau résista encore quelque temps; mais les sieurs Jacques de Milly et Jean de la Haye qui le défendaient, quoique, suivant la chronique de Monstrelet, la place fût très-forte, se virent forcés de la rendre. Ils furent faits prisonniers par les Anglais, et ne leur échappèrent, dans la suite, qu'en payant une rançon considérable [1].

Les Anglais chargèrent un capitaine nommé Ferrières, de la garde de cette place et de celle de Corbeil. En 1434, le duc de Bourbon, désirant obtenir ces deux places, entreprit de corrompre ce capitaine, et y réussit : il lui fallut, pour les conquérir, non du fer, mais de l'argent.

Pendant la guerre civile, nommée la *Praguerie*, le dauphin, les princes et seigneurs révoltés contre le roi Charles VII, s'emparèrent de Brie-Comte-Robert. Ce roi, en 1440, étant en Auvergne, ordonna que cette place et plusieurs autres fussent reprises en son nom : ce qui fut exécuté [2].

[1] *Journal de Paris*, sous le règne de Charles VI et Charles VII, page 135. — *Chroniques de Monstrelet*, volume II, pages 63, 80.

[2] *Histoire de Charles* VII, par Denis Godefroy, p. 392 et 411.

Un grand nombre d'habitans de cette ville, au xvie. siècle, embrassèrent les opinions religieuses du protestantisme; c'est pourquoi, en 1562, Brie-Comte-Robert fut, par ordonnance du roi, placé au rang des lieux où l'exercice de cette religion nouvelle était permis; cette permission fut retirée en 1564.

Ce fut à Brie-Comte-Robert que, le 26 février 1563, l'évêque de Troyes, Antoine Carraccioli, prince de Melphe, écrivit aux ministres et pasteurs de l'église d'Orléans pour les éclairer sur sa conduite, et les assurer de son adhésion aux principes de la réformation religieuse[1]. Il séjournait dans ce château parce qu'une de ses parentes, épouse du duc d'Atry, en avait la jouissance.

Brie-Comte-Robert fut assiégé du temps de la guerre civile de la Fronde. Les troupes prirent d'assaut cette ville, et, le 24 février 1649, entrèrent par la brèche, c'est-à-dire qu'il s'y commit des massacres et des pillages.

François Ier. qui, en 1522, était rentré en possession de la terre de Brie-Comte-Robert,

---

[1] *Mémoires de Condé*, t. IV, p. 336; tome v, p. 49, 163.

en donna la jouissance temporaire, en 1547, au duc d'Atry, qui logea dans le château plusieurs familles italiennes qu'il avait attirées en France. Après la mort de ce duc, ces familles continuèrent à demeurer dans ce château, malgré plusieurs injonctions pour en sortir. Il fallut que le capitaine du château et l'officier de la justice présentassent requête au parlement pour les obliger à déguerpir. Ces Italiens, pendant leur séjour dans le château, avaient laissé dégrader la charpente et les planchers. En 1567, le parlement ordonna qu'il y serait fait des réparations, et, en 1608, qu'il serait informé contre les auteurs de ces dégâts.

Le château, situé à une extrémité de la ville, du côté de Paris, se compose d'une enceinte dont le plan est carré, et dont les angles sont flanqués de tours rondes. Outre ces quatre tours, on en voit trois autres, dont chacune est placée au milieu de trois côtés du carré. Celle qu'on nomme spécialement *la Tour de Brie*, est carrée, située sur le côté qui regarde le nord, bien conservée et haute d'environ cent pieds ; elle sert de fortification à une porte à laquelle on arrivait en passant sur un

TOUR DE BRIE-COMTE-ROBERT.

pont-levis placé sur un large fossé encore rempli.

[...] d'entrée [...]
[...]

Au milieu, du côté de [...]
[...] qui, comme celle des a[...]
qu'à la hauteur du mur d'en[...]
courtine. Le côté qui fait face à l'eau n'a p[...]
de tour; le mur y est bien [...]

L'intérieur de la citadelle p[...] une cour
carrée dont chaque côté a cent [...]
pieds de dimension.

Au commencement de la ré[volution ce ch]â-
teau servit de pr[ison] au baron de [...],
lorsque courut le bruit de [...]
d'une troupe de brigands, ré[pandus dans]
tous les points de la France. [Les habitants de]
Brie cherchèrent des [...]
cette forteresse [...]
une guérite d'[...]
tour, et plac[...]
la cour.

Voyez la gravure.

pont-levis placé sur un large fossé encore rempli d'eau [1].

Au milieu de la face qui regarde le sud, est une tour semblale à la précédente, servant pareillement d'entrée à la forteresse; mais cette tour est en ruine.

Au milieu, du côté de l'ouest, est une tour ronde qui, comme celle des angles, ne s'élève qu'à la hauteur du mur d'enceinte ou de la courtine. Le côté qui fait face à l'est n'a point de tour; le mur y est bien conservé.

L'intérieur de l'enceinte présente une cour carrée dont chaque côté a cent trente-cinq pieds de dimension.

Au commencement de la révolution, ce château servit de prison au baron de Bezenval; et, lorsque courut le bruit de l'arrivée prochaine d'une troupe de brigands, bruit répandu sur tous les points de la France, les habitans de Brie cherchèrent des moyens de défense dans cette forteresse en ruine : ils firent construire une guérite d'observation sur la principale tour, et placèrent des pièces d'artillerie dans la cour.

[1] *Voyez* la gravure.

Il se fait à Brie-Comte-Robert un commerce de grains, de plumes à écrire, de draperies et de bonneterie. Il y a trois foires dans l'année et un marché le lundi de chaque semaine. La grande route de Paris à Troyes vivifie cette ville. En 1726, on comptait à Brie-Comte-Robert 1,844 habitans; aujourd'hui leur nombre est évalué à 2,687.

CHAPITRE II.

PROVINS.

Ville située sur les petites rivières de la Vouzie et du Durtain, à douze lieues de Melun et à vingt-trois de Paris.

Des hommes, dans le dessein d'illustrer cette ville, et d'en faire remonter l'origine bien avant dans le passé, se sont donné des peines qu'ils se seraient épargnées s'ils avaient bien connu l'état de la Gaule et de ses lieux d'habitation, avant et pendant l'expédition de César; mais, en s'attachant à un seul point et en négligeant l'ensemble, on risque beaucoup de s'égarer. On a prétendu que Provins avait pour fondateur Jules-César; que ce lieu était l'*Agendicum* des commentaires de ce conquérant; et cette origine n'est fondée que sur ce que, à la fin du XIIIe. siècle, il existait, dit-on, sur une cloche les rimes suivantes :

> Je suis faite
> Pour la guette,

Et sonner la retraite
De *Gentico*.

On a conclu que *Gentico* annonçait que Provins était l'antique *Agendicum*; et, d'après ce faible témoignage contredit par tant d'autres bien plus respectables, on n'a pas craint d'attribuer à Jules-César des constructions du xive. siècle, dont les voûtes et arceaux sont en ogives [1].

Sans entrer dans ces débats oiseux, voici ce qu'il convient de déclarer : Provins ne fut point *Agendicum* ou plutôt *Agedincum*, une des principales forteresses de la nation de *Senones*, qui, comme tous les chefs-lieux, dans la suite, prit le nom de cette nation, et fut nommé *Sens*.

Jules-César détruisit et pilla beaucoup dans

---

[1] M. Opoix, Provinois respectable par son âge et ses qualités personnelles, a soutenu que Provins était l'antique *Agendicum*; et le secrétaire perpétuel de la Société libre de cette ville s'est montré d'une opinion contraire. Tous les deux ont publié des volumes pour prouver leurs opinions. Il est fâcheux que M. le secrétaire, dans son ouvrage, se soit livré, contre son adversaire, à des personnalités grossières, à de pitoyables jeux de mots. Quand on veut faire le plaisant, il faut l'être à propos et avec goût. J'aimerais beaucoup mieux m'être trompé comme l'a fait M. Opoix, que d'avoir raison à la manière de M. le secrétaire perpétuel.

les Gaules, ne construisit rien, et par conséquent ne fut point le fondateur de Provins. Cependant ce lieu a pu exister comme forteresse pendant la période romaine; mais on n'a aucune preuve de cette antique existence.

Cette ville n'est mentionnée dans aucun monument historique appartenant aux temps romains, pas même dans les itinéraires. Elle ne figure qu'un peu tard dans l'histoire de France : on la trouve mentionnée pour la première fois, en l'an 802, dans un capitulaire de Charlemagne; cet empereur envoie des commissaires ou *missi dominici*, nommés Fardulfus et Étienne, dans les pays Parisien, Mulcien, de Provins, *Provinensi*, de Melun, d'Estampes, etc., pour y réformer les abus.

Dans un capitulaire de Charles-le-Chauve, de l'an 853, on voit que d'autres commissaires sont envoyés dans différens pays, et notamment à Provins, nommé *Proviniso*.

Il existait certainement un château à Provins, et une fabrique de monnaie sous la seconde race, puisqu'on voit encore des monnaies frappées à Provins (*Provino*), sous le règne de Charlemagne : Adrien de Valois dit en avoir vu plusieurs; mais cette prérogative ne fut pas de longue durée, car Charlemagne, pour arrêter les entreprises des faux-monnayeurs, défendit, en l'an 805, la fabrication des monnaies, en tous lieux autres que son palais[1]. Charles-le-Chauve, en l'an 864, renouvela la même défense; cependant, il permit cette fabrication dans quelques villes qu'il nomme; Provins n'est point du nombre[2].

Provins qui figure, pour la première fois, sous les Carlovingiens, est constamment désigné par les noms *pagus Provinensi, Proviniso, Provino;* jamais il n'est nommé *Agendicum.* Ainsi, que de travaux inutiles dans le but d'obtenir, pour cette ville, la vaine gloire d'une haute antiquité !

Il paraît que, dès la seconde race, la colline qui domine la ville basse de Provins était munie d'un château fort. Au commencement de la troisième race, un nommé Landric, fils de Bodon, comte de Nevers, occupait ce château. Ce Landric, suivant les gestes des comtes d'Angers, était un homme inique et plein de méchancetés. Il fut en guerre contre tous ses

---

[1] *Capitularia Baluzii*, tome I, page 427.
[2] *Idem*, tome II, page 179.

voisins et contre le roi Robert. Dans une pièce satyrique du temps, ses crimes et ses galanteries sont révélés. On lui reproche ses intrigues avec les reines Berte et Constance; et les affronts qu'il fit à Robert, fils du roi de ce nom. On ajoute qu'il avait tort de se croire en sûreté dans les murs de Provins, parce que les dépenses de sa table déplaisaient fort aux habitans de ce lieu, qui, sans doute, en faisaient les frais[1]. Berte, séparée, par le pape, de son mari, le roi Robert, avait promis de donner Provins à Landric, s'il parvenait à la ramener dans la couche royale; il y réussit, mais Berte ne tint point sa promesse; et Landric ne put garder Provins.

Il existait à Provins une église dédiée à saint Ayeul (*Aygulfus*), vulgairement nommé saint Ayoul, abbé de Lérins. Le service divin s'y faisait avec négligence, lorsqu'en l'an 1048, Thibaud III, comte de Troyes, de Chartres et de Blois, entreprit d'y fonder un monastère; il y transféra des moines de l'abbaye de Saint-Pierre de la Celle à Troyes, et soumit à cette abbaye son nouvel établissement. En la même

---

[1] *Recueil des historiens de France*, tome X, page 94.

année, un concile, tenu à Sens, confirma la fondation du monastère de Saint-Ayeul de Provins.

Cette ville se glorifiait d'un autre établissement ecclésiastique : la collégiale de *Saint-Quiriace*, saint peu connu, et, dit-on, évêque de Jérusalem. Elle fut fondée dans les commencemens du xie. siècle, par les premiers comtes de Champagne et de Brie, sur les débris d'une église plus ancienne, dont on ignore le nom, laquelle avait, dit-on, été bâtie sur les ruines d'un ancien temple d'Isis. Provins, comme Melun et Paris, voulait avoir son temple d'Isis. Un chevalier apporta de Jérusalem le chef de saint Quiriace, et en fit présent à la collégiale de Provins, dont l'église fut, en 1160, bâtie en pierres par Thibaud-le-Libéral. En 1662, la charpente de cette église, et son dôme couvert en plomb devinrent, par la négligence d'un ouvrier, la proie des flammes. On répara la toiture ; mais celle du dôme, reconstruite peu solidement, fut reconstruite une seconde fois et recouverte en ardoises, telle qu'on la voit aujourd'hui[1].

[1] *Histoire et description de Provins*, par M. Opoix, page 227.

Rainier, abbé des prémontrés, en 1161, tomba malade à Provins; le comte Thibaut le visita pendant sa maladie. L'abbé, voyant sa fin approcher, voulut être enterré dans l'hôpital des pauvres. Peu de temps après, cet hôpital fut donné aux prémontrés et érigé en abbaye sous le titre de *Saint-Jacques*, et fondé, en 1146, par Thibaud, comte de Champagne.

Cette institution religieuse fut accompagnée de troubles et de violences. Personne ne se plaignit de ce que le patrimoine des pauvres passait en des mains ecclésiastiques : on ne s'occupait pas de ces choses-là. Alors existait, entre les chanoines de Saint-Quiriace, une division violente; les uns, chanoines réguliers, les autres, irréguliers, s'occupaient de leurs querelles et négligeaient le service divin. Les réguliers se livrèrent à des actes violens. Le comte de Champagne, pour rétablir la paix, ordonna, avec le consentement de plusieurs évêques, que ces réguliers turbulens abandonneraient aux autres chanoines l'église de Saint-Quiriace, et qu'ils seraient mis en possession de celle de *Saint-Jacques*.

Cette abbaye devint en commende; un des

abbés commendataires, nommé Guillaume de la Chenaye, en 1563, permuta cette abbaye avec le prieuré de Saint-Loup, embrassa le luthérianisme, et fut condamné à mort et exécuté à Paris, pour avoir, disent les auteurs du *Gallia christiana* [1], contrefait des lettres du grand sceau [2].

Plusieurs autres établissemens religieux furent, dans les XI°., XII°. et XIII°. siècles, fondés à Provins. Je ferai mention, dans la suite, de ceux qui présenteront des faits dignes de remarque.

Provins se glorifie d'avoir possédé dans ses murs plusieurs chapitres de chanoines, plusieurs monastères des deux sexes; mais ce qui amena ces établissemens et donna quelqu'importance à cette ville, ce fut son site avantageux, son château, et les fréquens séjours qu'y

---

[1] *Gallia Christiana*, tome XII, col. 208.

[2] Il paraît être le même La Chenaye dont il est parlé dans le journal de Pierre Bruslart, sous la date du 13 juillet 1569. « *La Chenaie*, dit-il, un des plus grands factieux des Huguenots, eut la tête tranchée devant l'Hôtel-de-ville...... Il avait été conseiller d'église et de la grande chambre, puis avait vendu ses bénéfices et s'était marié avec mademoiselle de Saint-Pré, au bailliage de Chartres, quoiqu'il fût sous-diacre. *Mémoires de Condé*, tome I, page 205. »

faisaient les comtes de Champagne et de Brie, princes souverains, dont la cour rivalisait avec celle du roi. Ces séjours, attestés par les monumens historiques, attirèrent plusieurs familles à Provins et accrurent sa population.

Dans ce château, très-fortifié pour le temps, on séjournait avec sécurité; aussi Henri, archevêque de Sens, mande-t-il, en 1127, à Étienne, évêque de Paris, de se rendre à Provins pour quelques affaires. Afin de l'y déterminer, il ajoute que ce lieu est sûr, *quia locus tutus est*[1] : ce qui était alors assez rare.

On voit que Thibaud, fils d'Arnoul et de Villa, parent du comte Eudes, naquit à Provins, et y fut élevé; il fut mis au rang des saints après avoir été chevalier. Thibaud, comte de Blois, lui fit élever, en 1080, une église sous son vocable, dont on ne voit aujourd'hui que les ruines[2]. Plusieurs autres

---

[1] *Recueil des historiens de France*, tome XV, page 332.

[2] Les voituriers, quand ils étaient parvenus à conduire sans accidens leurs voitures jusqu'à la hauteur de l'église de Saint-Thibaud, faisaient présent à cette église d'un fer de cheval; et la vente de ces fers accroissait les revenus des prêtres desservans.

familles considérables vinrent habiter la ville de Provins.

Persécuté à l'abbaye de Saint-Denis, parce qu'il soutenait que le patron de cette abbaye n'était pas l'aréopagiste, comme l'avait imaginé l'abbé Hilduin ; menacé de la colère du roi pour cette opinion, le fameux Abélard abandonna cette abbaye, et se réfugia, en 1122, au château de Provins, auprès du prieur de Saint-Ayeul, son ami, qui le reçut avec plaisir. Il y vivait paisiblement, lorsqu'il apprit que l'abbé de Saint-Denis, Suger, venait pour des affaires visiter le comte à Provins. Aussitôt Abélard, accompagné du prieur de Saint-Ayeul, se rendit auprès du comte de Champagne, Thibaut, le priant d'intercéder auprès de l'abbé Suger, son absolution et la permission de vivre monastiquement dans un lieu qui lui serait convenable. L'abbé Suger s'éleva fortement contre cette demande ; Abélard fut forcé de sortir de Provins, et de se retirer dans une solitude aux environs de Troyes, où il se construisit, en jonc et en paille, un oratoire sous l'invocation de la Sainte-Trinité, et où ses écoliers vinrent le joindre et partagèrent avec courage son malheureux sort.

Les fréquens séjours des comtes de Champagne à Provins contribuèrent sans doute à la prospérité de cette ville ; mais ce qui assura cette prospérité, fort rare dans les villes de cette époque féodale, ce ne fut ni les hommes de la noblesse, ni ceux des monastères et des collégiales, mais les hommes du commerce et de l'industrie. Les foires, les manufactures y produisirent l'aisance et l'activité, et donnèrent, dans ces temps barbares, de la célébrité à Provins et sur plusieurs autres villes une supériorité qu'elle n'a pu conserver. Les foires de Provins attiraient des marchands de toutes les parties de la France, et même de quelques pays étrangers. La foire de mai durait six semaines; celle de Saint-Ayeul commençait le 16 septembre et finissait à la fête de la Toussaint; enfin, la foire de Saint-Martin durait depuis le jour de Saint-André, 30 novembre jusqu'au 31 décembre; ainsi, pendant plus de quatre mois, chaque année, Provins était vivifié par les mouvemens du commerce. Les marchands étrangers avaient dans cette ville leurs halles désignées par les noms des villes ou provinces d'où ils venaient; et quelques hôtels de Provins conservent encore ces noms. Ces foires enrichissaient les habitans et produisaient au comte de Champagne un revenu considérable : car il levait des impositions sur toutes les marchandises exposées et vendues.

Les marchands, outre les droits onéreux qu'ils payaient au comte, étaient assujétis sur les routes à des avanies et à de nombreux péages, et, de plus, exposés à se voir entièrement dépouillés par des seigneurs accoutumés à détrousser les marchands sur les chemins; leurs profits devaient être considérables puisque, pour les obtenir, ils bravaient tant de dangers.

Les seigneurs des environs de Provins n'étaient pas fort traitables. Lambert, évêque d'Arras, se rendant au concile de Clermont, séjourna avec tout son clergé à Provins; il en partit; et, le jour même de ce départ, malgré son cortége ecclésiastique, il fut assailli par un chevalier nommé Garnier, du château de Pont-sur-Yonne, qui enleva l'évêque et ceux de sa suite, les conduisit dans son château et les y emprisonna, espérant en tirer une forte rançon. Bientôt la nouvelle de ce ravissement se répandit : Philippe, évêque de Troyes, frère du chevalier Garnier, se rendit auprès de lui, et lui fit de vifs reproches sur une telle violence. Le pape Urbain II écrivit à ce chevalier, le menaçant, s'il ne remettait en liberté l'évêque d'Arras et son cortége, de le frapper d'excommunication lui et sa terre. Ce pape écrivit aussi à l'archevêque de Sens pour le même objet.

Garnier, effrayé de ces reproches et de ces menaces, vint se prosterner aux pieds de son prisonnier, lui demanda pardon, en pleurant. L'évêque, touché de son repentir, releva le chevalier, lui ordonna de se rendre à l'église les pieds nus, lui fit subir une pénitence, le flagella sur ses épaules nues, et lui donna l'absolution. Le chevalier fut obligé d'escorter l'évêque et les siens jusqu'à Auxerre[1].

Celui qui avait l'audace de s'emparer d'un évêque et de son clergé pouvait bien arrêter des marchands sur les grands chemins.

Voici une lettre que Thibaud, comte de Blois, de Champagne et de Brie, adressa, en 1148, à l'abbé Suger, qui gouvernait la France pendant l'absence du roi Louis VII.

---

[1] *Recueil des historiens de France*, tome XIV, page 754.

« Je vous notifie l'injure et l'affront que
» Salo, vicomte de Sens, a faits au roi et à
» vous, qui avez sa terre en garde, et qu'il a
» faits à moi-même. Guarin, son fils, s'est per-
» mis d'arrêter et de prendre des changeurs de
» Vezelai, qui venaient de mes foires de Pro-
» vins, sur le chemin du seigneur-roi, entre
» Sens et Braie, chemin que Salo lui-même et
» le prévôt royal de Sens mirent sous la sauve-
» garde du roi. Il leur a enlevé, dit-on, sept
» cents livres et plus. Je vous demande et vous
» prie de me faire justice de l'infraction com-
» mise sur le chemin du roi, et de donner une
» forte leçon à Salo, afin qu'il restitue ou fasse
» restituer, sans retard, tout ce qui a été enlevé
» aux changeurs... Je ne souffrirai point qu'on
» laisse impuni un attentat qui tend à la des-
» truction de mes foires, etc.[1]. »

La richesse des marchands attirait les voleurs dans les foires. Thibaud, comte de Champagne, et de plus roi de Navarre, écrit, en 1243, à son lieutenant, de mander aux habitans de Plaisance de faire restituer à des marchands, qui se rendaient aux foires de Champagne,

[1] *Recueil des historiens de France*, tome xv, page 503.

PROVINS.   131

l'argent et les marchandises que des voleurs de cette ville leur avaient enlevés en chemin [1].

Il existait à Provins des manufactures dont les produits étaient transportés par les fabricans dans quelques villes de la Champagne. Ces objets manufacturés consistaient principalement en draps de laine, en couvertures et en cuirs, objets dont la réputation ne s'est pas soutenue. Si l'on croit l'auteur de l'histoire de Thibaud IV, il s'y voyait, à son époque, trois mille métiers battans, autant de foulons et de cardeurs.

Le champ de foire était, à Provins, situé dans la ville basse. Ce fut sans doute pour le protéger que Thibaut IV fit, en 1230, entourer cette partie de Provins de murailles et de tours; mais ces constructions, ordonnées par le comte, se firent aux frais des habitans.

Si les marchands étrangers venaient faire le commerce à Provins, ceux de cette ville transportaient leurs marchandises dans les foires les plus fameuses de France; ils se rendaient notamment à celle du Lendit, tenue près de Paris

---

[1] *Poésies du roi de Navarre*, tome II, page 176.

dans la plaine de Saint-Denis. Nous en trouvons un témoignage dans les rimes d'un auteur qui a décrit cette foire. Après avoir parlé des marchands parisiens, il ajoute :

> Après parlerai de Prouvins;
> Vous savez bien comment qu'il siet
> Que c'est l'une des dix-sept [1].

Il paraît que l'on comptait alors dix-sept villes manufacturières en France; et Provins était de ce nombre. L'industrie y florissait dans un temps où tous les lieux habités du royaume gémissaient sous le plus dur esclavage. Cette ville, quoique assujétie à toutes les exactions de la féodalité, prospérait et enrichissait même ses maîtres et leurs agens. Les comtes de Champagne, qui ne faisaient rien et se bornaient à laisser faire, chaque année, retiraient des deux foires de Provins deux à trois mille livres, somme considérable alors.

Nous ne connaissons pas toutes les exactions des seigneurs de Provins; mais nous savons qu'ils n'étaient pas les seuls qui en commettaient dans cette ville : l'archevêque de Sens prélevait le revenu de l'autel dans l'église de

---

[1] Le Lendit rimé, fabliaux, édition de Méon, t. 11, p. 304.

Saint-Ayeul; et un seigneur, nommé Anseau du Triangle, eut par échange, en 1217, la moitié des péages perçus aux ponts et aux portes de Provins [1].

Pendant que, dans la basse ville, des hommes travaillaient sans relâche à faire prospérer leurs fabriques, d'autres hommes, seigneurs, princes ou domestiques, recevaient de brillantes et nombreuses visites, donnaient des fêtes, tenaient de grandes assemblées, faisaient des chansons, et voyaient avec mépris les hommes laborieux qui contribuaient à leur faste.

Le pape Innocent II, revenant d'Étampes, passa, en 1131, quelques jours à Provins; ce fut pendant son séjour dans cette ville que, le 27 janvier de cette année, il adressa à l'évêque et aux chanoines de Beauvais une lettre pour leur recommander de cesser leurs poursuites contre les moines de Saint-Lucien, qui refusaient de leur payer une redevance en pastilles ou en gâteaux; il ajoute qu'ils doivent plutôt se réunir avec les moines pour résister aux entreprises des habitans [2].

---

[1] *Recueil des historiens de France*, tome XII, page 28.
[2] *Idem*, tome XV, page 371.

En 1180, le comte de Hanovre, accompagné du comte de Flandres, se rendit à Provins, *château très-riche*, dit l'écrivain qui rend compte de ce voyage. Là, ces princes et le comte renouvelèrent d'anciens traités qui furent signés par des comtes, par la reine de France, et par l'archevêque de Sens. On y arrêta le mariage de Henri, fils aîné du comte de Champagne, avec Yolande, fille de Baudouin, comte de Hanovre; et celui de Baudouin, fils de ce dernier comte, avec Marie, fille du comte de Champagne [1].

Peu d'années après cette réunion de hauts barons, en 1188, un incendie détruisit la ville basse de Provins, dont le château resta intact [2].

Thibaud IV, comte de Champagne et de Brie, né à Provins en 1201, y faisait son séjour ordinaire. A la mort de Sanche-le-Fort, son oncle maternel, en 1234, il hérita du royaume de Navarre. Sa séparation des seigneurs ligués contre la mère de saint Louis, son amour pour cette princesse, et surtout

---

[1] *Recueil des historiens de France*, tome XVIII, page 365.
[2] *Idem*, tome XVIII, page 258.

ses chansons, l'ont rendu plus célèbre que sa royauté. M. l'évêque de la Ravallière a publié les poésies de Thibaud, et a fait de vains efforts pour prouver que certaines de ses chansons ne s'adressaient point à la reine Blanche, mère de saint Louis, et que le comte Thibaud n'était point amoureux d'elle. Ce prince, comme tous les trouvères ou troubadours de son temps, se montra d'abord amoureux, puis libertin, et enfin dévot.

Quelques unes de ses chansons étaient écrites sur les murs d'une salle de son château de Provins. On y établit dans la suite un collége d'oratoriens; et les chansons furent effacées. Leur principal mérite consiste dans la vétusté du langage, aujourd'hui presque inintelligible. Voici le commencement de sa douzième chanson :

>De madame sovenir
>Fait amors lie mon coraige,
>Qui me fait joiant morir,
>Si la truis (trouve) vers moi sauvaige;
>La bele que tant desir
>Fera de moi son plaisir,
>Que tous sui siens sans fauser.
>Nus ne puet trop achater
>Les biens qu'amours set donner.

La barbarie du langage était en harmonie avec la barbarie des mœurs.

Ce comte Thibaud mourut en 1253; son cœur fut déposé dans l'église des cordelières du Mont-Sainte-Catherine de Provins, couvent dont il sera fait mention.

A propos d'un poète comte et roi, je dois parler d'un autre poète moine : tous deux étaient contemporains, et natifs de Provins. Le poète moine est connu sous le nom de *Guiot de Provins*, auteur d'une pièce rimée en deux mille six cent quatre-vingt-onze vers, intitulée *la Bible,* où il loue le temps passé, qu'il ne connait guère, et blâme son temps présent, qu'il connaissait mieux. Il débute ainsi :

> Dou siècle puant et orrible
> M'estuet (il me faut) commencier une Bible,
> Por poindre et por aguilloner,
> Et por grant essample doner.
> Ce n'iert (ne sera) pas Bible losengiere,
> Més fine et voire (vraie) et droituriere;
> Mireors iert (sera) à toutes gens [1].

Le moine Guiot ne nomme point ceux qu'il blâme, proteste de la pureté de ses intentions,

---

[1] *Fabliaux,* publiés par Méon, tome II. — *Bible,* Guiot de Provins, page 307.

assure qu'il ne dit que la vérité; qu'aucun sentiment de haine ne l'a fait écrire, et qu'il n'a d'autre but que de corriger son siècle. Les partisans des temps barbares regardent cette production comme une satyre amère; ceux qui croient aux progrès de la civilisation voient dans cette œuvre un tableau curieux et fidèle des désordres et de la dépravation des temps passés.

Tant que les seigneurs n'excédèrent pas la mesure ordinaire de leurs exactions féodales, le commerce et l'industrie des habitans de Provins prospérèrent dans cette ville; mais, dès que ces seigneurs voulurent ajouter de nouveaux poids à la charge que supportait le commerce, tout fut perdu : à un état florissant succédèrent des malheurs, des crimes, et l'anéantissement presque total de l'industrie.

On ne sait point exactement si ce désastre fut causé par le roi de France, Philippe-le-Hardi, ou par Edmont, comte de Lancastre, qui, en 1275, ayant conclu un traité de mariage avec Blanche, héritière des comtés de Champagne et de Brie, prit le titre de comte de ces provinces, et qui par conséquent avait des droits à exercer sur Provins, ou bien s'il fut causé par ces deux princes ensemble. Les rois de France n'étaient pas encore maîtres de cette ville; ils ne le furent que sous le règne suivant; mais il paraît qu'alors ils en nommaient le maire. Quoi qu'il en soit, le roi ou le comte de Lancastre imposa sur les fabricans de Provins une contribution extraordinaire et fort onéreuse. Ceux-ci durent faire des représentations : tout ce qu'ils purent obtenir du maire, nommé *Guillaume Pentecote*, ce fut l'autorisation de prolonger le travail des ouvriers d'une heure de plus chaque jour.

Lorsque les ouvriers apprirent ce nouvel ordre de choses, et qu'à l'heure ordinaire la cloche n'annonça point la cessation du travail, ils se soulevèrent, se portèrent chez le maire, qui déjà leur était odieux, parce qu'il se montrait plus attaché aux intérêts du roi de France qu'à ceux du comte, le mirent à mort, après avoir enfoncé les portes de son hôtel, et, dans leur fureur, se livrèrent à plusieurs autres excès.

Ce mouvement se manifesta au commencement de février 1280, ou 1279 suivant l'ancienne manière de placer le premier jour de l'an. Le roi Philippe-le-Hardi chargea de la punition de ces attentats, *Jean de Brienne*, plus connu sous le nom de *Jean d'Acre*, grand bouteillier de France. Celui-ci s'acquitta de cette triste commission d'une manière atroce, si l'on en juge d'après les paroles énergiques de la chronique de Saint-Magloire : voici ce qu'elle en dit :

> Un an après (en 1279) ce m'est avis,
> Fu la grant douleur à Prouvins.
> Que de penduz, que d'afolés (mutilés)!
> Que d'ocis (tués), que de décolés!
> Mesire Jehan d'Acre fist
> Grant pechié, quant s'en entremist [1].

Après ces massacres, le comte Edmont vint mettre le comble aux infortunes des Provinois, en exigeant des contributions exorbitantes sur ceux qui avaient échappé à la mort. Après les avoir pressurés, il leur accorda, par lettres de juillet 1281, une amnistie avec permission d'avoir des cloches.

Cet exploit féodal, en détruisant une grande partie de la population, dut ruiner le commerce ainsi que les manufactures et les foires

---

[1] *Chronique de Saint-Magloire*, fabliaux publiés par M. Méon, tome II, page 229.

de Provins. Cependant, on voit, par une ordonnance de l'an 1350, que Provins est cité parmi les villes où se fabriquaient des draps rayés [1]. Une autre ordonnance, du 23 janvier 1337, confirme aux maîtres de la draperie de cette ville, malgré les prétentions des baillis de Troyes et de Meaux, le droit de visiter les draps et de punir ceux qui contreviendraient aux réglemens de ce métier.

Les habitans donnent eux-mêmes la mesure de la déchéance de leur commerce, lorsque, dans l'exposé qu'ils firent au roi Charles VI, en 1399, pour en obtenir un réglement favorable, il disent que « la ville, au temps passé, » avait été fondée sur le labour de draperie de » laine, en laquelle étaient ordinairement *trois* » *mille et deux cens métiers* à tisser draps de » laine..... et de présent n'en a que *trente* ou » *environ* [2]. »

En octobre 1359, Charles V, alors régent du royaume, exempta l'hôpital, dit Hôtel-Dieu de Provins, des impôts que les fermiers-royaux voulaient exiger, et notamment du *droit de*

---

[1] *Ordonnances des rois de France*, tome II, page 398.
[2] *Idem*, tome VIII, page 332.

prise[1]. Les pauvres malades n'étaient point, avant Charles v, à l'abri de cette odieuse exaction.

Provins, sous les règnes de Charles v, Charles vi et Charles vii, partagea les maux effroyables qui désolèrent la France. Pendant la prison du roi Jean, son fils Charles, régent de France, ordonna, en janvier 1358, que Provins serait mis en état de défense, que l'église de Notre-Dame, située dans le faubourg de Fontenai-Saint-Brice, serait démolie; que cette église serait rebâtie dans l'intérieur de la ville sur l'hôtel des Osches, et que la porte de ville qui s'ouvrait sur ce faubourg serait murée. On a dit que le roi d'Angleterre, en 1359, se présenta devant Provins, l'assiégea, et qu'étonné de la bonne contenance des défenseurs de la place il se retira.

En 1361, Charles, dit le Mauvais, roi de Navarre, s'empara de Provins, qu'il fut obligé d'abandonner par l'effet du traité de Bretigny. Dans la suite, ce roi reprit ses projets sur Provins; et, favorisé par Guillaume de Mortery, gouverneur de cette ville, en 1378, il s'en em-

---

[1] *Ordonnances des rois de France*, tome vii, page 699.

para. Plus tard ce gouverneur infidèle fut décapité.

Le duc de Berry, frère de Charles v, vint peu de temps après assiéger Provins. Les gens du roi de Navarre capitulèrent.

Philippe, duc de Bourgogne, en 1417, occupa cette ville. En 1430, les Provinois ouvrirent leurs portes au capitaine Charles Ducilly, Lorrain, qui, malgré son serment, commit toute sorte de brigandages dans la ville [1].

Sous le règne suivant, Provins ne put échapper aux armes des Anglais et des Bourguignons réunis. Dans la nuit du 2 au 3 octobre 1432, à la Porte-au-Pain, avec des échelles de cordes, ils escaladèrent la muraille au nombre de quatre cents, et s'emparèrent de la basse ville. Les chefs de l'entreprise se nommaient Jean Raillard, Mandon de Lussarche, Thomas, Girard ou Guérard, capitaine de Montereau ou Faut-Yonne, etc. Celui qui commandait la place, Nicolas, commandeur de Giresme, voulant réparer sa négligence, se défendit dans le château avec beaucoup de courage;

---

[1] *Histoire de Provins*, par M. Opoix, pages 342 et 343.

mais, quoiqu'il eût une garnison composée d'environ cinq cents hommes, et qu'il eût tué près de cent vingt ennemis, voyant qu'il avait perdu beaucoup de ses gens, après avoir résisté pendant huit heures, il prit le parti de se retirer avec quelques personnes.

Les Anglais et les Bourguignons, maîtres du château et de la place, nommèrent capitaine de Provins, le seigneur de la Grange [1].

Le *Journal de Paris* parle de cette prise, et dit que la ville fut pillée et qu'il y eut beaucoup d'habitans de tués, « comme coutume est » à tels gens de faire [2]. »

En effet, les vainqueurs, après avoir égorgé douze habitans dans les bas-côtés de l'église de Saint-Ayeul, se séparèrent : les uns emportèrent les métiers et les draps fabriqués, entraînèrent les ouvriers, et sortirent de la ville chargés de butin. Ceux qui y restèrent étaient commandés par *Thomas Guérard,* qui imposa les habitans à une contribution de trois mille livres, puis la réduisit à deux mille. Mais on ne put trouver que quinze cents livres dans la

---

[1] *Chroniques de Monstrelet,* volume II, page 96.
[2] *Journal de Paris,* sous *Charles* VII, page 152.

ville, qui fut forcée d'emprunter aux églises de Saint-Quiriace et de Saint-Pierre les cinq cents livres qui lui manquaient ; et ces églises fournirent cette somme en argenterie, dont les habitans s'engagèrent à payer la valeur, par acte du 3 janvier 1433.

Thomas Guérard fit beaucoup de dégâts dans Provins, abattit les maisons qui environnaient le cloître Saint-Jacques et tout le quartier de Saint-Nicolas [1].

Les Anglais ne gardèrent pas long-temps cette place. Au commencement de l'année 1433, Nicolas, commandeur de Giresme, et Denis de Chailly vinrent en force l'assiéger, prirent le château, et passèrent la garnison au fil de l'épée, sans épargner Guérard, qui en était alors capitaine, et qui avait fait de grands maux à la ville. On n'épargna pas non plus les traîtres qui avaient favorisé l'escalade : aux meurtres succédaient de nouveaux meurtres.

Depuis cette époque, Provins figure très-peu dans l'histoire : heureuses les villes sur lesquelles elle garde le silence ! Cependant les habitans de celle-ci, dupes de quelques

---

[1] *Notice sur Provins*, pages 64 et 65.

prédicateurs ou de quelques capitaines, en 1588, embrassèrent le parti de la ligue; mais il n'y persistèrent pas long-temps : en 1590, au mois de mai, pendant que Henri IV, après avoir pris Melun, séjournait dans cette ville, les habitans de Moret, de Crécy et de Provins vinrent se rendre à lui. Le maréchal de Biron fut alors chargé, par ce roi, de se porter dans cette dernière place pour y organiser la garnison. Bientôt après les habitans de Provins, instigués de nouveau par les ligueurs, et appuyés par des secours que leur envoya le duc de Mayenne, se soulevèrent, chassèrent le gouverneur pour le roi, M. de Monglas, et le remplacèrent par Jean Pastoureau, seigneur de la Rochette.

En 1592, Henri IV vint en personne assiéger Provins, qui se défendit. Un canon de la communauté des vignerons tira sur le quartier du roi; le boulet fit des dommages et blessa quelques officiers. Henri IV, apprenant d'où partait ce coup, s'écria : *ventre-saint-gris, quels vignerons!* puis il se retira au château de Montbron. Après trois jours de résistance, les habitans, conseillés par la peur ou par la raison, vinrent se rendre auprès de Henri IV, lui por-

tèrent les clefs de la place et obtinrent leur pardon[1].

Provins se divise en ville haute et en ville basse.

La ville haute, peu habitée, est couverte des ruines de *l'ancien fort*, de *la citadelle*, de *la Grange-aux-Dîmes*, du *Vieux-Château*, du *Pinacle*, de la chapelle Saint-Thibaut, de l'église de Notre-Dame du château, etc: On y voit de hautes murailles percées de larges brèches; des maisons mal bâties, qui semblent près de tomber de vétusté; des rues étroites et tortueuses, où l'humble demeure du pauvre avoisine les débris des tours où siégeaient l'opulence et l'orgueil. Tels sont, dans la haute ville de Provins, les restes de la barbarie féodale, restes inanimés, stériles, mais qui rapprochent le passé du présent, et parlent encore à l'imagination.

Au milieu de ces amas de destructions paraît encore en entier et debout un vieil édifice qui domine sur les campagnes environnantes, fixe tous les regards, et pique la curiosité des voyageurs: cet édifice est nommé la *Grosse-Tour*,

---

[1] *Histoire de Provins*, par M. Opoix, pages 346 et 347.

LA TOUR DE CÉSAR ET L'ÉGLISE ST DURIAN.

la *Tour-le-Roi*, très-improprement la *Tour-de-César*, et plus récemment la *Tour de Saint-Quiriace*, parce qu'elle est voisine de l'église de ce nom. Cette tour ne fut point bâtie par Jules-César qui, comme je l'ai dit, n'a rien construit dans les Gaules, mais y a beaucoup pillé, beaucoup brûlé, et répandu le sang de ses habitans; elle n'a point été construite par les Romains et n'offre aucun des caractères de construction de cette ancienne nation. Ses voûtes en ogives attestent son époque; et cette époque ne remonte pas plus haut que le XIIIe. siècle.

Cette tour, située au point le plus éminent de la haute ville, est de plus exhaussée par un monticule ou mamelon de quinze pieds de hauteur. Sur ce mamelon s'élève une platéforme circulaire soutenue par un fort mur de terrasse percé d'une porte : cette plateforme sert de base à la grosse tour dont le plan présente un carré à pans coupés. A chaque angle de ce carré s'élève une tourelle à plan circulaire qui, engagée d'abord dans la maçonnerie de la grosse tour, s'en détache vers le milieu de sa hauteur; à l'endroit où cette grosse tour, diminuant d'épaisseur, prend la forme d'un octogone parfait, et laisse entre elle et les quatre tourelles un espace où sont placés des arcs-boutans. Des chambres, des prisons occupaient l'intérieur des quatre tourelles; leur toiture a la forme conique; celle de la grosse tour est une pyramide octogone. La hauteur de la grosse tour, y compris le monticule, est, suivant M. Opoix, de cent trente-cinq à cent quarante pieds [1].

De quelque point de vue qu'on observe cet édifice, il offre un groupe pyramidant, une masse imposante et très-pittoresque : c'est un des plus beaux ouvrages de l'architecture du moyen âge.

L'intérieur se compose de deux vastes salles placées l'une au-dessus de l'autre, dont les voûtes à arrêtes sont courbées en ogives. On y arrive par une petite porte ouverte sur une des murailles de la ville, qui se rattachaient à la tour, et par un escalier pratiqué dans l'épaisseur de cette muraille : cet escalier conduit à la salle inférieure. En général, les portes et escaliers prouvent qu'on a voulu rendre difficiles l'entrée et la sortie de cette tour.

L'étage supérieur, nommé le *donjon*, fut ré-

---

[1] *Histoire de Provins*, page 61.

tabli en 1571; et, en 1691, les chanoines de Saint-Quiriace obtinrent la permission d'y placer leurs six cloches, dont il n'est resté, depuis la révolution, que la plus grosse, qui est celle de l'horloge.

La ville haute est encore presque entourée de ses vieilles murailles. Du côté du nord et de l'ouest, elles sont assez bien conservées; elles laissent plusieurs lacunes du côté de l'est, où elles se rattachaient à la grosse tour. Ces murailles, fort épaisses, sont bordées de tours alternativement rondes et carrées, en quelques endroits très-rapprochées les unes des autres. Les tours des angles de cette enceinte sont beaucoup plus fortes. On reconnaît à l'intérieur de cette muraille un chemin de ronde.

Deux principales portes mènent à la ville haute, celle de Saint-Jean et celle de Jouy. Celle de Saint-Jean est assez bien conservée; et l'autre est presqu'entièrement démolie.

On ne doit point quitter la ville haute sans visiter l'église de *Saint-Quiriace*; elle est située à l'est, à peu de distance de la grosse tour; son édifice est remarquable par son étendue et l'élégance de son architecture. Il paraît que sa nef n'a pas la longueur qu'elle devrait avoir. Le chœur est parfait et semble avoir les dimensions de celui de Notre-Dame de Paris.

Un dôme, surmonté par une lanterne ou campanille, s'élève au-dessus de la toiture de cette église. Le portail est très-simple; au-devant est une place plantée d'ormes. En 1662, la charpente de cette église et celle du dôme couvertes en plomb devinrent la proie des flammes. Ce désastre fut réparé, mais d'une manière peu solide quant au dôme, qui fut rétabli une seconde fois.

Cette église, autrefois collégiale, est aujourd'hui la paroisse de la ville haute.

Les souterrains de la ville haute doivent être mentionnés : ils sont vastes, on y trouve de grandes salles carrées, éclairées par des soupiraux, et dont les voûtes élevées de douze à quatorze pieds sont soutenues par des piliers. Quelques-unes de ces caves sont doubles, et ont un escalier, par lequel on peut descendre à une cave inférieure. Plusieurs ont un puits ou une source retenue dans un bassin. De ces salles carrées il part des galeries souterraines qui s'étendent au loin et paraissent se communiquer. Il est arrivé quelquefois que le sol de la haute ville s'est affaissé et a laissé des traces profondes de la ruine des voûtes qui le supportaient [1].

Il paraît que dans ce lieu on a exploité des carrières, et qu'ensuite on a profité de leur cavité comme d'un moyen d'évasion, d'un abri, d'une ressource pour échapper à un ennemi vainqueur, et souvent pour venir secrètement l'assaillir par les dehors. Plusieurs salles de ces souterrains sont ornées d'architecture; quelques autres ressemblent à l'intérieur d'une carrière; quelques galeries communiquent hors de la ville.

Les propriétaires des maisons se sont emparés de ces souterrains, et y ont, suivant leur besoin, construit plusieurs murs de clôture, qui rendent aujourd'hui leur intérieur très-irrégulier.

Le long des fossés et au dehors des murailles de la ville haute, sont des allées d'arbres qui commencent à la porte Saint-Jean et se terminent à celle de Jouy; elles contrastent avantageusement avec les ruines qui forment le fond du tableau. Ce boulevard a été planté

[1] *Histoire de Provins*, par M. Opoix, pages 14, 36 et 39.

dans les premières années de la révolution, par M. de Saulsoy, maire, dont il porte le nom.

La ville basse, dont je vais m'occuper, est située dans une prairie resserrée par des collines et coupée par deux petites rivières qui débordent fréquemment : l'une est nommée le Durtein, et l'autre la Voulsie; elles se réunissent à un quart de lieue de Provins.

Cette partie de Provins a aussi ses murailles, ses fossés, et ses allées d'arbres plantées qui les bordent intérieurement; elles commencent à la porte de Paris et se terminent au-delà de la rivière de Durtein, et, en montant, se joignent aux boulevards de la ville haute; l'étendue des boulevards de la ville basse est de plus d'une demi-lieue.

En dehors des murs sont aussi plusieurs routes plantées d'arbres qui offrent des promenades très-agréables.

Les édifices renversés ou debout, les divers étages de rangs d'arbres et les prairies voisines forment un tableau très-gracieux. Il est peu de villes en France dont la vue soit aussi pittoresque.

Les églises et les communautés religieuses étaient nombreuses dans la ville basse. Je ne mentionnerai que les plus importantes par leurs événemens, leur singularité ou par les objets d'arts qu'elles contiennent.

Saint-Ayeul ou *Saint-Ayoul*, que j'ai cité comme une des principales et des plus anciennes églises de Provins, est aujourd'hui la succursale de celle de Sainte-Croix.

La construction de cette église n'a rien de remarquable; son intérieur offre une grande nef avec des bas-côtés, sans croisées et sans rond-point. Le grand autel est orné d'un magnifique retable et d'un beau tableau de Stella, qui provient de l'église des cordeliers : il représente Jésus au milieu des docteurs. La menuiserie a fait les frais de la décoration du reste de l'église; elle se compose d'une ordonnance corinthienne de grande proportion, ouvrage admirable, mais mal éclairé. Le portail n'est pas beau. L'entrée principale est ornée de statues longues et étroites semblables, pour le costume et les longues tresses des femmes, à celles que l'on voit au portail de Notre-Dame de Chartres.

Sainte-Croix est la principale église paroissiale de la basse ville; elle était une chapelle dite de Saint-Laurent-des-Ponts, que Thibaut IV fit ériger en paroisse, avec titre de prieuré. Cette église, incendiée en 1309, rebâtie et augmentée en 1519, ne fut entièrement reconstruite qu'en 1538. L'ancienne chapelle de Saint-Laurent, épargnée par le feu, existe encore, et forme au nord un des bas-côtés de l'église.

Le grand autel est décoré d'un tableau représentant l'exaltation de la croix, peint en 1691. La chapelle de la Vierge est précédée d'une petite nef dont les piliers sont très-remarquables par l'élégance et la délicatesse des sculptures.

La façade offre deux entrées : l'une s'ouvre sur l'église de Notre-Dame, l'autre sur celle de Saint-Laurent. Cette dernière a les formes du XVe. siècle, et offre des ornemens très-délicatement sculptés.

Les *cordeliers* et les *cordelières* de Provins ont acquis une telle célébrité, qu'il ne m'est pas permis d'en taire entièrement la cause.

Les cordeliers de Provins furent fondés au XIIIe. siècle; leur église était ornée de belles sculptures et du tableau de Stella, qu'on voit aujourd'hui à Saint-Ayeul.

Les cordelières ou filles de Sainte-Claire occupaient le monastère du mont Sainte-Catherine, qui, depuis 1748, est devenu l'hôpital général ; elles furent fondées, en 1237, par Thibaut IV, comte de Champagne et de Brie, et roi de Navarre. L'église de ce monastère fut incendiée par les Anglais.

On ne sait à quelle époque, ni par quelle autorisation les cordeliers s'introduisirent dans ce couvent. Les titres ayant été détruits par un nouvel incendie, arrivé au XVIe. siècle, ou détournés par les cordeliers, ceux-ci prétendaient avoir le droit de diriger les cordelières, tant au temporel qu'au spirituel, et usaient amplement de ce droit. Madame d'Ossonville, nommée, en 1597, abbesse de ce couvent, le trouva dans un grand désordre causé par la présence des cordeliers. Pendant quarante ans, elle fit des efforts pour y rétablir la discipline, et ne retira de ses soins que des persécutions ; elle mourut en 1636 ; et le désordre augmenta. Les cordeliers firent adopter dans cette abbaye les élections triennales, et se rendirent maîtres des suffrages et de l'administration. Ils dominaient les vieilles religieuses par la crainte, et les jeunes par les attraits d'une galanterie qui dégénérait en libertinage.

En 1648, les religieuses anciennes, déplorant leurs excès passés, et désirant s'affranchir du joug des cordeliers, se pourvurent au parlement; mais les intrigues des cordeliers neutralisèrent cette tentative ainsi que plusieurs autres. Une personne inconnue adressa à la reine-mère un mémoire, où se trouvaient décrits les désordres de ce couvent et la domination insupportable qu'y exerçaient les cordeliers. Une lettre de cachet ordonna au provincial des cordeliers de rétablir la règle dans ce couvent et d'y faire rentrer notamment deux jeunes religieuses qui s'en étaient retirées par la permission des cordeliers de Provins.

Que fit le provincial chargé de la réforme des mœurs du couvent, et de réparer le scandale que ces deux religieuses avaient causé par leur éloignement? « Il se mit à les cajoler
» pendant trois jours, à leur dire mille folies
» et mille badineries d'amour, et à tourner en
» raillerie tout ce qu'on avait dit d'elles dans le
» monde.... »

Il dit à l'une : « qu'elle ne s'étonnât point
» de la conduite qu'il tiendrait le lendemain....

» et que l'excommunication qu'il fallait qu'il
» prononçât ne serait qu'une apparence,
» qu'une feinte, qu'une momerie. »

L'excommunication fut lancée réellement ; ces filles s'en plaignirent au parlement qui, par arrêt du 15 mai 1664, les renvoya devant l'archevêque de Sens. Ce prélat, Louis-Henri de Gondrin, fit transférer dans divers monastères quelques religieuses les plus attachées au parti des cordeliers. Neuf ou dix religieuses tenaient encore à ce parti. Les autres, en très-grande majorité, encouragées par l'arrêt du parlement, se réunirent à leur archevêque; et, tandis que les cordeliers intriguaient à Rome, pour conserver la direction du couvent, elles s'assemblèrent, le 5 février 1666, au nombre de vingt, et résolurent de demander au parlement l'archevêque de Sens pour le supérieur de leur maison.

Ne fatiguons point le lecteur par le récit des autres procédures et intrigues qu'employèrent les cordeliers pour conserver leur empire sur les jeunes religieuses, et de celles des anciennes, pour se soustraire à leur autorité; passons aux principaux motifs de la plainte contre les cordeliers. Voici, suivant le témoignage d'une religieuse, quels principes de morale ils donnaient aux jeunes pensionnaires de ce couvent :

« Les confesseurs s'amusaient à caresser les
» pensionnaires qu'on leur envoyait pour les
» instruire à la sainte communion, et à leur
» faire toute sorte de contes ridicules. Quand,
» par occasion, elles sortaient et allaient au
» couvent de ces pères, ils usaient avec elles
» de toutes sortes de privautés malséantes.....
» afin de se les rendre ensuite plus complai-
» santes...., etc. » Une pensionnaire avait-elle inspiré de l'amour à un novice cordelier, les pères favorisaient cette inclination naissante en engageant les deux jeunes gens à se donner des témoignages de leur passion, en les invitant ensemble à des collations, etc [1].

Ils en usaient de même avec les religieuses-novices. « Je puis dire, comme en ayant con-
» naissance assurée, dit une autre religieuse,
» que trois novices prêtes à faire profession,
» ayant été vers le père N.., confesseur, pour
» être instruites à cette sainte action, il leur fit
» cent cajoleries, leur donna à chacune un gage

---

[1] *Factum* pour les religieuses de Sainte-Catherine de Provins, édition de 1679, pages 109 et 110.

» de son amitié, les obligeant de le porter sur
» elles, leur conseilla fort de prendre de bons
» amis, leur disant que cela était commode
» pour eux, les exemptant *d'aller au cabaret*,
» et divertissant pour elles, leur faisant passer
» agréablement le temps. » Il se déclara l'ami
d'une de ces novices, et dit à un autre cordelier, qui la trouvait à son gré, qu'il n'avait rien à y prétendre, et qu'il l'avait retenue pour lui. Ces jeunes personnes ayant témoigné leur étonnement pour cet arrangement monacal, il les menaça de s'opposer à leur profession : il y travailla, mais inutilement [1].

    Dans le *Factum*, qui contient ces détails, on en trouve plusieurs autres semblables, et beaucoup plus graves; on remarque les expressions de la galanterie de ces franciscains; un d'eux nommait les sœurs qu'il affectionnait, *son inclination, sa douceur, sa fidèle confidente*, etc.

    A la séduction de leurs paroles, ces pères joignaient celle qui résulte de la lecture des livres obscènes qu'ils prêtaient à ces jeunes re-

---

[1] *Factum* pour les religieuses de Provins, pages 111 et suivantes.

ligieuses; ils leur chantaient à la grille des chansons déshonnêtes, leur faisaient des présens, leur adressaient des vers passionnés et des lettres pleines d'expressions d'une galanterie claustrale et ridicule. Enfin, un jeune cordelier dédia à une religieuse une thèse de théologie, en y plaçant l'image et le nom de sainte Madeleine, patrone de sa maîtresse, etc., etc [1].

Les jeunes religieuses qui s'étaient choisi un ami parmi les cordeliers ne tardaient pas à contracter un mariage avec lui. Ces mariages se célébraient avec les cérémonies ordinairement pratiquées par l'église. Un cordelier, représentant le père du futur époux, faisait la demande à l'abbesse; un autre cordelier remplissait les fonctions de notaire; il passait le contrat. On publiait les bans au parloir et dans la salle basse; un troisième représentait le curé, et les mariait en leur faisant dire les mêmes paroles, et prononçant sur eux les mêmes prières employées par l'église lors de la célébration des véritables mariages. Rien n'y manquait : l'anneau conjugal, les exhortations, les fêtes de

---

[1] *Factum* pour les religieuses de Provins, pages 118, 119, 120 et 121.

noces, les bals, les déguisemens d'habits, les repas où le vin abondait, et la consommation. J'omets les preuves nombreuses de ce dernier article, par respect pour les mœurs [1].

Ces désordres, dont je ne fais ici qu'esquisser le tableau, existaient depuis long-temps dans le couvent de Provins et dans plusieurs couvens de France. Ainsi, sous les dehors de la dévotion et de l'éloignement du monde, la religion, la morale, toutes les lois de la pudeur étaient violées par des filles que séduisaient des moines corrupteurs; la Nature, les Passions, reprenant leur empire et adoucissant les rigueurs du cloître, établissaient leurs déréglemens dans le sanctuaire de la régularité.

Les cordeliers firent au *Factum* des religieuses de Provins une réponse intitulée *Toilette de M. l'archevêque de Sens*. Dans cette réponse, ils s'attachent moins à se justifier qu'à incriminer l'archevêque; ils l'accusent d'être les ennemis des jésuites, « dont le » corps, disent-ils, non-seulement est illustre

---

[1] *Factum* pour les religieuses de Provins, pages 126 et suivantes.

» dans l'église, mais a encore ce génie parti-
» culier d'être admis dans les *plus secrets mys-
» tères de la politique*[1], » louanges maladroites
et accusatrices! Il est vrai que cet archevêque
s'était montré contraire aux jésuites, et qu'il
écrivit, en 1668, au clergé et aux habitans de
Provins, pour leur ordonner de confier la direction de leur collége à des oratoriens.

Les cordeliers, sans répondre aux faits graves dont ils sont inculpés, se bornent à les
traiter de romans, s'amusent à faire de l'esprit,
et à lancer contre l'archevêque ce misérable
jeu de mots :

> Quoique ce grand prélat ait l'église de Sens,
> Sa conduite a montré qu'il a bien peu de sens[2].

L'archevêque, dans son *Factum*, avait rapporté plusieurs lettres plus que galantes entre
les cordeliers et les religieuses; et les cordeliers, dans leur réponse, en insérèrent quelques-unes du même genre entre des religieuses et l'archevêque. On ne sait quel degré de
confiance on doit accorder à ces correspondan-
ces : si elles sont véritables, le voile, déchiré,

---

[1] *Toilette de M. l'archevêque de Sens*, pages 11 et 20.
[2] *Idem*, page 36.

laisse apercevoir beaucoup d'impostures et d'iniquités secrètes; si elles sont controuvées, les inventeurs sont de grands coupables. Quoi qu'il en soit, le tout est fort scandaleux.

L'affaire fut portée au conseil du roi; les jésuites dominaient à la cour; ils firent triompher les cordeliers; et l'archevêque, après avoir légué ses biens aux pauvres, mourut en 1674.

Voici, d'après l'histoire de Provins, quelques anciens usages qui se pratiquaient dans cette ville.

A la procession des rogations, le bedeau du chapitre de Saint-Quiriace portait, au bout d'un long bâton, la figure d'un dragon; et le bedeau de Notre-Dame, une autre figure d'animal appelée la *lézarde*. Presque toutes les églises de France faisaient parade de pareils dragons. Lorsqu'à la procession ces deux figures se rencontraient, ce qui arrivait souvent, ceux qui les portaient, faisaient mouvoir les mâchoires armées de clous de ces animaux, et les faisaient s'entr'arracher les guirlandes de fleurs dont elles étaient ornées. Ce combat amusait les spectateurs; les chanoines, dont le dragon restait vainqueur, s'appropriaient la gloire du succès; et la religion n'en retirait que du scandale. Ce ne fut qu'en 1761 que le dragon et la lézarde cessèrent de figurer dans les processions.

Dans l'église de Saint-Quiriace et dans celle de Notre-Dame, le jour de la Pentecôte, on laissait tomber, par des trous de la voûte du chœur, des étoupes enflammées pour signifier les langues de feu qui illuminèrent les apôtres; et, en même temps, on lâchait un pigeon pour figurer le Saint-Esprit. Cette espèce de spectacle était représenté dans plusieurs autres églises.

« Le jour de la Nativité de la Vierge, le
» vicaire perpétuel de Saint-Quiriace choisis-
» sait une des plus jolies filles de la paroisse;
» et, habillée en blanc, il lui faisait occuper une
» place distinguée dans le chœur, la saluait en
» chantant l'antienne *Ave regina;* après l'an-
» tienne, il la prenait par la main; et, couvert
» de sa chape, il la conduisait devant le portail
» de l'église; et, là, il commençait à danser avec
» elle. Cette danse était suivie de scandales,
» de dissolutions qui déterminèrent, en 1710,
» le chapitre à l'abolir[1]. »

[1] *Histoire de Provins*, par M. Opoix, page 437.

La *danse de Saint-Thibaut* était aussi fort en honneur à Provins. Chaque année, le 1er. juillet, elle se commençait à la porte de l'église du saint, et se continuait jusqu'au palais des comtes, aujourd'hui le collége. En 1660, le maire de la ville, M. Passeret, fit les frais de cette cérémonie, et distribua aux garçons qui avaient figuré à la danse du pain, des cerises et une tarte. Cette danse cessa d'être en usage en 1670.

Les Provinois aimaient la danse. Le clergé s'empara de cette joyeuse disposition, et l'appropria à ses cérémonies : on dansait le jour de Pâques dans la nef de l'église de Saint-Quiriace ; on dansait, on chantait et on buvait avec grande dévotion, après vêpres, dans cette église. On voit dans un compte du chapitre la dépense pour faire boire les messieurs, les dames, les seigneurs, et le peuple en grand nombre, après vêpres et chansons. Un autre compte de 1436 porte que le chapitre dépensa quatorze pintes de vin *à la danse du chœur* : le lieu de la scène avait passé de la nef au chœur. En 1444, le chapitre ne dépensa plus que douze pintes de vin pour ce divertissement. Enfin, on ne sait pourquoi la danse de Pâques, en 1564, cessa d'avoir lieu dans le chœur de Saint-Quiriace.

Un autre usage fort général en France, plus absurde que les précédens, consistait à excommunier ou à exorciser les animaux nuisibles aux fruits de la terre; en plusieurs lieux, les tribunaux, par sentence contradictoire, car ils accordaient un défenseur à ces animaux, les condamnaient à une peine quelconque, ordinairement à l'exil. Vers la fin du XVIIe. siècle, sous le règne de Louis XIV, on ne condamnait plus, on n'excommuniait plus les chenilles à Provins. Voici ce qu'on lit dans l'histoire de cette ville : « Le 30 mai 1699, » le chapitre de Saint-Quiriace fit une pro- » cession autour des fossés de la ville haute, » et exorcisa, dans trois endroits différens, les » chenilles qui ravageaient les vignes, et l'on » vint chanter une grand'messe à Saint-Thi- » baut [1]. »

Toutes ces absurdités, toutes ces cérémonies outrageantes pour les mœurs et la raison, appartenantes aux temps barbares, étant admises à Provins, la fête *de l'âne* et celle *des fous*

---

[1] *Histoire de Provins*, page 439.

devaient y jouer un rôle important. Voici comment cette première était célébrée dans cette ville : « Les enfans de chœur et les sous-
» diacres, après avoir couvert le dos d'un âne
» d'une grande chape, le conduisaient à la
» porte de l'église, où l'animal était solem-
» nellement accueilli par des chants dignes de
» la fête. » En voici un échantillon :

> Un âne fort et beau
> Est arrivé de l'Orient ;
> Hé ! sire âne ; hé ! chantez,
> Belle bouche rechignez,
> Vous aurez du foin assez
> Et de l'avoine à planté.

L'âne conduit devant l'autel, on chantait ainsi ses louanges : *amen, amen, asine ; hé, hé, hé ! sire âne ; hé, hé, hé, sire âne !* A la fin de la messe, au lieu de l'*Ite missa est*, le prêtre célébrant criait trois fois : *hihan ! hihan ! hihan !* et le peuple répondait par le même braiement [1].

Le dimanche des Rameaux, se faisait la *procession de l'âne* ; tout le clergé de la ville se

---

[1] *Histoire de Provins*, page 441. Voyez la prose de l'âne, à l'article de *Beauvais*.

dirigeait à la chapelle de Saint-Nicolas; là, on entendait un beau sermon, puis on lâchait l'âne dans le cimetière, où les amateurs se livraient à mille folies ridicules et indécentes.

Les cérémonies observées à Provins, lors de la *fête des fous*, ne sont pas connues, mais elles devaient surpasser en scandales, en folies, en profanations, toutes les cérémonies pratiquées à la même fête, dans les autres églises de France. Sa dénomination indique cette supériorité : elle portait spécialement le nom de *fête des grands fous*. Cette fête, qui commençait à Provins le 1er. janvier, était continuée jusqu'au 6 de ce mois. Un compte du chapitre de Saint-Quiriace, de l'an 1351, prouve que ce chapitre contribuait aux frais de cette fête scandaleuse. On y lit, sous cette année : « Le » jour de la Circoncision, donné trois sextiers » de vin pour la fête des fous, *pro festo stul-* » *torum*. » Cette fête des fous ne fut abolie qu'en 1489. La barbarie et les passions humaines avaient, dans ces temps ténébreux, perverti et dépravé totalement la religion chrétienne : elle n'était plus celle de l'évangile; les lumières de la raison restaient voilées par l'épais nuage des erreurs.

Il existait aussi à Provins une autre fête : celle *des Innocens*. Les enfans seuls en étaient les acteurs; ils nommaient entre eux *un évêque*. On n'en connaît point les détails; mais il paraît que, dans sa célébration, il s'y mêlait des bouffonneries et du scandale. En 1607, le chapitre de Notre-Dame permit à son sonneur de faire son fils *évêque des innocens*, selon *l'ancien usage*, avec la menace de ne plus accorder une pareille permission, s'il s'y commettait quelques scandales [1]. Ces plaisirs de la barbarie, ces récréations ecclésiastiques, où les excès du cynisme le plus effronté souillaient jusqu'au sanctuaire, et auxquels les ministres de l'autel prenaient part, paraissent être les restes des saturnales antiques.

Parlons des productions du territoire de cette ville et de l'industrie de ses habitans.

Les blés que produisent les environs de Provins sont recherchés et forment le principal commerce de Provins; réduits en farine par une soixantaine de moulins établis sur la Voulsie et le Durtein, ils sont ensuite transportés à Paris.

[1] *Histoire de Provins*, pages 442 et 444.

Les *roses de Provins*, célèbres par leur couleur pourpre, leur parfum et leur propriété médicinale, ont une origine historique. Au XIIIe. siècle, Thibaut, comte de Champagne, de retour de la croisade, transporta, de Syrie à Provins, ces roses qui, cultivées dans cette ville, n'ont rien perdu de leur beauté. On en prépare en médicament sous le nom de *conserve liquide*, et, pour l'agrément, en *conserve sèche*.

La *fontaine minérale* existait depuis des siècles; mais, abandonnée sur le bord de la prairie, mal fermée, elle restait exposée aux inondations et aux atteintes des malveillans. M. Opoix, inspecteur de cette fontaine, sentit la nécessité de l'environner d'un bâtiment convenable. A sa prière, M. Moreau, célèbre dessinateur, fournit les dessins de cet édifice. La ville manquait de moyens pour le faire exécuter : M. Magin, inspecteur-général de la navigation intérieure, qui devait sa santé à l'usage des eaux de cette fontaine, fit les frais de la construction. Elle consiste en une ordonnance toscane, composée de quatre colonnes couronnées par un fronton. Le site est gracieux et les buveurs d'eau y trouvent de belles promenades.

On fabrique à Provins des droguets communs; on y trouve des fabriques de poteries et des tanneries. La grande route de Troyes à Paris traverse la ville basse.

Provins renfermait une bibliothèque assez considérable, que M. Jean-François d'Aligre, abbé de Saint-Jacques, fonda en cette ville, et qu'il rendit publique; mais ce précieux établissement fut, le 2 janvier 1821, ruiné par l'incendie qui consuma le bâtiment de l'Hôtel-de-Ville. Cette bibliothèque se composait d'environ dix mille volumes.

Une *Société d'agriculture, sciences et arts*, fut établie en l'an 1804; tous les ans elle tient une séance publique, etc.

Il existe à Provins une *halle aux grains*, nommée dans le pays *minage*; elle est vaste et ne s'ouvre que le samedi, jour de marché.

Cette ville est chef-lieu d'une sous-préfecture et d'un tribunal de commerce. Sa population est évaluée à 5,104 individus.

LIVRE IV.

Route de Melun.

CHAPITRE PREMIER.

ALFORT, MAISONS, VILLENEUVE-SAINT-GEORGES, CROSNE, HIÈRES, MONTGERON, BRUNOY.

§. Ier.

ALFORT.

Après avoir franchi la Marne sur le pont de Charenton, on voit à gauche un vaste établissement, autrefois l'ancien château d'Alfort, aujourd'hui l'*École vétérinaire*. M. Bertin, ministre des finances, avait déjà, en 1761, établi une école vétérinaire à Lyon; en 1764, fut fondée celle d'Alfort. Dans cet établissement on reçoit des élèves nationaux et étrangers; on leur enseigne l'anatomie, la pharmacie, la matière médicale, l'art de guérir les maladies des animaux, les soins qu'on doit donner à leur traitement, à leur éducation, les proportions qui constituent la beauté de chaque espèce, etc. Des professeurs habiles font des cours sur ces diverses parties des sciences.

On y voit un superbe cabinet de zoologie et d'anatomie, où l'art de disséquer et d'injecter est porté au dernier degré de perfection.

La ménagerie doit aussi fixer l'attention des amateurs d'histoire naturelle : on y conserve plusieurs espèces d'animaux étrangers.

Dans une des salles est le buste en marbre de *Claude Bourgelat,* qui, le premier, proposa au ministre, l'établissement de cette école vétérinaire, et qui en fut nommé le premier directeur. Ce buste, qui fut inauguré en 1780, est un ouvrage du sculpteur Boisot.

Sur une des portes de la même salle, on lit ces deux vers :

Di patrii, purgamus agros, purgamus agrestes;
Vos, mala de nostris pellite limitibus.

De vastes jardins offrent une précieuse collection de plantes.

Les animaux malades, comme chiens et chevaux, y sont traités avec soin, moyennant une pension.

Lorsqu'en 1814 les troupes étrangères envahirent le territoire de la France et qu'ils menaçaient Paris, les nombreux élèves de cette école, à l'exemple de ceux de l'École polytechnique, prirent volontairement les armes pour la défense de la patrie.

§. II.

MAISONS.

Ce village, appelé aussi Maisons-Alfort parce qu'il n'est qu'à une demi-lieue d'Alfort, est situé à deux lieues au S.-E. de Paris, sur la grande route de cette ville à Lyon.

Deux églises ou chapelles existaient en ce lieu dès avant le Xe. siècle. Mayeul, abbé de
» Cluny, ayant rétabli la régularité dans l'ab-
» baye de Saint-Maur-des-Fossés, vint trou-
» ver le roi Hugues Capet à Paris, et le pria
» de subvenir aux besoins de ces religieux, en
» leur accordant quelques terres, voisines de
» leur monastère. Ce prince fit à l'instant ex-
» pédier une charte par laquelle il donnait à

» cette communauté la seigneurie d'un village
» appelé *Mansiones*, avec les prés, les terres,
» les moulins, les pacages, les eaux et leur
» cours, et les serfs ; de plus, les deux églises
» du lieu, dont la principale, appelée *Mater*
» *Ecclesia*, est chapelle du titre de Saint-Ger-
» main, ensemble tout le droit de voirie,
» *omnem vicariam*, dans l'étendue de ce do-
» maine, chargeant les religieux de prier Dieu
» pour lui, pour la reine son épouse, et pour
» Robert, leur fils, qui régnait avec eux. La
» date de ce diplôme est de 988 [1]. »

Peu de temps après, la nomination à la cure, qui avait été réservée à l'évêque de Paris, fut aussi concédée à l'abbé de Saint-Maur. Cet abbé eut alors une demeure à Maisons ; et la chapelle de Saint-Germain, dont il vient d'être fait mention, y fut comprise. Il était seigneur du lieu, dont presque tous les habitans suppor- taient le joug de la servitude. L'abbé rendait la justice. Une pièce du XIIIe. siècle fait mention d'un homme qui eut une oreille coupée pour avoir volé un habit.

Il paraît que l'abbé avait créé quelques fiefs

---

[1] *Lebeuf,* tome XII, page 2.

dans cette seigneurie. Plusieurs chevaliers ont porté le nom du village. On y voyait encore, au temps de Louis XIV, un vieux château avec deux tourelles, qu'on disait avoir été bâti pour la célèbre maîtresse de François Ier., ou par Henri II, son fils. Diane l'habita, dit-on, quelque temps après la mort du dernier monarque; puis, de là, elle se rendit à Anet, où elle mourut.

La congrégation de Saint-Maur vendit Maisons en 1643; et l'archevêché de Paris rentra en possession de ce lieu en 1664. Lorsque cet archevêché fut érigé en duché-pairie, ce village fut nommé, dans les lettres-patentes, comme première terre de ce duché.

L'église de Maisons n'a de remarquable qu'un clocher en pierre, qui paraît être du XIVe. siècle, et de construction anglaise. Les Anglais restèrent long-temps maîtres de ce village à cette époque.

La proximité du confluent de la Marne et de la Seine rend la position de Maisons avantageuse. Le territoire des environs produit du grain. Il y a des paturages. On y trouve des carrières de pierres de liais, dont l'exploitation est très-productive.

On remarque dans les environs le château de *Charentonneau*, ancien lieu appelé *Charentonelum*; le *Château-Gaillard*; la maison de M. C. Saint-Georges, administrateur-général des messageries royales, dont les jardins sont fort beaux; mais surtout le domaine de l'un de nos plus célèbres agronomes, M. Ivart, où l'art a rendu fertile et productif un terrain sableux qui semblait condamné à la stérilité. Les grands travaux que fait faire chaque année M. Ivart sont un bienfait pour la commune. Robespierre a possédé quelque temps une habitation à Maisons.

Maisons appartient au département de la Seine, arrondissement de Sceaux, canton de Charenton. Il forme, avec Alfort une commune d'environ 900 habitans.

§. III.

VILLENEUVE-SAINT-GEORGES.

Bourg assez considérable situé sur la Seine, à quatre lieues au S.-E. de Paris.

Ce lieu est très-ancien. C'était au VIIIe. siècle, une terre qui appartenait à l'abbaye de Saint-Germain : on l'appelait *Villa nova*. Ce nom fut simplement traduit dans l'origine par celui de Ville neuve, auquel on ajouta dans la suite celui de Saint-Georges, patron de l'église du lieu, afin de le distinguer de Villeneuve-le-Roi, qui n'en est pas très-éloigné. Gérard, comte de Paris, sous Charlemagne, jouissait, en cet endroit, d'un péage que le monarque fit concéder à l'abbaye. On voit dans le livre de l'abbé Irminon, écrit quarante ans après, le détail de tout ce que l'abbaye possédait dans ce village. Il y avait un manoir seigneurial, *mansum dominicatum cum casâ*, des terres labourables et des bois, une pièce, dont le circuit était de quatre lieues, et dans laquelle on élevait cinq cents porcs. Le village se composait de soixante *meiz* ou maisons affranchies ou libres, et de quatorze maisons de serfs [1]. Il y avait dès lors une église, sans doute sous l'invocation de saint Germain, ou peut-être de saint Vincent, dont ce lieu prétendait posséder des reliques. Le culte de saint Georges a été, comme nous l'avons dit ailleurs, introduit en France postérieurement.

---

[1] *Histoire de l'abbaye de Saint-Germain-des-Prés.* — *Gallia christ.*, tome VII, col. 423.

C'est de Villeneuve-Saint-Georges que l'abbaye tirait le vin dont elle usait journellement; et ce vin paraît avoir été long-temps en grand renom.

Au xe. siècle, les seigneurs, en apauvrissant la France par leurs brigandages et leurs guerres privées, s'étaient apauvris eux-mêmes. Ils pillaient surtout les biens des églises et des monastères. Leurs supérieurs furent obligés de choisir et de payer d'autres seigneurs pour les défendre. Ces seigneurs choisis étaient nommés *défenseurs* ou *avoués*. Souvent ils pillèrent les biens et opprimèrent les habitans qu'ils étaient tenus de protéger. Étienne de Garlande et Amauri, comte d'Évreux, étaient, sous le règne de Louis-le-Gros, les avoués de l'abbaye de Saint-Germain à Villeneuve-Saint-Georges. La protection de ces avoués étant onéreuse, l'abbé Hugues fit, en 1138, commutation de ce droit pour une rente annuelle de soixante muids de vin.

Villeneuve-Saint-Georges était, au xiiie. siècle, un des lieux qui devaient une fois par an le gîte au roi : il fut affranchi de cette servitude, en 1248. Sur la fin du même siècle, l'abbé de Saint-Germain, ayant voulu forcer les habitans à payer les frais qu'il avait faits pour la guerre de Flandres, fut débouté de sa demande par le parlement, sur ce qu'ils avaient déjà payé le cinquantième et le centième pour cette guerre. Ayant représenté, en 1407, *que le roi, la reine et autres seigneurs et dames de son sang, allant à l'esbattement de la chasse, avaient accoustumé de loger à Villeneuve-Saint-Georges*, et, aussi, qu'ils étaient obligés de donner à chaque roi de France un dîner pour son avénement, Charles VI les exempta des frais du logement et du repas, par lettres confirmées dans la suite. Avant cette époque, plusieurs rois ont fait quelques séjours dans ce lieu; et plusieurs actes y ont été signés.

En 1458, un hôpital fut fondé à Villeneuve-Saint-Georges. La chapelle portait le titre de Saint-Simon-Saint-Jude. Cet établissement n'existe plus.

En 1589, les troupes de la ligue pénétrèrent par force dans Villeneuve-Saint-Georges, qui avait alors l'apparence d'une petite ville, et y commirent beaucoup d'excès. Dans le délire du fanatisme qui les agitait, des soldats forcèrent, un vendredi, les prêtres, le poignard sur la gorge, à baptiser des veaux et des cochons, sous le nom de carpes, de brochets et de barbeaux, afin de pouvoir, en liberté de conscience, manger de la viande un jour prohibé. On se plaignit à Mayenne de ces violences : *patientons*, répondit-il, *j'ai besoin d'eux pour vaincre le tyran* : il s'agissait de Henri IV.

Au temps de la Fronde, en 1652, six semaines après le combat de la porte Saint-Antoine, Turenne, voulant prévenir la jonction de Condé et du duc de Lorraine, vint s'établir à la porte même de Villeneuve-Saint-Georges, derrière le bois, dans l'angle que forment la Seine et l'Hières. Condé s'avança et vint se poster à très-peu de distance de l'armée royale. Turenne, après être resté quelques jours dans cette position, se vit obligé de la quitter pour se rapprocher de Paris. Le duc de Lorraine, qui s'était avancé par un autre côté, entra alors dans Villeneuve-Saint-Georges, et livra les maisons au pillage.

Ce bourg est bâti au pied d'un coteau riant : sur sa sommité ainsi que sur sa pente, on voit plusieurs maisons de campagne enrichies de jardins, dont les habitans jouissent d'une vue très-étendue et variée. Le sol environnant est fertile et bien cultivé. Sur les bords de la Seine existent plusieurs ports, où stationnent des bateaux chargés de vins, eaux-de-vie, bois et autres marchandises pour l'approvisionnement de Paris.

A l'extrémité septentrionale est une raffinerie de sucre considérable. Il y a une tuilerie.

En 1816, l'association des chevaliers de Saint-Louis avait établi dans ce bourg une maison de retraite pour les veuves infirmes ou pauvres des chevaliers; mais, ces dames n'ayant pas pu vivre en paix, il fallut les séparer et se borner aux secours à domicile.

Il y a dans les environs de Villeneuve-Saint-Georges plusieurs maisons remarquables : il faut citer particulièrement le château de Beauregard, situé vers la cime du coteau de Villeneuve, qui a appartenu au contrôleur-général Le Pelletier, successeur de Colbert. Ce ministre en a fait la description dans une lettre adressée à Rollin. Le sénateur et pair de France Vernier, qui a habité ce château, a publié la traduction de cette lettre, et y a ajouté une nouvelle description à laquelle nous empruntons les passages suivans :

« Ce château, placé sur une montagne, aux

» deux tiers de sa hauteur, domine le vaste
» bassin de la Seine, embelli de tout ce que
» l'Art et la Nature ont de plus séduisant.
» Au-dessous et au midi de cette habitation,
» ce fleuve forme une convexité, qui, par des
» détours multipliés, se prolonge de droite
» et de gauche à plus de deux lieues de dis-
» tance, sans rien dérober à l'œil de ses si-
» nuosités.

» Plus loin, au-delà du fleuve, est une im-
» mense et fertile plaine, terminée par des
» coteaux qui forment un demi-cercle con-
» cave, très-allongé. Ces coteaux, couronnés
» par des vignes, des forêts, des parcs, des
» jardins, des allées symétriques, des châ-
» teaux, des moulins et des villages sans
» nombre, fixent et terminent agréablement
» la vue.

» De cette habitation on découvre les dômes,
» les tours et autres grands édifices de la ca-
» pitale, les montagnes de Montmartre, du
» Calvaire, et, du côté opposé, l'antique fa-
» nal de Mont-Lhéry.

» Quoique très-élevé, ce château jouit de
» l'avantage inappréciable d'avoir, même dans
» les sécheresses, des eaux abondantes, lim-

» pides, salubres et toujours fraîches. Elles
» alimentent non-seulement le château, mais
» encore la ferme et ses dépendances, font
» jouer deux jets d'eau, et retombent ensuite
» par cascades dans une rivière anglaise.

» Le parc, d'une assez grande étendue,
» communique au jardin, et fait le principal
» ornement de l'habitation : il est planté, par
» intervalles, d'arbustes qui forment des ber-
» ceaux, d'arbres fruitiers, de vignes, et cou-
» vert d'un bois percé par de grandes allées
» et de nombreux sentiers en forme de laby-
» rinthe[1]. »

Les habitans de Villeneuve-Saint-Georges sont aujourd'hui moins crédules et plus raisonnables qu'ils l'étaient autrefois. Ces habitans, lorsque la gelée attaquait leurs vignes, en accusaient leur patron Saint-Georges, et s'en vengeaient de la manière suivante :

Le jour de la fête de ce saint, au lieu d'offrandes et de louanges, ils accablaient son image d'injures, la traînaient et la jetaient dans la Seine.

---

[1] *Château de Beauregard*, par M. Vernier, sénateur, 1807, in-8°.

L'existence de cet usage, au XVI°. siècle, est attestée par Robert Étienne, et, au XVIII°., confirmée par un savant ecclésiastique, l'abbé Lebeuf. « Vous avez peut-être cru, dit-il, dans » une lettre adressée à l'auteur du *Mercure*, » que les gens de Villeneuve étaient les seuls » qui eussent la hardiesse, le 23 août, de jeter » l'image de leur saint patron dans la Seine ou » dans l'autre petite rivière voisine, parce que » leurs vignes avaient gelé. » Il cite alors plusieurs autres exemples d'un usage pareil, pratiqué en divers lieux[1]. Il est en effet peu de villages, peu de villes en France et dans les autres états de l'Europe, où cette fausse idée de la religion chrétienne, cette superstition dérivée du paganisme, n'ait été et ne soit encore peut-être en vigueur.

Villeneuve-Saint-Georges appartient au département de Seine-et-Oise, arrondissement de Corbeil. On y compte environ 1,000 habitans.

---

[1] *Mercure de France*, mai 1735, page 890.

§. IV.

CROSNE.

Village situé sur la petite rivière d'Hières, à quatre lieues et demie au S.-E. de Paris.

Ce lieu appartenait primitivement à la paroisse de Villeneuve-Saint-Georges; il en fut détaché au XIIIe. siècle. Dans les titres latins, le nom est écrit *Crona* ou *Crosna*. On a voulu voir l'étymologie de ce mot dans *gronna*, qui signifie marécage, suivant Ducange [1].

Une chapelle existait alors à Crosne, et elle était dans la dépendance de l'abbaye de Saint-Germain. Cette chapelle fut probablement remplacée, au XIIIe. siècle, par l'église actuelle, qui est dédiée à Notre-Dame. Sur un des piliers à droite, est cette inscription en caractères gothiques :

Bonnes gens, plaise vous savoir que l'église de Notre-Dame de Crosne fut dédiée le 1er. dimanche de juillet mil v. c et ix, par révérend père en Dieu, frère Jehan Nervet, évêque de Magarence, prieur de Sainte-Catherine-du-Vau-des-Écoliers.

[1] Gloss. Ducangii, voce *Gronna*, in-folio.

Indépendamment de Notre-Dame, cette église a pour patron saint Eutrope, en grande réputation pour la guérison des maux de tête et surtout des estropiés.

En 1248, l'abbé de Saint-Germain exempta les habitans de Crosne, ainsi que ceux de plusieurs autres lieux environnans, des droits de taille et de *for mariage*. Ce dernier consistait à empêcher les mariages d'un habitant de la seigneurie avec un sujet de la seigneurie voisine. Les futurs époux étaient obligés de solliciter et de payer cette permission : on prohibait et l'on prohibe encore dans quelques lieux l'exercice d'un droit naturel, pour avoir la faculté d'en vendre l'exemption.

Cette terre fut successivement possédée par Philippe de Savoisy, chambellan du roi Charles v, par le fameux Olivier-le-Daim ou le Diable, valet de chambre de Louis xi, par plusieurs membres de la famille Brulard, par le maréchal d'Arcourt, le duc de Brancas, etc. Le château fut visité par Louis xiii. Il a été détruit lors de la révolution.

L'histoire littéraire de France doit signaler le nom de ce village aux souvenirs de la postérité. Là naquit, le 1er. novembre 1636, le poète qu'on a appelé le législateur du Parnasse français. Son père, Giles Boileau, greffier au parlement, avait une maison située en face de l'église, et qui existe encore. C'est dans cette maison que Boileau reçut le jour et sa première éducation.

Crosne appartient à l'arrondissement de Corbeil. On y compte environ 400 habitans.

§. V.

HIÈRES.

Bourg situé sur la rivière du même nom, à cinq lieues au S.-E. de Paris.

Edera, Hedera, Hesdera, Hierra, Erra, Irrya, sont les noms donnés à ce lieu par les anciens titres. L'abbé Lebeuf a conjecturé que ce nom dérivait d'*Hedera*, lière, a cause des forêts qui couvraient les environs de ce lieu. On ignore si c'est le village qui a donné son nom à la rivière, ou s'il l'a reçu d'elle. On ignore aussi à quelle époque ce village eut une église paroissiale. Celle qui existe encore, a pour patrons saint Honest, prêtre de Pampelune, de plus saint Loup et saint Luc. Cette église n'a rien de remarquable. Autrefois, on voyait

CHÂTEAU D'HIERE PRES VILLENEUVE S.^T GEORGES.

dans la chapelle seigneuriale, située à côté du

dans la chapelle seigneuriale, située à côté du chœur, les monumens sépulcraux de Dreux-Budé qui avait possédé cette seigneurie.

Au XIVe. siècle, la seigneurie d'Hières appartenait à la maison de Courtenay; elle fut ensuite possédée par les Budée. Guillaume Budée, si célèbre par ses travaux pour la restauration des lettres, et à qui François 1er. doit, en grande partie, son titre de *protecteur des lettres*, le plus glorieux de ses titres, possédait une maison et un jardin dans les environs du château, dont son frère aîné était seigneur. Une belle source, qui traversait la petite propriété du savant helléniste, a conservé le nom de *Fontaine Budée* : on y a placé son buste, avec ces vers, attribués à Voltaire :

> Toujours vive, abondante et pure,
> Un doux penchant règle mon cours;
> Heureux l'ami de la nature
> Qui voit ainsi couler ses jours !

Le château seigneurial, ouvrage du XVe. siècle, avait été construit en grande partie avec de la brique, et offrait des tourelles et des creneaux. Les armes des Budée se voyaient sur la porte.

Le crédit des seigneurs d'Hières valut, à ce village, sous le règne de Louis XI, l'établissement de deux foires annuelles et d'un marché, le jeudi de chaque semaine.

Le Bourg d'Hières peut aussi se prévaloir d'une *abbaye de filles* de l'ordre de Saint-Benoît, fondée, au mois de février 1132, par une dame nommée *Eustache de Corbeil*, qui donna à cette abbaye des biens considérables, lesquels furent augmentés par la générosité des seigneurs et du roi, Louis-le-Jeune. Maurice de Sully, évêque de Paris, en 1196, vint encore ajouter de nouvelles richesses aux richesses déjà surabondantes de cette abbaye[1]. Il en résulta des désordres qui remplacèrent la conduite austère des religieuses. Au XVe. siècle, les guerres avaient amené beaucoup d'irrégularité dans ce couvent et ruiné ses bâtimens. L'abbesse Jeanne Allegrin répara un peu ces ruines; mais l'honneur d'avoir réformé et reconstruit presqu'entièrement ce monastère appartient à Marie d'Estouteville, seconde

---

[1] Elles avaient même des propriétés à Paris. Une maison qu'elles possédaient au quartier Saint-Paul a donné leur nom à une rue : celle des *Nonandhières* ou des *Nonains-d'hières*.

abbesse triennale. Aux abbesses triennales succédèrent les abbesses titulaires à la nomination du roi : ce furent de grandes et pompeuses dames, nommées par l'intrigue, qui trouvèrent dans les revenus de l'abbaye un moyen d'ajouter à la fortune de leur famille.

Ces religieuses, d'abord d'une conduite très-austère, s'abstenaient même d'œufs dans leurs repas; mais cette ferveur ne se soutint pas : elles mangèrent des œufs dès le XIVe. siècle, et se donnèrent de plus fortes licences. Marie de Pisseleu, dernière abbesse triennale, d'une famille galante, fut interdite pour ses déréglemens.

La révolution a dispersé les religieuses; mais les bâtimens n'ont pas subi le sort de la plupart des édifices de ce genre. Ils existent encore et sont disposés pour une filature ou toute autre exploitation industrielle. La rivière traverse l'enclos.

Hières est situé dans une prairie très-agréable, qu'arrose et embellit la rivière qui porte le nom de ce bourg. Cette rivière est remarquable; elle ne déborde que rarement, ne gèle jamais, et disparaît en quelques endroits, sans laisser de traces de son cours.

Elle reparaît ensuite pour aller se jeter dans la Seine, à une petite lieue du bourg.

Les camaldules, dont le couvent est situé à environ cent toises du bourg d'Hières, étaient des religieux ermites, institués en Italie par saint Roumald, en l'an 1000, et qui avaient pris leur nom de la solitude de Camaldoli, en Toscane, où ils s'étaient établis. Ils pénétrèrent en France au XVIIe. siècle ; fixés d'abord dans les environs de Tournan, ils vinrent peu après à Hières, où le duc d'Angoulême, bâtard de Charles IX, leur fit construire une maison, à laquelle il annexa une partie de la forêt de Gros-Bois, qui lui appartenait. Dans le cours du siècle suivant, ces religieux, pensant que leur situation actuelle n'était pas celle qui convenait à l'austérité de leur institut, se séparèrent et vécurent, pour la plupart, en véritables anachorètes. Ils vivaient du travail de leurs mains, et fabriquaient diverses étoffes.

Des trapistes sont aujourd'hui établis dans l'ancienne maison des camaldules. A peu de distance, des femmes s'étaient réunies dans une maison pour y vivre soumises à la même règle : elle sont actuellement au village de Valenton, qui n'est pas très-éloigné.

On remarque dans les environs d'Hières plusieurs maisons de campagne agréables : deux surtout qui ont appartenu, l'une au célèbre comédien Dazincourt, l'autre à Morel, auteur de plusieurs poëmes lyriques. Le château de la *Grange-du-Milieu,* appelé aussi la *Grange-le-Roi,* parce que Louis XIII y avait ordonné quelques constructions pour en faire un rendez-vous de chasse, est d'une belle construction. Il est situé au centre des bois que couronnent les hauteurs d'Hières; les avant-cours sont vastes et entourées d'une double enceinte de fossés. Le parc, de cent vingt arpens, a été planté sur les dessins de Le Nôtre. Ce château a appartenu à la duchesse de Guise, veuve du Balafré, puis ensuite au maréchal de Saxe, dont il rappelle encore plusieurs souvenirs. Dans les environs de cette belle habitation est le *Mont-Griffon,* du haut duquel on découvre Paris.

Hières appartient au département de Seine-et-Oise, arrondissement de Corbeil. On y compte environ 1,000 habitans.

§. VI.

MONTGERON.

Village situé sur la grande route de Paris à Melun, à quatre lieues et demie de cette dernière ville.

Les anciens titres latins de ce lieu l'appellent *Mons gisonis*. On ne sait point l'étymologie de ce nom, ni comment il a été ainsi altéré. On peut croire qu'il a fait anciennement partie de la paroisse de Viguan. Il en fut détaché vers le milieu du XIIIe. siècle. Quelques parties de l'église semblent appartenir à cette époque. Elle n'offre, au surplus, rien de remarquable. Le Grain, maître des requêtes de l'hôtel de la reine, et auteur de plusieurs ouvrages historiques, y avait une maison où il mourut en 1642.

Au bas de la hauteur sur laquelle est le village, comme l'indique son nom, était une chapelle de Saint-Barthélemi, ancienne maladrerie, réunie dans la suite à l'Hôtel-Dieu de Corbeil.

Ce lieu était, comme le précédent, une seigneurie qui appartenait à la famille de Dreux-

Budée. Postérieurement le château fut possédé par Sillery, chancelier sous Henri IV, et par le marquis de Boulainvilliers, prevôt de Paris, qui en fit une fort belle résidence. C'est encore actuellement un des plus beaux domaines des environs de Paris. Le parc a quatre-vingts arpens. Les jardins sont magnifiques. Une belle avenue conduit du château à la forêt de Sénart.

Ce village est considérable. Le terroir est en labour, vignes, bois, etc. Il appartient à l'arrondissement de Corbeil. On y compte, en y comprenant quelques dépendances, 11 à 1,200 habitans.

§. VII.

BRUNOY.

Village situé dans une vallée sur la petite rivière d'Hières, à cinq lieues et demie au S.-E. de Paris.

L'existence de ce village date du VIII°. siècle; on le voit figurer dans les gestes du roi Dagobert, où il est nommé *Brunnadum*. On l'a confondu avec Braine; mais il est prouvé que c'est le Brunoy que Suger, abbé de Saint-Denis, donna au prieuré d'Essonne.

L'architecture de l'église paroissiale, sous le titre de Saint-Médard, appartient au XIIIe. siècle. Le château existait depuis plusieurs siècles; Philippe-de-Valois rendit plusieurs ordonnances datées de ce lieu, qui prouvent qu'il y séjournait. Ce lieu y est nommé *Brunay*. Le vieux château, dont il reste encore des vestiges d'une tour appelée *Tour de Gannes*, fut, au XVIIIe. siècle, remplacé par un bâtiment moderne, construit avec une magnificence royale, pour un des hommes les plus opulens de l'époque, le financier Pâris de Montmartel, qui, profitant de la nature du sol, prodigua ses richesses pour l'embellir.

Brunoy est situé dans un vallon où coule la rivière d'Hières. On a profité de ses eaux pour les diriger en canaux, en cascades, en jets d'eau, etc.

Le fils de ce financier, le marquis de Brunoy, devint fameux par un goût étrange : il avait une passion pour les cérémonies religieuses, et surtout pour les belles processions. Afin de satisfaire cette passion, il consomma une grande partie de son immense fortune. Il faisait venir des prêtres de tous les côtés, et, à défaut de prêtres, réunissait des paysans, les revêtait de chappes magnifiques, et les faisait gravement marcher en procession. Il embellit l'église paroissiale d'ornemens plus riches que beaux, et la fit décorer comme un salon. Il fit fabriquer pour ses processions un dais en fer, chef-d'œuvre du serrurier Girard, qui coûta, dit-on, cinq cent mille francs. Il se ruinait en ces folles dépenses. Sa famille voulut le faire interdire; ce qui donna lieu à un procès au parlement, qui amusa beaucoup le public.

La terre de Brunoy devint la propriété de *Monsieur*, frère du roi Louis XVI, qui ajouta des embellissemens nouveaux aux embellissemens des précédens propriétaires. On y multiplia les statues; il y eut deux châteaux, le grand et le petit; mais on ne put leur procurer le plus bel ornement des habitations champêtres : la variété des paysages que présente une vue lointaine; ici la vue est bornée au seul vallon.

Cette belle résidence a été détruite à la révolution. Quelques maisons de campagnes fort agréables l'ont remplacée. Dans le nombre, on remarque celles de M. le comte de Chaumont, gouverneur des écoles militaires, du célèbre Talma et de l'acteur tragique Lafon.

Le sol des environs de Brunoy produit des grains. Il y a des bois et des prairies.

Ce village appartient au département de Seine-et-Oise et au canton de Corbeil. On y compte environ 1,000 habitans.

CHAPITRE II.

DRAVEIL, VARENNES ET JARCY, COMBS-LA-VILLE, LIEUSAINT, MOISSY, CRAMAYEL, POUILLY-LE-FORT, VOISENON ET LE JARD, LE VIVIER-EN-BRIE, LA GRANGE-BLENEAU.

§. Ier.

DRAVEIL.

Village situé près de la rive droite de la Seine, à deux lieues et demie de Boissy-Saint-Léger, et à cinq un quart de Paris.

Ce lieu est indiqué dans le testament de Dagobert, sous le nom de *Dravernum*, ce qui l'a fait appeler anciennement Dravern, puis Dravel, et enfin Draveil. Dagobert avait donné la terre à la basilique de Saint-Pierre, dans laquelle avait été déposé le corps de sainte Geneviève.

L'église devait, comme on voit, être fort ancienne; mais les bâtimens actuels ont, pour la plupart, été renouvelés, et sont modernes. Vers le VIIIe. siècle, Frothaldus, abbé de Sainte-Geneviève, y avait apporté des reliques de saint Hilaire, évêque de Poitiers, qu'il plaça sous l'autel. Ces reliques eurent assez de vertu pour expulser deux serpens qui vivaient en cet endroit, et qui, au dire d'un contemporain, cherchèrent aussitôt à sortir de l'église par la piscine, c'est-à-dire, par les fonts. On célébra long-temps avec solennité la fête du saint, le 13 janvier; mais, dans la suite, il arriva que saint Hilaire fut oublié, que saint Remy, archevêque de Reims, se trouva à sa place, et devint par conséquent le patron du lieu; on ne fit plus mention du précédent.

Il y avait dans la forêt de Sénart, à peu de distance de Draveil, un prieuré, dit Notre-Dame-de-l'Ermitage, dont il est fait mention, au XIIIe. siècle, dans un pouillé. Il y est nommé *prioratus de Dravello*, et appartenait à l'abbaye d'Hiverneau. Au XVIe. siècle, la communauté d'Hiverneau ayant cessé d'exister, il n'y eut plus de prieur à l'Ermitage : la chapelle fut abandonnée. Quelques ermites, après l'avoir acquis, en prirent possession. Ces ermites menèrent d'abord une vie très-édifiante; mais, au commencement du xviie. siècle, ils se livrèrent à tous les désordres. En 1627, l'archevêque de Paris les expulsa de leur asile. L'Ermitage, alors appelé *Notre-Dame-de-Consolation*, resta à peu près vide. En 1710, le cardinal de Noailles y plaça des ermites du Mont-Valérien. Ces ermites n'y furent pas tranquilles. Les chartreux leur disputèrent le droit de porter une chape noire, assez semblable à celle dont ils se vêtaient : grande affaire pour des moines! Les ermites obtinrent un arrêt favorable à leur froc.

Plusieurs hameaux dépendent de Draveil. Les plus considérables sont *Champ-Rosay*, *Mainville* et l'*Hermitage*, dont on vient de parler. On remarque, dans ses environs, plusieurs châteaux et maisons de campagne fort agréables, notamment l'ancien château seigneurial, bâti par le financier Marin-Delahaye, et la maison de Mouceaux, appartenant à la famille Polignac, où furent ensevelies quelques personnes de la maison de Sully, etc.

On compte à Draveil, en y comprenant les hameaux qui en dépendent, environ 1,200 habitans.

§. II.

VARENNES ET JARCY.

Varennes, village peu considérable, est situé sur la rivière d'Hières, à deux lieues au S.-E. de Corbeil, et à six au S.-E. de Paris.

Ce lieu n'est remarquable que par l'abbaye de Jarcy ou Garcy, nommé *Garrica, Garrecia, Gerciacum*, mot qui, dans la basse latinité, signifie pays inculte. Elle fut fondée au mois d'août 1269, par Alphonse, frère de saint Louis, et par son épouse Jeanne, comtesse de Toulouse. L'église paroissiale devint celle du nouveau monastère; et le curé vint s'établir à Varennes. Pour le dédommager, on lui accorda vingt livres par an : c'était alors le revenu annuel d'un curé.

Ce couvent de filles offrit, comme tous les couvens, des alternatives de régularité et de désordres; on fut obligé de réformer l'abbaye de Jarcy. Le 22 juillet 1515, l'abbé de Cluny y introduisit douze religieuses de Montmartre pour y *mettre la sainte réformation et vraie observance régulière*. On y plaça une nouvelle abbesse, Martine du Moulin. L'abbaye fut triennale, et passa de l'ordre de Saint-Augustin en celui de Saint-Benoît.

L'église de cette abbaye était dédiée à la vierge Marie; elle contenait, entre autres reliques, le bras de saint Barthélemi, apôtre, enchâssé dans un reliquaire de vermeil. Louis XII établit à Jarcy une foire, qui se tenait le jour de la fête de son patron. Alors on offrait la sainte relique à la vénération des fidèles croyans.

Dans l'église de ce couvent se voyaient les épitaphes de la fondatrice, Oda, première abbesse, et de plusieurs autres abbesses, épitaphes que les auteurs du *Gallia Christiana* ont recueillies : elles ne valent pas la peine d'être transcrites.

Près du grand autel était celle d'un chevalier de la Brie, du temps de Charles V, qui exigea, par son testament, qu'à ses funérailles assisteraient, dans l'église, *des cavaliers montés sur leurs chevaux,* portant ses armoiries.

Cette communauté a été détruite par la révolution. Elle est actuellement remplacée par une belle habitation que possède le maire du lieu.

Varennes et Jarcy appartiennent à l'arrondissement de Corbeil. La population y est très-faible.

§. III.

COMBS-LA-VILLE.

Village situé sur la pente d'une colline qui borde la rivière d'Hières, à une lieue au S.-O. de Brie-Comte-Robert, et à six et demie au S.-E. de Paris.

Le mot de combs vient d'un mot latin qui signifie profondeur entre deux coteaux : il a été donné à quelques autres lieux. Celui-ci est ancien : il en est question dans le testament de Dagobert. Ce prince y déclare qu'il donne à l'église de Saint-Vincent, plus tard de Saint-Germain, le village de *Combis*, au pays de Paris [1]. Le livre des revenus de cette église, rédigé par l'abbé Irminon, dit que le monastère y avait une mense seigneuriale, avec des dépendances de trois lieues de circuit, deux moulins qui produisaient *annonæ modios centum viginti*, deux églises bien bâties et bien munies d'ornemens, un hospice des affranchis,

---

[1] *D. Bouquet*, tome III, page 133.

des serfs et environ soixante-seize meiz ou maisons. A l'époque où les Normands ravagèrent la France, les moines de Saint-Germain vinrent déposer à Combs le corps de ce patron.

L'église est sous le titre de Saint-Vincent. Celle qui existe n'est pas la chapelle primitivement construite : elle n'offre rien de remarquable.

La possesion de la seigneurie passa, au xe. siècle, à la maison de France; Hugues Capet et Robert en furent maîtres. Dans la suite, elle revint à l'abbaye de Saint-Germain. Divers chevaliers en possédèrent quelques portions.

A peu de distance de ce village était une terre royale avec un château, où plusieurs princesses firent leur séjour; on l'appelait *Vaux-la-Comtesse* ou *Vaux-la-Reine*. On n'a que des conjectures à donner sur la comtesse et la reine qui ont fourni leurs qualifications au nom de ce lieu.

Au xive. siècle, cette terre appartenait à la branche royale d'Orléans. La fameuse Isabeau de Bavière l'acquit du duc, en lui donnant en échange un hôtel à Paris. Cette princesse y fit divers embellissemens. Vaux-la-Reine n'est plus aujourd'hui qu'un hameau.

Combs-la-Ville appartient au département de Seine-et-Marne, arrondissement de Melun. On y compte environ 500 habitans.

§. IV.

LIEUSAINT ou LIEURSAINT.

Village situé sur la grande route de Paris à Melun, à sept lieues au S.-E. de la première ville.

Deux pièces de monnaie de la première race des rois, et portant l'inscription *loco sancto*, ont fait penser que ce lieu était primitivement une terre royale. Quant au saint qui lui a laissé son titre, l'abbé Lebeuf conjecture que c'est un prêtre appelé Quentin, patron et, peut-être, fondateur de l'église[1]. Au XIIe. siècle, l'évêque de Paris donna cette église à l'abbaye d'Hières; aussi l'abbesse eut-elle le droit de présentation à la cure.

On trouve dans les titres quelques seigneurs de *Loco Sancto*. Au XVe. siècle, les possesseurs de la seigneurie y appelèrent et y éta-

---

[1] Lebeuf, *Histoire du diocèse de Paris*, tome XIII, page 189.

blirent trois chartreux; les religieux y pullulèrent avec le temps; et finalement Lieusaint ne fut plus qu'une de leurs communautés. L'abbaye d'Hières n'y conservait plus que quelques terres.

Le nom de ce village, mal à propos écrit *Lieursaint*, est devenu fameux par la comédie de Collé, intitulée : *la Partie de chasse de Henri* iv. Il est le lieu de la scène. L'aventure qui en fait le fond est au reste fort douteuse : ni Sully, ni l'*Estoile* n'en font mention; et Collé avoue lui-même que sa pièce est une imitation de celle de l'imprimeur anglais Dodsley, jouée à Londres au commencement du siècle. L'auteur d'un ouvrage récent [1] a fourni un nouvel appui à cette opinion, par des recherches faites sur les lieux. « On m'a fait voir sur la route, » dit-il, plusieurs bornes en grès adossées aux » dernières maisons de l'endroit, en allant à » Melun, et portant encore un relief assez » fruste d'anciens écussons, où se trouvaient » sculptées, dit-on, les armes de France, provenant de la ferme du meûnier Michau, dont

---

[1] *Promenade de Paris à l'ancien château du Jard*, in-12, 1824, page 176.

» il avait obtenu la permission de la décorer
» depuis sa mémorable aventure. J'ai vu avec
» soin ces différens reliefs; je n'y ai pu décou-
» vrir aucune trace de fleurs-de-lys. »

Dans les environs de Lieusaint était l'ancienne seigneurie de Villepesque ou Villepecte, dont les rois Charles v et Charles vi habitèrent quelquefois le château. Ce lieu n'est plus qu'une ferme.

Lieusaint présente une population d'environ 500 habitans, et appartient à l'arrondissement de Melun.

§. V.

MOISSY-CRAMAYEL.

Village situé dans une plaine à une lieue et demie au S. de Brie-Comte-Robert, à gauche, et à une lieue et demie de Lieusaint, d'où on arrive par une avenue, et à sept et demie au S.-E. de Paris.

Ce village était anciennement appelé Moissy-l'Évêque, parce que les prélats du diocèse de Paris y possédaient une maison, où, lorsque la cour se trouvait à Melun, ils faisaient leur résidence. Le premier écrivain qui parle de ce lieu est Suger; et il l'appelle *Mosaïcum* ou *Motiacum*. Le roi Louis-le-Gros y eut une conférence avec Thibaut, comte de Champagne et de Brie, pour la possession de Corbeil. Au XIIIe. siècle, le château de Moissy était la demeure champêtre de l'évêque de Paris. Ce château, garni de créneaux et de tourelles, et où Louis X fit quelques séjours en 1314, fut ruiné pendant les guerres civiles du XIVe. siècles. On le répara au XVe.; il n'existe plus.

Dans les environs est le château fort ancien de Cramayel, flanqué de quatre tours et entouré de fossés; les jardins en sont remarquables. On y arrive par de fort belles avenues. Le château de Lugny et quelques hameaux en font aussi partie.

Le sol de cette commune produit principalement des grains.

On y compte environ 500 habitans.

§. VI.

POUILLY-LE-FORT.

Village peu considérable, situé sur la route de Melun, à huit ou neuf lieues de Paris.

C'est près de ce lieu, dans une place appelée le *Ponteau* ou le *Ponceau*, que, le 14 juillet 1419, fut conclu, entre le dauphin Charles et le duc de Bourgogne, Jean-sans-Peur, un traité de paix, où les princes contractans s'engagèrent à en maintenir les articles, sous peine d'excommunication, d'interdiction, d'aggravation et réaggravation. Mais, le 10 septembre suivant, ce traité fut cruellement violé à Montereau, comme on le verra dans la suite.

On voit encore des ruines du château de Pouilly-le-Fort. Des ponts-levis, des fossés, des tourelles attestent son ancienne puissance. Delille a célébré ces nobles débris :

> Un long respect encor consacre ces ruines.
> Ici c'est un vieux fort qui, du haut des collines,
> Tyran de la contrée, effroi de ses vassaux,
> Portait jusques au ciel l'orgueil de ses créneaux ;
> Qui, dans ces temps affreux de discorde et d'alarmes,
> Vit les grands coups de lance et les nobles faits d'armes.

Pouilly appartient à l'arrondissement de Melun.

§. VII.

LE JARD.

Village situé à une lieue au N. de Melun, et à une demi-lieue de Pouilly-le-Fort.

Un ermite nommé Fulbert, fonda, en 1171, à Pacy un prieuré sous le titre de Miséricorde-de-Dieu. L'archevêque de Sens, puis le pape, Alexandre III approuvèrent cette fondation. Ce prieuré fut, en 1176, érigé en abbaye; mais Pacy était un lieu aride et désert qui ne plaisait plus aux moines. Alix ou Adèle de Champagne, troisième épouse de Louis VII, avait somptueusement fait réparer son château du Jard; elle y attira la communauté des moines; et son château fut bientôt converti en un monastère : ce fut en 1204 que le pape Innocent III approuva la translation de cette abbaye. Cette princesse avait logé les moines; en 1206, peu de temps avant sa mort, elle leur fit don de tous les bâtimens de son château du Jard et de plusieurs autres propriétés qui en dépendaient ; de sorte qu'elle fut considérée comme la principale fondatrice de l'abbaye.

On dit que cette reine Adèle se trouvait au château du Jard, lorsqu'elle donna le jour au prince, qui devint roi de France, sous le nom de Philippe-Auguste. Cette tradition est probable, mais n'est pas prouvée.

Au XIVe. siècle, en 1365, les troupes du roi de Navarre dévastèrent, pillèrent entièrement cette abbaye, et mirent les moines en fuite. L'abbé Guillaume fut obligé de se refugier à Paris.

En 1684, fut nommé abbé du Jard, *Louis Dufour de Longuerue*, un des hommes les plus savans du xviie. siècle, fameux par sa vaste érudition, étonnant par sa mémoire prodigieuse. « Un jour, disait-il, mes moines de l'abbaye » du Jard, chez qui j'étais depuis trois ou » quatre mois, me demandèrent qui était mon » confesseur? *Je vous le dirai*, leur répondis- » je, *quand vous m'aurez dit qui était celui de* » *votre père Saint-Augustin*[1]. »

Ce savant, qui, comme on le voit, n'était pas très-crédule, mourut en 1733. Il eut pour successeur à l'abbaye du Jard M. Chaumont de la Galezière; à celui-ci succéda Claude-Henri Fusée de *Voisenon*, dont le château avoisinait l'abbaye du Jard. Ce nouvel abbé s'illustra dans les coulisses, dans les boudoirs et parmi les littérateurs. Galant, jovial, épicurien, il ne manquait pas de goût, d'imagination, de vivacité dans l'esprit. Tout le monde connaît ses liaisons intimes avec Favart et son épouse.

---

[1] *Longueruana*, pag. 267 et 268.

Il composa des contes et des opéras-comiques. Il fut nommé membre de l'Académie française.

L'abbaye du Jard subit le sort des autres monastères de France : M. de Vergès en fut le premier acquéreur. En 1793, il vendit cette propriété à M. R. Rouillé-d'Orfeuil, qui se plut à l'embellir, et parvint à produire, sur un terrain jadis monotone, les paysages les plus variés, les plus gracieux [1].

Le Jard est de l'arrondissement de Melun. On y compte environ 400 habitans.

§. VIII.

LE VIVIER-EN-BRIE.

Village et ancien château situé entre Chaume et Fontenay, sur la route de Meaux à Melun, à quatre lieues de cette dernière ville, et à trois lieues de Tournan.

Le nom du Vivier, commun à plusieurs autres lieux en France, indique la présence d'un étang ou vivier; et cette indication est ici très-juste, car on y voit plus d'un étang. Deux

---

[1] *Promenade de Paris au château du Jard*, page 204.

frères, Gilles et Guillaume, habitaient ou possédaient, au commencement du XIIIe. siècle, le château du Vivier. Le comte de Champagne et de Brie composait avec Guillaume ce qu'on nommait alors un *jeu-parti*. On sait que ce genre de poésie consiste en des questions d'un poète et en des réponses d'un autre. Guillaume qui était ecclésiastique, puisqu'il est qualifié de *maître*, adresse une question plus que galante à son frère, qui lui fait sa réponse; ils prennent pour juge de ce joyeux débat, le comte Thibaud IV, surnommé le *Chansonnier*. Afin de donner une idée du style de cette époque, je citerai la demande de Guillaume à son frère :

>Sire, ne me celés mie
>Liquiex vous iert (serait) miex à gré,
>S'il avient que votre amie
>Vous ait parlément (par parole) mandé
>Nu à nu lès son costé
>Par nuit ke n'en verrés mie (sans la voir),
>Ou de jour vous baise et rie
>   En un beau pré
>Et en broil; mais ne di mie
>Qu'il i ait de plus parlé? [1]

[1] *Poésies du roi de Navarre*, chanson 47, page 110.

Je ne traduis point ce couplet : on en devine le motif. Je me borne à dire : telles étaient la langue, la délicatesse et les mœurs de ces poètes du bon vieux temps, de ces troubadours ou trovères, tant vantés par ceux qui ne connaissent pas leurs œuvres; tels étaient aussi les plus anciens seigneurs connus du château du Vivier.

Dans la suite, un des seigneurs de ce château le vendit, on ne sait à quelle époque, à un roi de France. Il est certain que Philippe-le-Long en était propriétaire, et qu'en 1319 il y rendit une ordonnance relative à la chambre des comptes [1].

Le roi qui montra le plus de prédilection pour ce château fut Charles v. Lorsqu'il n'était encore que Dauphin, il entreprit de donner de l'importance à ce lieu. Ne trouvant dans la chapelle que deux prêtres qui lui parurent insuffisans, il y fonda, en 1352, une collégiale sous l'invocation de Notre-Dame, la composa de quatorze ecclésiastiques et d'un trésorier, lequel devait être curé et principal dignitaire du chapitre : de ces quatorze ecclé-

[1] *Ordonnances des rois de France*, tome 1ᵉʳ., page 703.

siastiques, six portaient le titre de chanoines et recevaient quinze livres de rente par an; quatre étaient vicaires et recevaient dix livres; et les quatre autres étaient servans, dont le traitement annuel ne s'élevait pour chacun d'eux qu'à soixante sous. Ce prince fondateur statua, pour le maintien de la discipline et du bon ordre, qu'aucuns de ces chanoines, vicaires et clercs n'entretinssent dans leur maison collégiale nulle femme, pas même des femmes leurs alliées ou parentes [1].

Cette précaution dépose contre les mœurs ecclésiastiques, et fait douter de la moralité des chanoines de cette époque.

Ce prince organisa la chapelle du Vivier à l'instar des autres saintes chapelles, et lui accorda de grands priviléges : en 1357, il exempta le chapitre du *droit de prise,* exaction odieuse, souvent mentionnée et réprouvée dans cet ouvrage; il lui accorda des lettres de sauve-garde qui furent, en 1360, confirmées par le roi Jean, son père [2]; enfin, il rendit ce chapitre

---

[1] *Histoire de l'église de Meaux,* tome I, page 260, tome II, page 228.

[2] *Ordonnances des rois de France,* tome III, pages 320 et 465; tome IV, page 185.

indépendant des seigneurs séculiers et des évêques.

Il paraît qu'il fit reconstruire le bâtiment de la chapelle d'une manière digne de sa nouvelle illustration : on sait que ce prince était aussi passionné pour les constructions que pour les établissemens religieux.

Charles VI, son fils, lors de ses trop fréquens accès de démence, fut souvent relégué au château du Vivier. L'auteur de la vieille histoire de Melun, Sébastien Rouillard, parle ainsi de ce malheureux roi et de son séjour au Vivier. « J'ai ouï dire qu'à l'endroict des deux
» viviers ou estangs qui sont là, on avait in-
» terposé un grand mur au devant, avec force
» treillis et balustres, afin qu'il ne se pût faire
» du mal, si, par adventure, étant là, lui
» fust survenu quelques symptômes d'insanie,
» quelques troubles d'esprit ou esvanouisse-
» ment[1]. »

Les rois cessèrent d'habiter le château du Vivier, qui resta sans réparations, sans doute par suite des longues guerres qui, sous les règnes de Charles VI et de Charles VII, déso-

---

[1] *Histoire de la ville de Melun*, page 498.

lèrent la France. Les chanoines de la Sainte-Chapelle, oubliant la recommandation de leur fondateur, profitèrent de l'absence des rois, et se livrèrent au relâchement et aux désordres. Plusieurs d'entre eux négligeaient de se faire ordonner prêtres et ne résidaient plus sur les lieux.

Le Vivier était dans cet état de dégradation, lorsqu'au XVIIe. siècle on proposa la réunion de ses chanoines à ceux de la Sainte-Chapelle de Vincennes. Louis XIV envoya au Vivier des commissaires, dont l'un, M. de Harlay-Boneuil, rapporta que le château du Vivier et sa Sainte-Chapelle « étaient situés dans un désert
» écarté du monde, des bourgs et des villages;
» que l'édifice de la chapelle ne répondait nul-
» lement à la dignité d'une sainte chapelle
» royale; qu'elle était dans un état indécent,
» située dans un château ruiné, au milieu des
» bois et dans un lieu où il n'y avait aucun ha-
» bitant.... » En conséquence de ce rapport, Louis XIV, par lettres de 1694, ordonna la réunion proposée [1].

---

[1] *Histoire générale de Paris*, par Félibien et Lobineau, pièces justificatives, tome III, page 201.

Alors le trésorier du Vivier, Étienne Fauvelat, transporta à Vincennes les reliques de sa chapelle, et notamment un reliquaire recouvert de lames d'or et de pierres précieuses, contenant du bois de la vraie croix, extrait de celui de la Sainte-chapelle du Palais de Paris. Suivant une inscription placée au bas de ce reliquaire, c'était un présent fait, en 1368, à la chapelle du Vivier par le roi Charles v [1].

Depuis Louis xiv et surtout depuis la révolution, tout a changé de face au Vivier. Son sol, long-temps confié aux mains nonchalantes et routinières des chanoines, a passé dans celles de propriétaires industrieux, actifs et plus qu'eux intéressés à le rendre productif. Cette solitude et ce château ruiné au milieu des bois, éloigné de toute demeure, ont éprouvé la plus heureuse métamorphose. Le désert a été remplacé par des champs en culture; les bois ont diparu; et sur leur sol s'élèvent des habitations champêtres, dont l'ensemble offre un paysage riant et animé.

Les restes de l'ancien château et de la chapelle sont encore imposans, et contrastent

---

[1] *Gallia christiana*, tome viii, col. 670.

avec ce qui les environne, comme un cadavre au milieu de la nature vivante. La chapelle, privée de sa toiture, ne consiste qu'en ses murs latéraux, où se remarque l'élégance de l'architecture du xive. siècle. En examinant les murs à l'intérieur, on acquiert la conviction que cette chapelle fut la proie d'un incendie. Leur surface est calcinée par le feu; le mortier en est rougi; et des pièces de bois, qui pénétraient les murs et soutenaient la toiture, sont réduites en charbon. Ce n'est point aux guerres civiles qu'il faut attribuer ce désastre : cette chapelle était en mauvais état, mais entière sous Louis xiv, en 1694; elle a donc été brûlée dans la suite, sans doute par un accident.

Cette chapelle, comme la Sainte-Chapelle du Palais à Paris, était double, et formait deux nefs, l'une au-dessous de l'autre.

Au milieu de la chapelle se voit un tombeau bien conservé, long de huit pieds, large de quatre. Une inscription latine annonce que, dans ce tombeau, est renfermé le corps de très-noble, très-éminent en science et en prudence, le seigneur de Don (de Dono), trésorier et chanoine de la Sainte-Chapelle royale

RUINES DU CHÂTEAU ROYAL DU VIVIER.

du Vivier. Après trois mots illisibles, on ap-

du Vivier. Après trois mots illisibles, on apprend qu'il mourut le 10 septembre 1536.

M. Parquin, un des avocats dont s'honore le barreau de Paris, propriétaire du château du Vivier, ainsi que de ses dépendances, en faisant élever en face de ce vieux château une habitation moderne, a mis en parallèle la maison de campagne d'un jurisconsulte du xixe. siècle, avec une maison royale du xive. Ami des arts, curieux de notre vieille architecture, il s'est occupé de la conservation de ces restes échappés aux ravages du temps; ils peuvent servir de terme de comparaison et nous instruire sur les arts du passé.

L'objet le plus imposant de ces ruines, et qui attire principalement les regards, est une tour encore debout. Elle est d'une hauteur considérable, et semble avoir, du haut en bas, été partagée. On croirait qu'une moitié s'en est détachée, tandis que l'autre est restée intacte; mais, en examinant de près, en reconnaît que ce qui subsiste était un accessoire, et contenait l'escalier d'une tour beaucoup plus volumineuse qui ne subsiste plus. Les tours ou donjons des vieux châteaux se composaient ordinairement de deux tours accouplées, l'une plus forte que l'autre; la plus déliée et la plus élevée contenait l'escalier, et souvent était engagée dans le mur de la plus grosse tour : telles étaient les fonctions de la tour qui reste au Vivier.

M. Parquin, dans le dessein de découvrir quelques monumens utiles, a fait exécuter plusieurs fouilles aux environs du château et dans la chapelle : voici ce qu'elles ont produit :

Une pierre tumulaire d'un duc d'Orléans : l'inscription fruste n'indique ni le prénom de ce duc, ni l'époque de sa mort;

La tête d'un roi de France, où se voit une partie du manteau royal, de couleur bleue en dehors, et doublé de rouge avec des dorures assez bien conservées;

Une tête de statue de femme, tête couronnée, et dont les bandelettes offrent des traces de dorures.

Je dois dire que, sur l'entrée de tous les édifices religieux ou civils que fit construire Charles v, étaient ordinairement placées les statues en pied de sa personne, de celle de la reine, son épouse, et de son fils aîné. Il est vraisemblable qu'ayant fait construire la chapelle du Vivier, il adopta cet usage dans la construction de cette chapelle. Ainsi, cette tête de roi appartiendrait à une statue de Charles v; et celle d'une reine, à Jeanne de Bourbon, son épouse.

On a aussi découvert une épitaphe digne d'être rapportée, parce qu'elle est historique :

« A. D. T. P. (à Dieu tout puissant).

» Passant, ce tombeau est dédié à la mémoire de Mé-
» déric de Donan, conseiller et controolleur-général des
» bâtimens des très-chrestiens roys Henri II, Charles IX,
» Henri III et Henri IV; chéri de ce premier pour sa fidé-
» lité reconnue, et aymé du dernier pour avoir, sous son
» règne, couru fortune de la vie, pour son nom royal;
» eschapé d'une longue prison de la Bastille à Paris, où
» les fureurs de la Ligue l'avaient confiné; réfugié en ce
» royal séjour en l'aage de 69 ans, finit ses pénibles
» jours le 18e jour de mars 1590, laissant dix enfants
» vivants de luy et de damoiselle Jehanne Delaropye,
» son espouse, avec laquelle il avoit vescu sous un saint
» mariage par 34 années.

» Jehan, son fils aisné, successeur de la fidélité pa-
» ternelle et de cette honorable charge, soubs le règne
» de l'invincible Henri IV, pour marque de sa filiale
» piété, posa ce monument en larmes, laissa à deux de
» ses frères, l'un trésorier, l'autre chantre de cette
» royale chapelle..... Des prières ordinaires pour un
» père tant généreux [1]. »

[1] On trouve dans le Journal de Henri IV, par l'Estoile, (tome III, page 413,) un François Donan, nommé impro-

Sous le château du Vivier sont des souterrains fort étendus et voûtés avec élégance. L'entrée en est facile; on y a pénétré très-avant; il paraît qu'ils étaient destinés à des caves et à des prisons.

§. IX.

LA GRANGE-BLENEAU.

Château situé à treize lieues de Paris et à trois quarts de lieue et au sud de Rosay.

Le nom de ce lieu indique son origine : c'était une grange près de laquelle le propriétaire, on ne sait à quelle époque, construisit un château qui porta, dans son origine, le nom de *la Grange-en-Brie*. Thibaud, seigneur de la Grange-en-Brie, maria, en 1399, son fils Guillaume à Marie de Courtenay, fille de Jean de Courtenay, seigneur de Bleneau; elle n'eut que trois filles de ce mariage. La terre de la

---

prement *Douon*, trésorier de France, qui, le 6 février 1607, fut, avec plusieurs autres, chargé de faire des conventions avec les Augustins, pour ouvrir une rue en face du Pont-Neuf, sur une partie de l'enclos de ces religieux. Cette rue, ouverte, fut nommée rue *Dauphine*. Il est probable que ce François Donan était un des frères de Jean.

Grange passa ainsi à la branche de Courtenay-Bleneau, et lui laissa le surnom de Bleneau. En 1566, Françoise de Courtenay, dame de la Grange, fille de François de Courtenay, premier du nom, épousa Antoine, seigneur de Linières. Ils n'eurent de ce mariage que des filles, dont la troisième, Jacqueline, dame de la Grange-Bleneau, en épousant, en 1595, Georges d'Aubusson, comte de la Feuillade, porta, dans cette dernière famille, la seigneurie de la Grange-Bleneau.

Ce Georges d'Aubusson fut le grand-père de François d'Aubusson de la Feuillade, qui fit, à grands frais, construire à Paris la place des Victoires, puis élever au centre, en 1686, la statue de Louis XIV, et poussa sa servile admiration pour ce monarque jusqu'à l'idolâtrie. Il affecta à l'entretien de ce monument vaniteux une grande partie de ses immenses propriétés, et notamment sa terre de la Grange-Bleneau, dont le revenu annuel fut alors évalué à neuf mille livres.

Son fils, Louis, vicomte d'Aubusson, duc du Rouanais, mourut, sans enfant, le 29 janvier 1725.

Alors la terre de la Grange devint la propriété de Louis Dupré, magistrat estimé, dont la fille unique, Anne-Louise Dupré, épousa J.-B. d'Aguesseau; elle mourut en mettant au jour Henriette d'Aguesseau, laquelle épousa le duc de Noailles-d'Ayen, et lui apporta les terres de Fontenay, de la Grange, etc.

Pendant le régime de la terreur, époque affreuse où souvent les extrêmes se touchaient invisiblement, et où des mains mystérieuses désignaient les victimes, madame d'Ayen, belle-mère d'Henriette d'Aguesseau, la marquise de Noailles, et sa fille, madame de Noailles, périrent sur l'échafaud. Leurs biens restèrent long-temps séquestrés. Le décret qui ordonna que les biens non-vendus seraient restitués aux héritiers des victimes, fit revenir la Grange et autres propriétés de madame d'Ayen à ses cinq filles, dont l'une, madame de La Fayette, eut pour sa part la terre de la Grange.

La Grange était anciennement pourvue d'une église paroissiale, dont le curé n'avait pour paroissiens que les habitans du château et ceux de la ferme. Le bâtiment de l'église existe encore près du château; il offre les épitaphes de trois jeunes seigneurs de la famille d'Aubusson,

CHÂTEAU DE LA GRANGE – BLÉNEAU.

dont furent déposés : Léon, comte
de

dont les cœurs y furent déposés : Léon, comte de la Feuillade, lieutenant-général des armées du roi, seigneur de la Grange-Bleneau, tué, en 1647, à l'âge de 33 ans, à la bataille de Lens; Gabriel, marquis de Montargis, tué au siége de Saint-Omer, en 1638, à l'âge de 24 ans; et Paul, chevalier de Malte, tué au siége de Marchik.

La construction de cette église est fort simple; la porte d'entrée offre pour tout ornement trois écussons aux armoiries de la maison de Courtenay : elle sert aux exploitations.

Cet antique château[1] conserve encore un aspect imposant : trois corps de bâtiment, flanqués de cinq grosses tours bâties en grès, bordent de trois côtés une vaste cour, qui laisse voir du quatrième côté le magnifique et riant tableau que présente le parc, dont la vue est très-pittoresque. De belles masses de peupliers, de saules et d'arbres verts de plusieurs espèces, habilement distribuées et plantées par le général La Fayette, offrent à chaque pas des points de vue gracieux et nouveaux. On parcourt avec délice ces paysages variés, qu'au-

[1] *Voyez* la gravure.

cune clôture ne limite, qu'aucune muraille n'attriste.

L'entrée du château est remarquable. Après le pont, construit sur le fossé, on rencontre une porte et une fortification flanquée de deux fortes tours. La façade de cette vieille fortification est aujourd'hui rajeunie par la verdure d'un lierre qui la tapisse entièrement. Cette décoration paraît d'abord étrange; mais elle inspire un vif intérêt, lorsqu'on apprend que ce lierre vigoureux fut planté par le célèbre Fox, lorsqu'avec le général Fitz-Patrik, après la paix d'Amiens, il vint à la Grange, visiter son ami le général La Fayette.

Dès que ce général fut propriétaire de la terre et du château de la Grange, il s'occupa de les convertir en ferme ornée : il parvint, par des échanges, à se faire un arrondissement de sept cents arpens d'un seul gazon, dont quatre cents arpens en terres labourables et le reste en bois, pâtures, vergers, étangs, etc.

On y voit un beau troupeau de mille mérinos importés ou croisés des meilleures races d'Europe. On y élève des hoccos du Mexique; quelques autres volailles de l'hémisphère américain s'y naturalisent. Des soins continuels, la propreté et un ordre admirable feront prospérer ces animaux domestiques.

Conformément aux principes des agriculteurs éclairés, le général La Fayette a supprimé l'usage des jachères. Par une bonne rotation de culture et l'introduction de divers instrumens agricoles, la plupart venant des États-Unis, il a obtenu des produits bien supérieurs à ceux que retirent les partisans des vieilles routines.

Les curieux et les amateurs d'une sage liberté verront avec le plus vif intérêt, dans l'intérieur du château, deux salons et les objets qui les décorent : l'un situé dans la tour du parc, celle que représente la gravure, est orné des portraits de tous les présidens des États-Unis de l'Amérique septentrionale, de ceux de Bailly, si probe, si savant, si cruellement assassiné par les agens des ennemis de la révolution; de celui du duc de la Rochefoucaud, que les même agens firent égorger à Gisors. On y voit aussi le portrait et le buste de Washington, les portraits de Francklin, de Kosciusko, etc.

Mais on éprouve un nouveau sentiment de vénération en voyant, parmi les augustes images de ces fondateurs de la liberté publique dans le continent de l'Amérique, de ces amis de l'humanité, le drapeau ou pavillon des États-Unis, que, au nom de ces États, les officiers du bâtiment que montait le général La Fayette lui offrirent en le ramenant dans sa patrie, lors de son dernier voyage en Amérique. Ce drapeau est le prix de la valeur et des services éminens du général La Fayette; il est une récompense d'autant plus glorieuse qu'elle est nationale.

On remarque dans cette même pièce deux tableaux peints par Robert : l'un représente la Bastille au second jour de sa démolition, et l'autre la vue du Champ-de-Mars, lors de l'imposante cérémonie de la fédération française; le texte de la déclaration d'indépendance des États-Unis, avec le *fac simile* des signatures; le discours d'adieu que le général Washington adressa au peuple américain en quittant le pouvoir.

Une autre tour de la Grange contient la bibliothèque du général; elle est nombreuse et magnifique. On y voit plusieurs ouvrages publiés en Amérique, qui, pour l'impression, la beauté des caractères et des gravures, rivalisent avec ce que la typographie européenne a produit de plus beau. On y trouve aussi une collection de divers objets de curiosité et d'histoire naturelle de l'Amérique.

Le long de la pièce d'eau qui borde une partie du château, est déposé un canot américain, qui, en 1824, gagna le prix de la course contre un canot apporté exprès par une frégate anglaise. Les bateliers de New-York, après avoir refusé une forte somme de ce canot vainqueur, le donnèrent en présent au général La Fayette.

Après avoir décrit la Grange et les objets précieux, utiles et agréables que présente ce séjour, il faudrait parler de l'ordre admirable qui y règne. Cet ordre bannit le luxe, la paresse, la prodigalité, et amène l'abondance. Ce que la Grange offre de plus intéressant, c'est son propriétaire; mais il est vivant, mais il est modeste; mais, chez toutes les nations civilisées, il n'est point d'âmes généreuses, de partisans de la liberté qui ne le vénèrent. Il n'a pas besoin d'éloges : je dois me taire.

CHAPITRE III.

MELUN.

Ville, chef-lieu du département de Seine-et-Marne, située sur la Seine, à dix lieues et demie à l'E. de Paris.

Cette ville était une ancienne forteresse gauloise, mentionnée dans les commentaires de César, sous le nom de *Melodunum*, et appartenait à la nation de Senones. Comme la Lutèce des Parisiens, elle occupait une île de la Seine; *Oppidum senonum, in insulâ sequanæ positum* [1].

César, pendant ses expéditions dans les Gaules, partagea son armée en deux corps; il en dirigea un sous la conduite de Labienus, contre les *Senones* et les *Parisii*. Labienus, ayant laissé ses bagages dans la forteresse senonaise *d'Agendicum* (Sens), marcha avec quatre légions sur Lutèce; mais, arrêté par un marais

---

[1] *C. Julii Cæsaris de bello gallico*, lib. VII, c. 58.

profond et par des troupes gauloises, il revint sur ses pas, remonta, pendant la nuit, par la rive gauche de la Seine, jusqu'à Melun, dont les habitans, pour se garantir des légions romaines, avaient coupé les ponts. Alors il se saisit d'environ cinquante bâteaux, et, par leur moyen, s'empara de la place, rétablit les ponts, y fit passer son armée, atteignit la rive droite de la Seine et se remit en marche pour Lutèce. Ajoutons que quelques Gaulois de la forteresse s'unirent aux Romains. Tel est le récit de César, qui constate l'antiquité de Melun.

L'époque de cet événement est de l'an 700 de la fondation de Rome, ou de cinquante-quatre ans avant notre ère vulgaire. Melun n'était alors qu'une bourgade gauloise, ou un poste militaire et un passage sur la Seine. Ses ponts n'étaient qu'en bois; les Gaulois ne les bâtissaient pas autrement; les maisons ne devaient être que des chaumières : ce lieu ne méritait pas le titre de ville. Les habitans n'opposèrent aucune résistance aux Romains.

A l'occident de l'île, on voyait autrefois une vieille tour appelée *Tour de César* : dans plusieurs lieux de France, il existe des tours ainsi dénommées. Sébastien Rouillard croit que celle de Melun a été bâtie ou réparée par Jules-César[1]. Il ignorait que tous les chefs de l'empire romain ont porté le nom de *César* comme un titre; il ignorait que Jules-César détruisit beaucoup et ne construisit rien dans les Gaules. Il faut en dire autant de l'opinon qui place à Melun un temple d'Isis, fable accueillie par la vanité nationale.

Les vers composés pour le blason de Melun, contiennent ces rêveries, où, dit Rouillard lui-même, s'il n'y pas de raison, il y a au moins de la rime :

> Melun je suis, qui eus à ma naissance
> Le nom d'Isis, comme des vieux on sçait.
> Si fut Paris construict à ma semblance,
> Mille et un an depuis que je fus faict
> Dire ne puis; sur les villes de France,
> Pauvre de biens, riche de loyauté,
> Qui par la guerre ay eu mainte souffrance
> Et, par la faim, de maints rats ay tasté.

Melun étant un lieu de passage, les Romains durent y avoir un établissement militaire. L'itinéraire d'Antonin place cette position sur la route de Lillebonne à Troyes, entre Paris et Montereau, et le nomme *Methetum*, *Mede-*

---

[1] Sébastien Rouillard, *Histoire de Melun*, in-4°., page 27.

tum. Dans la carte de Peutinger, elle est aussi placée de même, et porte le nom de *Meteglo*. Pendant environ cinq cents ans qu'a duré la domination romaine dans la Gaule, l'histoire ne fait nulle mention de Melun, qui jamais ne fut chef-lieu de nation. Au vi^e. siècle, ce lieu est, par Grégoire de Tours, nommé *Miglidunum*, et qualifié simplement de *castrum*, forteresse.

Si, du temps des Romains, l'histoire reste muette sur Melun, elle en fait souvent mention sous le règne des Francs.

Clovis, en l'an 494, s'empara de Melun, et en confia la garde à Aurélien, son lieutenant, qu'il éleva à la dignité de duc du pays conquis.

Childéric, son fils, voulut, vers l'an 540, ériger à Melun un siége épiscopal. Léon, évêque de Sens, s'y opposa avec succès.

En 583, Chilpéric et son frère Gontran, étant en guerre, combattirent près de Melun. Chilpéric, après avoir mis à feu et à sang les environs de cette place, conclut un traité de paix avec son frère.

On ne sait à quelle époque le christianisme fut introduit à Melun; mais on croit que le premier édifice destiné à ce culte fut dédié à *saint Laurent* : c'était une chapelle qui, dans la suite, fut réunie à la chapelle de Notre-Dame, et établie dans l'enceinte du château. Elle devint celle d'une petite abbaye de filles. Charles-le-Simple, en 901, donna cette abbaye à un certain séculier nommé Tendric, son fidèle. Le roi Robert, après les dévastations des Normands, fit reconstruire ce monastère, ainsi qu'une église située pareillement dans l'enceinte du château, et y établit un chapitre de chanoines. Il y eut aussi l'église paroissiale de *Saint-Aspaïs*, située dans l'île, et dont je parlerai, et une autre église paroissiale sous le titre de *Saint-Étienne*. La plupart de ces églises furent pillées et en partie détruites par les Normands.

Il en fut de même de l'abbaye de Saint-Pierre ou Saint-Père, qui fut rétablie en 999, après avoir resté ruinée pendant cent soixante ans. Hugues Capet donna à cette abbaye le *Martroi de Melun*, lieu de supplice.

Le château de Melun, situé à l'extrémité occidentale de l'île, était une vieille forteresse gauloise, où résidaient les comtes ou vicomtes de cette ville. En 845, 848, 861, 866 et 883, les Normands le prirent, le ravagèrent et le brûlèrent. Au milieu de ces scènes de dévastation, on voit que Wenilon, archevêque de Sens, obtint, en 859, du synode de Toul, des pierres ou rochers pour la reconstruction des murs du château de Melun.

Sans doute, au xe. siècle, ce château fut reconstruit, puisqu'il était souvent habité par Robert, qui y mourut en 1030, et par son épouse Constance, qui, en 1032, y finit ses jours et ses méchancetés.

Sous le règne de ce roi Robert, Melun fut envahi par un comte de Troyes, nommé Eudes. Ce roi rassembla son armée et vint mettre le siége devant cette place : il y était, sans rien avancer, resté près de sept mois, lorsqu'il s'avisa de demander du secours à Geoffroi, comte d'Anjou. Comment prendre un château situé dans une île et entouré de murailles ? C'étaient les réflexions que l'on faisait dans le camp du roi. Les Angevins arrivent ; et, ne trouvant aucun lieu pour se loger, ils s'arment, franchissent le bras de la Seine qui les séparait du château, montent à l'assaut et s'en emparent. Cet acte audacieux fut l'objet de l'admiration générale[1].

---

[1] *Recueil des historiens de France*, tome x, pag. 189, 249 et 305.

Le vicomte Burchard, pendant son absence de Melun, avait laissé la garde de ce château à un homme de guerre, nommé Gautier, qui, déterminé par des présens, avait livré cette place au comte Eudes.

Suivant d'autres écrivains, le roi Robert appela, en l'an 999, à son secours Richard, duc de Normandie, qui prit Melun. Ce roi fit pendre le traître Gautier, ainsi que sa femme, sa complice, et rendit ce château à Burchard[1].

Ce fut aussi à Melun que mourut le roi Philippe 1er., en présence de son fils Louis. Il fut enterré dans l'église de Saint-Benoît-sur-Loire.

En 1110, il se tint à Melun un concile ou parlement, où assistèrent plusieurs archevêques, évêques, abbés et clercs. On y porta des plaintes contre un puissant seigneur, Hugues du Puiset, rebelle au roi, comme ses aïeux l'avaient toujours été, et qui de plus exerçait un affreux brigandage contre les églises et les sujets, pillait les monastères, dépouillait les veuves et les orphelins, emprisonnait les moi-

---

[1] *Recueil des historiens de France*, tome x, pag. 189, 220 et 354.

nes et les évêques, s'emparait des propriétés des malheureux, et dévorait tout comme un loup enragé : on demanda que le château du Puiset fût rasé. En ce temps de féodalité, pour punir un brigand, il fallait que le roi levât une armée, et que cette armée fût plus forte que celle qu'elle allait combattre : aussi, dit-on au roi, pour le déterminer à s'armer contre le seigneur du Puiset, que les grands seigneurs qui jusqu'alors l'avaient soutenu dans ses brigandages venaient de l'abandonner. Enfin on pleura, on se jeta aux pieds du roi, qui, touché de ces instances, déclara qu'il marcherait contre le noble brigand ; et l'assemblée de Melun fut dissoute.

Le roi parvint, non sans peine, à prendre le château du Puiset, et le fit raser. Le seigneur fut conduit prisonnier à Château-Laudon [1].

En 1116, le pape Calixte II, accompagné du roi Louis et de la reine Adélaïde, passa à Melun, en se rendant en Italie.

Ce fut aussi à Melun que le pape Alexandre III fit, par l'évêque de Beauvais, prononcer en pleine assemblée une sentence d'ex-

---

[1] *Recueil des historiens de France*, tome XII, p. 32 et 33.

communication contre les moines de Cluny, coupables de plusieurs délits. Tous ces faits donnent de l'importance au château de Melun.

Abailard, célèbre par son savoir et ses malheurs, et qui, pendant quelque temps, tint ses écoles à Melun, parle du château comme d'un lieu illustré par la résidence des rois : *insigne Melidunum castrum et sedem regiam* [1]. Ce vieux château était, dans les siècles barbares, le Versailles des souverains de la France.

On ne voit pas dans l'histoire que Philippe-Auguste ait souvent habité Melun; il y convoqua cependant, en 1225, un concile où les évêques demandèrent au roi un extension de juridiction ecclésiastique sur les hommes de leur seigneurie et sur leurs meubles. Le roi s'y refusa; et l'assemblée, sans rien conclure, fut dissoute [2].

En 1246, le roi Louis IX ou saint Louis rassembla dans le château de Melun un grand nombre de barons, de chevaliers et autres gens; il fit chevalier son frère Charles, et lui

---

[1] *Recueil des historiens de France*, tome XIV, page 278.
[2] *Idem*, tome XVIII, page 309.

donna les comtés d'Anjou et du Maine. En 1255, il célébra le mariage de sa fille Isabelle avec Thibaud, roi de Navarre. « Les noces, » dit Joinville, furent *grans et plenières*. »

Ce château qui servit de résidence à plusieurs rois, où se célébrèrent des conciles, des noces et des cérémonies, devait être vaste; mais c'était un château semblable à tous ceux de la féodalité : il s'y trouvait des murailles à créneaux, des tours en toitures coniques, un donjon, des ponts-levis, et dans l'intérieur, une grande salle où les vassaux faisaient hommage au seigneur suzerain, salle toujours située au rez-de-chaussée, laquelle devait suffire aux fêtes et aux grandes réunions; ajoutez des prisons et des cachots dans les souterrains : tels étaient les principaux objets qui composaient les manoirs des barons et des rois; tel devait être le château de Melun.

En 1353, le roi Jean donna le château et la châtellenie de Melun à la reine Blanche de Navarre, veuve de Philippe-de-Valois. Elle n'en jouit pas long-temps : en 1360, elle ne les possédait plus [1].

---

[1] *Ordonnances du Louvre*, tome III, pages 214 et 427.

Le roi de Navarre, son frère, dit *le Mauvais*, et qui méritait ce surnom, après avoir commis dans la Normandie des brigandages effroyables, attiré à Melun par sa sœur, la reine Blanche, qui résidait dans le château, se présenta, en octobre 1358, devant cette ville à la tête d'une armée de brigands, et s'empara du château avec d'autant moins de difficultés que sa sœur favorisait son entreprise. Il le munit de gens de guerre et de vivres; et, de là, il arrêtait toutes les provisions qui passaient sur des bateaux pour alimenter Paris [1].

Charles, régent de France, chercha à remédier à cet inconvénient qui réduisait les Parisiens à la famine. Par une ordonnance du 4 novembre de la même année, il établit un impôt sur toutes les marchandises qui arrivaient à Paris par la Seine, remède absurde, pire que le mal, et digne du temps [2].

Ce prince, effrayé de la prise de Melun, essaya de négocier la paix avec le roi de Navarre, mais l'essaya sans succès : il fallut faire le siége de Melun. Alors, ayant rassemblé une

---

[1] *Continuatio altera chron.* Guill. de Nangis, *Spicilegium*, tome III, page 121.

[2] *Ordonnances du Louvre*, tome III, page 298.

armée, il crut qu'il était bienséant d'envoyer auprès de la reine Blanche des seigneurs qui lui proposèrent de livrer Melun, qui allait être pris, avec promesse de lui donner d'autres domaines en échange. Cette princesse repoussa ces propositions avec dédain.

Le château, vivement attaqué, était défendu par le baron de Mareuil. On donna un premier et un second assauts, qui firent périr sans succès beaucoup de monde. Parmi les assaillans figurait l'intrépide Bertrand du Guesclin, qui, voyant les efforts des Français inutiles, jura, dans son patois, que, *par Dieu qui peina en croix et au tiers jours ressuscita, il irait aux créneaux parler à la barette du baron de Mareuil*. Il saisit une échelle; et, l'épée d'une main et son écu de l'autre, il monte en bravant et en insultant ce gouverneur. Celui-ci, le voyant aux plus hauts échelons, lui lance un baril plein de pierres. L'échelle se rompt; et du Guesclin est, la tête première, renversé dans le fossé. Le régent, qui l'avait aperçu, ordonna aussitôt qu'il fût secouru. Sorti de l'eau et revenu à lui, il demanda à ceux qui l'entouraient *quels diables l'avaient apporté-là, et si l'assaut était manqué?* Il reprit son courage avec ses forces, et voulut encore monter à l'assaut; mais on lui fit observer qu'il en avait fait assez, et qu'un nouvel assaut serait donné le lendemain. Alors furieux il se présenta jusqu'auprès des barrières des ennemis, l'épée à la main, et fit un grand carnage de ceux qui les défendaient. Son courage effraya les assiégés; la reine Blanche et le baron de Mareuil, redoutant le sort des habitans des places prises d'assaut, ne voulurent point attendre celui du lendemain, et demandèrent à capituler. Melun fut rendu au roi et au régent son fils [1].

Par lettres du 10 octobre 1360, le régent déclare qu'il a donné à la reine Blanche le château de Nanteau, situé dans le Gâtinais, à neuf lieues de Melun, et règle les juridictions respectives de ces deux châteaux. Il déclare dans ces lettres, qu'il affectionne Melun plus qu'aucune autre maison royale, et qu'il s'y plaît beaucoup [2]. Ce fut évidemment peu après cette époque que ce prince fit reconstruire le château de Melun, comme le dit Christine de Pisan.

Le roi d'Angleterre et le duc de Bourgogne,

---

[1] *Mémoires de Bertrand du Guesclin*, chap. VIII.
[2] *Ordonnances des rois de France*, tome III, page 427.

en 1420, après avoir pris Montereau, marchèrent sur Melun. Les armées combinées de ces deux puissances entourèrent cette place. Le roi de France, Charles VI, son épouse, Isabeau de Bavière, et Catherine, leur fille, qui venait d'épouser le roi d'Angleterre, pour éviter les danger du siége, se retirèrent à Corbeil.

L'armée du roi d'Angleterre était campée près de la rive gauche, du côté du Gâtinais; et celle du duc de Bourgogne sur la rive droite, du côté de la Brie. Ces deux armées, munies de toutes les machines de guerre alors en usage, d'engins volans, de bombardes, de canons et autres instrumens de mort, devaient attaquer, chacune de leur côté. Elles construisirent sur la Seine un pont en bois, afin d'établir une communication entre elles. Tous les moyens que fournissaient alors les connaissances humaines, la force et l'art, furent employés pour accabler cette malheureuse ville.

Elle était défendue par un guerrier qui jouissait d'une haute réputation de courage, par le seigneur de Barbasan, par quelques autres capitaines, et six à sept cents hommes de troupes résolues à la plus vigoureuse résistance. L'attaque commença vers la fin de juin

1420; et la ville ne se rendit que le 17 octobre suivant. Les assiégés se défendirent avec un courage remarquable. Des brèches étaient-elles faites aux murailles? ils les bouchaient avec des barils remplis de terre. Pratiquait-on des mines? ils les éventaient et se battaient dans les souterrains. Leurs traits atteignirent mortellement plusieurs chefs notables, Anglais ou Bourguignons. Enfin, bientôt les vivres manquèrent aux assiégés; ils envoyèrent plusieurs messages au dauphin Charles, pour lui demander des secours; on ne leur répondait pas. Enfin ils adressèrent au dauphin le tableau de leur détresse : ils étaient, disaient-ils, forcés de se nourrir de la chair des chiens, des chats, des chevaux, etc. Ceux qui gouvernaient le dauphin répondirent alors que ce prince n'avait point assez de forces pour combatre les armées assaillantes; que les assiégés pouvaient traiter avec leurs ennemis de la manière la plus avantageuse.

Alors les assiégés se virent forcés de parlementer; ils subirent la loi des vainqueurs. Il fut convenu que la place serait rendue aux rois de France et d'Angleterre; que les habitans et la garnison seraient livrés à la merci de ces rois; que ceux qui seraient reconnus complices ou coupables de l'assassinat du duc de Bourgogne à Montereau, seraient punis de mort; que les autres seraient prisonniers; que les bourgeois et les gens d'armes déposeraient dans le château tous leurs meubles et leurs armes bien conservés.

« La place fut livrée le 17 octobre 1420;
» et le seigneur de Barbasan, messire Pierre
» de Bourbon de Préaux, dit Monstrelet, et
» cinq à six cents nobles hommes et gentilles
» femmes et grande partie des plus notables
» et plus puissans bourgeois de ladite ville,
» furent conduits à Paris et emprisonnés au
» Châtelet, au Temple, à la Bastille et ailleurs.
» On poussa la barbarie jusqu'à les priver de
» nourriture. Plusieurs périrent de faim. »

Quand ils demandaient à manger et criaient à la faim, on leur baillait du foin, et on les appelait *chiens*, dit un historien du temps[1].

Le roi d'Angleterre viola, à cet égard, la capitulation : il était cruel. Il fit décapiter un gentilhomme de Guyenne, son sujet et son favori, nommé Bertrand de Caumont, accusé

---

[1] *Histoire de Melun*, par Séb. Rouillard, page 551.

d'avoir, devant Melun, favorisé l'évasion de quelques Français. Le duc de Clarence, frère de ce roi, et le duc de Bourgogne, sollicitèrent vainement sa grâce. Ce roi fit décapiter plusieurs prisonniers, et notamment deux moines de Jouy-en-Brie, jadis moines du Jard; un d'eux, nommé Simon, habile dans l'art de tirer l'arbalète, en défendant la place, avait tué plus de cinquante assiégeans [1].

Après ces sanglans exploits, le roi d'Angleterre, le duc de Bourgogne et autres firent leur entrée triomphale à Paris, cérémonie dont les Parisiens, désolés par la famine, furent obligés de payer la dépense. Vains triomphes! L'année suivante, le roi d'Angleterre et le pauvre roi de France, Charles VI, moururent. Le temps et le prestige qui environnait Jeanne d'Arc, dite *la Pucelle d'Orléans*, devinrent favorables au dauphin, qui, malgré son indolence et l'état de contrainte où le tenaient quelques seigneurs, fut proclamé roi de France, sous le nom de Charles VII, et vit la fortune lui accorder des faveurs dont jusqu'alors elle s'était montrée fort avare.

[1] *Chroniques de Monstrelet*, t. 1er., c. II, p. 227, 250, etc.

Au commencement de l'année 1430, les habitans de Melun étaient dominés par une garnison composée d'Anglais et de Bourguignons. La partie de cette garnison, qui occupait la ville, sortit pour aller à Ievre-en-Gâtinois y enlever des vaches. Pendant cette absence, au commencement de 1430, un ancien trompette de la ville parcourut les rues, en faisant retentir le son de son instrument et criant *vive le roi de France!* Les habitans en furent émus; ils se réunirent, s'armèrent et fondirent sur les troupes de leurs ennemis qui, ne pouvant résister, se réfugièrent dans le château. Maîtres de la place, ils envoyèrent promptement demander du secours à deux chevaliers qui commandaient pour le roi dans le voisinage. L'un de ces chevaliers, nommé le commandeur de Giresme, l'autre Denis de Chailly, accompagnés des troupes qu'ils rassemblèrent à la hâte, se rendent à Melun, et, réunis aux habitans, assiégent le château défendu par une centaine d'Anglais ou Bourguignons. On fut bientôt instruit à Paris de cette insurrection : les Anglais de cette capitale et de Corbeil se réunirent et vinrent à Melun pour secourir ceux du château ; mais ils furent vivement repoussés. Après douze jours de siége, le château se rendit au roi Charles VII, et les deux chevaliers firent décapiter plusieurs bourgeois de Melun, qui s'y étaient retirés[1]. Chaque succès était alors souillé par des actes de cruauté. Des malheurs affreux, des crimes bas et atroces signalèrent cette longue et déplorable guerre civile.

La prise de Melun, fut très-avantageuse pour Charles VII, et funeste pour les Parisiens. C'est en grande partie, aux habitans de Melun que le roi fut redevable de cette conquête qui en amena plusieurs autres.

Le château de Melun fut encore long-temps fréquenté par les rois, les reines et princesses; et ses prisons renfermèrent encore des prisonniers de diverses classes. Les habitans jouirent d'un peu plus de tranquillité.

Une partie des habitans de Melun adopta les opinions de Luther, et introduisit dans cette ville un ou deux ministres protestans, qui y firent des prêches, tinrent des conventicules, établirent des écoles. Le clergé s'en plaignit au

---

[1] *Histoire de Charles* VII, par Jean Chartier, sous l'an 1430, page 44.

parlement de Paris, qui, par arrêt du 7 mars 1561, prohiba les prêches et assemblées avec port d'armes, et ordonna qu'il en serait informé[1].

Le duc de Guise, en 1588, après la journée des Barricades, fit une tentative pour prendre Melun, et somma le gouverneur, Tristan de Rostaing, de lui rendre la place. Ce gouverneur, propriétaire de plusieurs terres dans les environs de cette ville, refusa nettement; puis il répondit au duc, qui lui faisait des menaces, qu'il était trop vieux pour trembler, et qu'il se croyait heureux de sacrifier le peu de jours qui lui restaient à sa patrie et à son roi. Le duc de Guise chargea le capitaine Saint-Paul de faire le siége de Melun; mais le roi Henri III y envoya des forces qui obligèrent Saint-Paul à lever le siége.

Le gouverneur Rostaing, l'année suivante, trop faible, à cause de son grand âge, pour contenir les malveillans du dedans et résister aux attaques du dehors, ne se voyant point secouru, abandonna la place, qui devint aussitôt la proie des ligueurs.

[1] *Mémoires de Condé*, tome III, page 155.

En 1590, Henri IV, étant à Corbeil, ordonna à ses troupes d'aller investir Melun. Il s'y rendit bientôt lui-même, et attaqua la plus étendue des trois parties de cette ville : celle qui est située du côté de la Brie; elle était fortifiée de murailles, de fossés et de tours. Des batteries furent établies en deux endroits; on battit un ouvrage, récemment construit. Une brèche fut bientôt faite; elle n'était pas encore praticable et se trouvait à une hauteur de vingt pieds au-dessus du sol; mais l'impétuosité française ne put attendre; des soldats s'élancent vers la brèche, grimpent à sa hauteur, et hissent avec des cordes les camarades qui les suivent. Tant d'intrépidité épouvanta les assiégés, qui, après une légère résistance où ils perdirent environ cinquante hommes, abandonnèrent cette partie de la ville En rentrant dans l'île, les assiégés mirent le feu à une petite forteresse ou tête de pont, dans laquelle ils avaient déposé de la poix, afin que la fumée épaisse et puante arrêtât les assiégeans. Peu rassurés par cette ruse de guerre, ils parlèrent de capituler, et eurent la vanité de demander deux jours de trêve, promettant de se rendre si, dans ce terme, ils n'étaient secourus par le duc de Mayenne, qui ne pouvait paraître dans cet intervalle de temps, puisqu'il se trouvait à plus de quatre journées de Melun. Le terme écoulé, Fouronne qui commandait la place, le 11 avril 1590, la rendit après cinq jours de siége[1].

L'abbé postiche de Saint-Pierre de Melun, Robert de Hérisson, connu pour un prédicateur séditieux, un ligueur forcené, attira sur son monastère la haine que les royalistes portaient à sa personne. Les soldats de l'armée de Henri IV le ravagèrent de manière qu'il ne put être rétabli qu'en 1654. Le couvent des carmes fut pareillement détruit.

Ces habitans et surtout ceux des campagnes environnantes eurent encore à gémir des querelles des hommes puissans. La guerre civile, dite de *la Fronde*, dont l'origine était populaire, qui devint la proie de l'aristocratie et une guerre des princes et seigneurs contre le roi et la reine, ou plutôt contre Mazarin, se fit cruellement sentir dans ce canton. Voici ce que rapporte un témoin oculaire : « La misère » du peuple était épouvantable ; et, dans tous

---

[1] *Histoire de De Thou*, tome XI, page 145.

» les lieux où la cour passait, les pauvres
» paysans s'y jetaient pour y être en sûreté,
» parce que l'armée désolait la campagne. Ils
» y amenaient leurs bestiaux, qui mouraient
» de faim aussitôt, n'osant sortir pour les me-
» ner paître. Quand leurs bestiaux étaient
» morts, ils mouraient eux-mêmes incontinent
» après, car ils n'avaient rien que les charités
» de la cour, qui étaient fort médiocres......
» Quand les mères étaient mortes, les enfans
» mouraient bientôt après; et j'ai vu sur le
» pont de Melun... trois enfans sur leur mère
» morte, l'un desquels la tétait encore. Toutes
» ces misères touchaient fort la reine; et même,
» comme on s'en entretenait à Saint-Germain,
» elle en soupirait, et disait que ceux qui en
» étaient cause auraient un grand compte à
» rendre à Dieu, sans songer qu'elle-même
» en était la principale cause [1]. »

On parle avec emphase des exploits des hommes puissans; et on se tait sur les malheurs qu'ils traînent à leur suite : les habitans des campagnes, toujours déplorables victimes des guerres, n'ont jamais eu d'historiens.

[1] *Mémoires de Laporte*, pog. 288 et 289.

Pendant cette guerre désastreuse, le jeune roi Louis XIV et la cour séjournèrent quelquefois à Melun. Ce fut pendant un de ces séjours, en juin 1652, que le cardinal Mazarin commit sur la personne de ce prince, à peine adolescent, un attentat que je ne raconterai pas ici [1].

En cette guerre, tout était au pillage. Un comte de .... pilla les chevaux de la petite écurie du roi; et le cardinal Mazarin enleva cent louis d'or que le jeune roi avait dans sa poche depuis peu de temps.

Malgré de si nombreuses causes de ruines, Melun put se maintenir pendant quinze siècles, mais non s'accroître. La nécessité de ses ponts, le passage fréquent des voyageurs, le fisc qui, en entravant la navigation, la faisait contribuer, etc., préservèrent cette ville d'une ruine totale.

Melun est divisé en trois parties par le cours de la Seine; l'une est située sur la rive gauche de cette rivière, l'autre dans l'île de Melun où était bâti le château; la troisième, aujourd'hui

---

[1] J'en ai offert les détails dans mon *Histoire de Paris*, deuxième édition, in-8°., tome VII, page 197.

la plus étendue, occupe la rive droite de la Seine, du côté de la Brie. Deux ponts en pierres réunissent ces trois parties de la ville; celui que l'on nomme le *Pont-au-Moulin*, est réservé à la navigation.

La troisième partie de la ville, du côté de la Brie, a reçu un accroissement considérable. On y voit une place vaste et régulière, entourée de bâtimens modernes et traversée par la grande route de Paris à Montereau. Sur un côté de cette place s'élève encore le clocher de l'antique abbaye de Saint-Pierre, dont je vais parler.

L'abbaye de *Saint-Pierre* ou *Saint-Père*, dont j'ai mentionné l'origine et les premiers temps, fondée sous la première race des rois francs, fut, sous la seconde race, ruinée deux fois par les Normands, et sous la troisième par les Anglais et par les troupes de Henri iv.

Après cette dernière destruction, on nomma abbé de Saint-Pierre, un enfant de treize ans, appelé *Le Roi de la grange;* son père, homme de guerre, administrait les biens de l'abbaye de son fils, et s'en appropriait les revenus. A ce singulier abbé succéda, en 1620, *Jacques Chauvelin*, conseiller-clerc au parlement. Ce conseiller-clerc visita l'abbaye du Lis, située près de Melun, et dont les religieuses jouissaient d'une solide réputation de galanterie; il vit l'abbesse et l'épousa[1]. Un des successeurs de cet abbé, François Mullier du Houssay, fit, en 1654, rétablir les bâtimens ruinés de l'abbaye de Saint-Pierre, et y plaça des moines de la congrégation de Saint-Maur.

Il ne reste de l'église de cette abbaye que le clocher dont j'ai parlé, et qu'on voit sur la place.

La *collégiale de Notre-Dame*, située dans l'île de Melun, fut, dans l'origine, une abbaye de filles, dont les revenus tombèrent en des mains séculières. Le roi Robert-le-Dévot fit, en 991, reconstruire l'église qui fut desservie par des chanoines dont l'histoire, ainsi que le bâtiment de leur église, n'offre rien de remarquable.

L'église paroissiale de *Saint-Aspaïs*, saint très-peu connu, est pareillement située dans l'île; elle se recommande par sa construction, et notamment par les peintures de ses vitraux, qui sont l'ouvrage d'un des plus habiles maîtres en ce genre.

---

[1] *Gallia christiana*, t. XII, col. 175.

Telles sont les églises qui existent aujourd'hui à Melun. Cette ville autrefois en possédait un bien plus grand nombre; celle de *Saint-Ambroise* était l'église paroissiale du quartier situé sur la rive gauche. Il y eut aussi une église de *Saint-Liesne*, près de laquelle coulait une fontaine dont l'eau guérissait radicalement toute espèce de fièvres. Le bon Sébastien Rouillard attribue à saint Liesne des miracles fort curieux. On y voyait de plus un couvent de *carmes*, qui fut ruiné, en 1590, par l'armée de Henri IV. On y voyait des *capucins*, des *recollets*, des *cordeliers*, etc.

Sous le rapport littéraire, Melun mérite quelques considérations. Pierre Abailard, vers le commencement du XIIe. siècle, établit à Melun son école, qu'il nommait *son camp;* car il donnait souvent ses leçons en plein air. Il y tomba malade à force de travail, et revint à Paris. Persécuté dans cette dernière ville, il revint à Melun, où il éprouva encore des persécutions, qui le firent de nouveau se réfugier à Paris.

Parmi les littérateurs du XVIe. siècle, il en est trois dont le style charme encore les lecteurs du XIXe. siècle. On y trouve un caractère de hardiesse dû à l'absence de nos règles de goût. On y trouve surtout de la naïveté, parce que nous ne sommes pas assez familiarisés avec cette langue vieillie, et parce qu'alors cette langue était pauvre. Ces trois littérateurs sont *Montaigne*, *Marot* et *Amyot*.

Jacques Amyot naquit à Melun, le 30 octobre 1514, de parens peu favorisés des dons de la fortune : le talent n'a pas besoin d'une vaine illustration de naissance. Il dut son éducation et son avancement à d'heureuses rencontres et à son application à l'étude; il s'était fait une réputation à Paris, par son savoir. En 1544, François 1er., surnommé le *protecteur des lettres*, laissait persécuter, par les inquisiteurs, tous les gens de lettres, sous prétexte d'hérésie. Jacques Amyot, ainsi que plusieurs autres, pour éviter le bûcher, fut obligé de fuir de Paris et de se réfugier à Bourges, où il fut professeur de grec et de latin. Sa propre expérience lui fit un devoir de ne plus communiquer ses opinions à personne : on pourrait donner une qualification moins honorable à cette conduite prudente. Il devint précepteur des enfans de France, grand aumônier, évêque d'Auxerre. Le roi Henri III le priva de la grande aumônerie, parce qu'il était du parti des ligueurs. Ses dignités, ses bénéfices, ses titres ne sont pas ce qui l'honorent le plus : la mémoire d'Amyot serait dans l'oubli sans ses traductions de plusieurs ouvrages grecs, et notamment celle de Plutarque, encore estimée pour son vieux style, mais où se trouvent beaucoup d'inexactitudes relevées par nos hellénistes modernes. Il mourut le 6 février 1593, à l'âge de 79 ans.

Le château de Melun, abandonné, sans réparations, menaçait ruine; les princes, au XVIe. siècle, n'y logeaient plus; et, quand ils se rendaient à Melun, ils prenaient leur logement dans l'abbaye de Saint-Pierre. La cour de France, du temps de la fronde, poursuivie par l'armée du prince de Condé, se rendit à Melun, n'habita point le château, mais se logea chez des habitans. Ce château fut entièrement démoli vers 1740. Aujourd'hui son emplacement est couvert de maisons particulières.

Melun est chef-lieu du département de Seine-et-Marne, et le siége de la préfecture. On y trouve une manufacture de verres à vitres, une filature de coton, une manufacture de toiles peintes. Il s'y fait un commerce de blé, de farines, de vin, de laines, de bestiaux, de fromages, etc. Cette ville s'honore d'établissemens littéraires et scientifiques : elle contient une société libre d'agriculture, sciences et arts, un collége, une société d'encouragement, une école gratuite de dessin, une bibliothèque publique, composée de huit mille volumes, et une salle de spectacle. C'est à Melun et dans l'île qu'est située la maison centrale de détention nouvellement reconstruite.

Sous Louis xv, on comptait dans cette ville 3,792 habitans; aujourd'hui la population s'élève à 6,992.

LE LIS.

Abbaye de filles de l'ordre de Cîteaux, située à une demi-lieue environ et au sud de Melun.

Blanche de Castille, mère de Saint-Louis, fit, en 1244, la fondation de cette abbaye, confirmée, en 1248, par le roi Saint-Louis, qui en augmenta considérablement les biens. Ses successeurs imitèrent ses libéralités, et l'abbaye du Lis fut très-riche.

Cette abbaye a dû partager les malheurs des

guerres civiles des XIV°., XV°. et XVI°. siècles ; elle a dû supporter les attaques, les déprédations et les brutalités des gens de guerre; et les désordres, comme dans les autres couvens exposés aux mêmes accidens, ont dû s'y introduire. Il paraît qu'au XVI°. siècle le débordement des mœurs y était excessif. On nommait alors cette abbaye *le vrai séminaire des enfans rouges*.

On raconte qu'Henri IV, dans ses expéditions militaires, allait souvent visiter l'abbaye du Lis, et Catherine de la Trémouille, qui en était abbesse. Il demanda un jour à cette dernière combien de religieuses habitaient le Lis, et combien elles avaient de directeurs? L'abbesse satisfit à ces deux demandes. Henri IV lui témoigna sa surprise de ce que le nombre des religieuses excédait celui des directeurs. Votre étonnement est assez juste, répondit ingénuement l'abbesse; mais votre Majesté ne sait pas qu'il en faut quelques-unes pour les survenans : ce qui ne pourrait s'arranger si chacune avait le sien [1].

---

[1] *Remarques de Duchat* sur le chap. VIII de la confession de Sanci. *Journal de Henri* III, tome V, pag. 276 et 277.

Je rapporte ce fait sans le garantir. Je ferai observer que les écrivains de cette époque malheureuse étaient fort enclins à recueillir ou à controuver des historiettes satyriques ou plaisantes. Jamais les écrivains français ne se sont montrés plus gais que pendant les calamités des guerres civiles, que dans un temps où ils avaient moins sujet de l'être.

L'église de ce monastère contenait, entre autres reliques, le cilice que portait et la discipline dont se faisait fustiger le roi Saint-Louis[1]. On y voyait le tombeau d'Eudes, duc de Bourgogne, mort en 1303.

Vaux-le-Peny. C'est un château situé à un quart de lieue au-dessus de Melun, sur le coteau qui borde la rive droite de la Seine. La vue y est fort belle. Il appartient à la famille Fréteau, distinguée dans la magistrature, et dont le titulaire actuel est avocat-général à la Cour de cassation. L'empereur russe Alexandre s'arrêta dans ce château, en 1814, et y reçut les clefs de Melun.

[1] Miracles de Saint-Louis, *Recueil des pièces historiques sur ce roi*, page 441.

CHAPITRE IV.

VAUX-LE-PRASLIN, BLANDY, CHAMPEAUX, LA CHAPELLE-THIBOUST, CHARTRETTES, FONTAINE-LE-PORT, MONTEREAU.

§. Ier.

VAUX-LE-PRASLIN ou PRALIN.

C'est un château ancien, appartenant au village et à la commune de Maincy, situé à trois quarts de lieue au N.-E. de Melun.

Ce château a plusieurs fois changé de nom. Il fut d'abord appelé Vaux-le-Vicomte. C'était une demeure seigneuriale que le fameux surintendant des finances, Fouquet, fit remplacer par une magnifique résidence. « Ce palais, » dit Voltaire, et les jardins lui avaient coûté » dix-huit millions de livres, qui en valent » près de trente-six d'aujourd'hui. Il avait bâti » le palais deux fois, et acheté trois villages en- » tiers, dont le terrain fut enfermé dans ces jar- » dins immenses, plantés, en partie, par Le

» Nôtre, et regardés alors comme les plus
» beaux de l'Europe. Les eaux jaillissantes de
» Vaux, qui parurent depuis au-dessous du
» médiocre après celles de Versailles, de Marly
» et de Saint-Cloud, étaient alors des prodiges.
» Mais quelque belle que soit cette maison,
» cette dépense de dix-huit millions, dont les
» comptes existent encore, prouve qu'il avait
» été servi avec aussi peu d'économie qu'il ser-
» vait le roi. Il est vrai qu'il s'en fallait beau-
» coup que Saint-Germain et Fontainebleau,
» les seules maisons de plaisance habitées par
» le roi, approchassent de la beauté de Vaux.
» Louis XIV le sentit, et en fut irrité. On voit
» partout dans cette maison les armes et la de-
» vise de Fouquet; c'est un écureuil avec ces
» paroles : *quò non ascendam?* où ne monterai-
» je point? Le roi se les fit expliquer. L'ambi-
» tion de cette devise ne servit pas à apaiser le
» monarque. Les courtisans remarquèrent que
» l'écureuil était peint partout poursuivi par
» une couleuvre, qui était les armes de Col-
» bert. La fête fut au-dessus de celles que le
» cardinal Mazarin avait données, non-seule-
» ment pour la magnificence, mais pour le
» goût. On y représenta, pour la première

» fois, les *Fâcheux* de Molière. Pélisson avait
» fait le prologue, qu'on admira : les plaisirs
» publics cachent ou préparent si souvent à
» la cour des désastres particuliers, que, sans
» la reine-mère, Pélisson et lui auraient été
» arrêtés dans Vaux, le jour de la fête[1]. »

On sait qu'il fut peu après arrêté, ainsi que son favori Pélisson, et que cette disgrâce a été, pour La Fontaine, le sujet d'une élégie, qui est à la fois une belle pièce et une noble action.

Le maréchal de Villars étant devenu possesseur de ce château, il reçut le nom de Vaux-Villars. Le duc de Villars, fils du maréchal, cessa d'entretenir les cascades, bouleversa les jardins, et vendit enfin cette belle propriété au duc de Praslin, alors ministre de la marine, dont elle prit le nom. Elle est restée dans cette maison, à laquelle elle appartient encore.

Le château est entouré de larges fossés remplis d'eau vive. L'avant-cour est décorée de portiques; les bâtimens sont vastes et magnifiques. Le parc a près de six cents arpens d'é-

---

[1] *Siècle de Louis* XIV, tome II.

tendue. Les jardins, décorés de fort belles statues, dont plusieurs antiques, ont beaucoup souffert dans la révolution.

Praslin et la commune dont il fait partie appartiennent à l'arrondissement et au canton de Melun.

§. II.

BLANDY.

Village et ancien château situé à trois lieues au N.-E. de Melun.

Blandy, qu'il ne faut pas confondre avec un autre Blandy situé dans l'Orléanais, avait anciennement appartenu aux vicomtes de Melun, comtes de Tancarville. Guillaume IV, comte de Tancarville, vicomte de Melun, maria, en 1417, sa fille Marguerite à Jacques de Harcourt, baron de Montgomery, et lui donna en dot, entre autres seigneuries, celle de Blandy. Marie de Harcourt, seconde femme de Jean d'Orléans, comte de Dunois et de Longueville, bâtard de Louis de France, duc d'Orléans, par ce mariage de l'an 1439, porta la seigneurie de Blandy dans la maison d'Orléans-Longueville. Les personne de cette maison résidaient souvent à Blandy. Louis d'Orléans, deuxième du nom, fils de Louis, duc de Longueville et prince de Neufchâtel, y naquit le 15 juin 1510. Cette seigneurie passa dans la maison de Bourbon-Condé par le mariage de Louis de Bourbon, premier du nom, prince de Condé, avec Françoise d'Orléans, fille de François d'Orléans, vicomte de Melun et seigneur de Blandy, par contrat du 8 novembre 1565.

Pendant la guerre que firent les protestans contre les catholiques, ou plutôt la guerre des princes de la maison de Bourbon contre ceux de Lorraine, en 1567, le prince de Condé, chef du parti protestant, était armé contre la cour de France. Cette cour, irritée des succès de ce prince, et de ce qu'à la bataille de Saint-Denis, le connétable Anne de Montmorency avait été tué, usa de représailles : elle chargea François de Balsac d'Entragues, d'aller à Blandy, et d'y arrêter la marquise Jacqueline de Rothelin, veuve de François d'Orléans, marquis de Rothelin, et mère de Françoise d'Orléans, qui avait épousé Louis de Bourbon, prince de Condé. Remarquons que d'Entragues, chargé de cette triste expédition, était, par sa femme, neveu de la marquise Jacqueline : ce qui ne l'empêcha pas de l'arrêter, ainsi que ses trois enfans, et de les amener prisonniers au château du Louvre, où ils arrivèrent le 13 novembre 1567[1].

Ce fut à Blandy, au mois de juillet 1572, que le jeune Henri de Bourbon, prince de Condé, célébra ses noces avec Marie de Clèves, marquise d'Isles. Le prince de Navarre, depuis roi de France, et célèbre sous le nom de Henri IV, assistait à ces noces, qui furent le prélude séducteur de l'exécrable plan des massacres de la Saint-Barthélemy. Les princes de Navarre, de Condé, de Conty, ses cousins germains, quittèrent Blandy avec un grand nombre de seigneurs protestans, et se rendirent à Paris, où devaient se célébrer les noces du prince de Navarre avec Marguerite de Valois. Sans écouter les avis salutaires de l'amitié, ces jeunes princes, enivrés par les plaisirs et les fêtes, se précipitèrent dans le piége que leur tendait une cour perfide et sanguinaire.

Jacqueline, marquise de Rothelin, séjourna constamment à Blandy; elle y mourut et fut

---

[1] Journal de Brulart, *Mémoires de Condé*, t. 1er., p. 184.

enterrée dans la chapelle; on dit que son tombeau fut violé en 1793.

Le 13 mai 1610, Charles de Bourbon, comte de Soissons, ne voulut point assister au sacre de Marie de Médicis, seconde femme de Henri IV, pour quelques arrangemens d'étiquette ou quelques mécontentemens que ce roi lui avait témoignés; il se retira à Blandy. Le lendemain, 14 mai, Henri IV fut assassiné.

Le vieux château de Blandy était très-fortifié pour le moyen âge. Le maréchal de Villars, qui en était devenu propriétaire, fit découvrir les tours et démolir les principaux corps de bâtimens. Le duc, son fils, le vendit à M. le duc de Praslin. Cette résidence de grands seigneurs, de princes, placée au sein de la France, refuge de quelques consommateurs turbulens ou ambitieux, cause d'inquiétude pour les rois et d'oppression pour les sujets, cette forteresse, dis-je, fut alors transformée en une ferme inoffensive; elle cessa d'être brillante et commença à devenir utile.

Ce qui subsiste encore de cette forteresse féodale donne une idée de ce qu'elle était pendant que de grands seigneurs l'habitaient : son plan est un pentagone irrégulier. A ses cinq angles s'élèvent cinq tours réunies par des courtines ; les trois tours placées au sud-ouest, du côté de la plaine, sont plus fortes et plus hautes que les autres ; il en est une notamment dont le diamètre est d'environ trente-six pieds et dont la hauteur est estimée à cent pieds. Cette tour contenait les appartemens ; son entrée, quoique placée dans l'intérieur du château, était defendue par une porte fortifiée et par une forte herse que l'on voit encore suspendue dans ses rainures.

Au bas de cette même tour est l'ouverture d'un conduit souterrain voûté, dont l'issue se trouve dans la campagne, à une distance d'une demi-lieue du château. De pareils souterrains existaient dans la plupart des anciens châteaux ; il en est souvent fait mention dans cet ouvrage.

Le bâtiment de la principale entrée de la forteresse est entièrement démoli.

L'église du bourg, voisine du château, a servi pendant long-temps de prêche aux protestans, et n'a rien de remarquable. Chaque année, le jour de la Saint-Mathieu, se tient à Blandy une foire très-considérable, où abondent des bestiaux de toute espèce.

§. III.

CHAMPEAUX.

Bourg situé à trois lieues au N.-E. de Melun, et à douze au S.-E. de Paris.

Au VIIe. siècle, sainte Fare possédait une portion de la terre de Champeaux; elle la donna, par son testament, au monastère nommé depuis Faremoutier; et on y fonda ensuite, sur cette portion, un couvent de filles et une église dédiée à Saint-Martin. Ce couvent devint une abbaye qui subsista jusque vers la fin du IXe. siècle. Alors elle cessa d'exister; et l'on voit, vers les commencemens du XIe. siècle, des chanoines remplacer les religieuses à Champeaux : on ignore les causes de ce changement.

Vers l'an 1200, les chanoines, dont le nombre était de douze, se trouvèrent trop riches, chose très-rare dans les chapitres et les abbayes. Le revenu de chacun d'eux se montait à cinquante livres; ils déclarèrent que ce revenu devait suffire à deux chanoines, et qu'un seul pouvait honnêtement vivre avec vingt-cinq livres par an. Il faut considérer que le marc d'argent ne valait alors que cinquante sous, et la journée d'un manouvrier, un sou : ce qui porte le revenu de chaque chanoine à environ six cents francs de notre monnaie. En conséquence, ces chanoines demandèrent que le nombre des canonicats fût de vingt-quatre. Le pape Innocent III, par une bulle de 1208, régla que les chanoines conserveraient leur revenu, comme auparavant, jusqu'à leur mort, et que leurs successeurs se partageraient le revenu de chaque canonicat vacant [1].

Vers 1140, l'abbé de Saint-Victor de Paris envahit, on ne sait comment, le chapitre de Champeaux, qui, dès lors, se composa de chanoines réguliers.

Au XVIe. siècle, les guerres ayant considérablement diminué les biens du chapitre de Champeaux, l'abbé demanda et obtint de l'évêque de Paris le rétablissement de l'ancien ordre de choses; et ce chapitre fut réduit à douze chanoines.

L'église est du XIIe. siècle; elle a été souvent réparée. On y remarque une tour carrée. Elle possédait plusieurs reliques, même des

---

[1] Lebeuf, *Histoire du diocèse de Paris*, tome XV, page 324.

cheveux de Jésus-Christ, dont certificat fut dressé, en 1207, par Hervée, archevêque de Troyes; mais, dans la suite, le certificat et les cheveux disparurent. Vers le milieu du XVIIe. siècle, les châsses furent visitées; et l'on y trouva, entre autres choses, *quelques gouttes du sang de saint Denis et de saint Étienne, et les souliers de saint Dôme*[1].

Indépendamment de l'église collégiale, il y en avait une autre servant de paroisse, et située à côté de la première. Celle-ci existait sous le titre de Notre-Dame.

Au XIVe. siècle, Champeaux avait une léproserie.

Au temps des troubles religieux, le village fut entouré par un large fossé, de sorte qu'on ne pouvait y pénétrer que par trois portes à pont-levis.

Avant cette époque, les maisons du village étaient éparses dans la campagne.

Champeaux était un doyenné, duquel dépendaient sept paroisses. Le chapitre nommait aux cures de ces sept églises; et les curés lui prêtaient serment. Le chanoine qui était pré-

---

[1] Lebeuf, *Histoire du diocèse de Paris*, t. XV, p. 330.

vôt du chapitre, rendait la justice en surplis et aumusse. On compte parmi les chanoines de ce lieu quelques personnages distingués, entre autres, Guillaume de Champeaux, archidiacre de Paris, puis évêque de Châlons au XIIe. siècle.

A un quart de lieue, au S. de Champeaux, est le château d'*Aunoy*, qui a été possédé par le célèbre avocat Gerbier; sa construction et ses jardins sont remarquables.

Le sol des environs est fertile; il offre des terres labourables et des bois. Il y a des carrières de pierre meulière.

Il se tient à Champeaux un marché peu considérable, le vendredi de chaque semaine.

Au commencement du règne de Louis XV, la population de Champeaux se composait d'environ 180 personnes; trente ans après, elle fut évaluée à 400; aujourd'hui, elle s'élève à 500.

§. IV.

LA CHAPELLE-THIBOUST.

Village situé dans une vallée à deux lieues à l'O. de Nangis, et à treize et demie au S.-E. de Paris.

La chapelle, autour de laquelle s'est formé ce village, est fort ancienne : c'était une paroisse dès le temps de Louis-le-Gros. Dans une bulle d'Innocent II, adressée à Étienne, évêque de Paris, en l'an 1137, elle est désignée comme l'une des églises dépendantes de la collégiale de Champeaux. Dans quelques anciens titres, elle est appelée la Chapelle-Cernay. Ce dernier nom, dont on ne connaît pas l'origine, quoiqu'il ait été porté par plusieurs autres églises, fut remplacé par celui de Gauthier, qui appartenait aux seigneurs de Villebeon, anciens possesseurs de la terre où se trouvait située la chapelle. En 1208, Gauthier de Villebeon, chambellan du roi Philippe-Auguste, y établit quatre prêtres ou chanoines, dont l'un devait exercer les fonctions curiales. C'est après cette fondation que la chapelle prit le nom de ce seigneur.

De cette famille de Villebeon, la seigneurie passa au jouvenel des Ursins, et y resta jusqu'au commencement du XVIIe. siècle. Elle fut érigée en comté, en 1644.

La Chapelle-Gauthier a, plus tard, été appelée la Chapelle-Thiboust, du nom de ses derniers possesseurs. On y voit encore un château, entouré de fossés, commencé au xviie. siècle par Gabriel Thiboust de Berry, et achevé par son fils, pour remplacer l'ancienne demeure seigneuriale. Le village offre aussi des restes de fortifications qui prouvent qu'on l'a anciennement considéré comme ville. L'église dédiée à saint Martin n'offre rien de remarquable. Il se tient une foire à la Chapelle-Gauthier, le lundi après la fête du Saint qui en est le patron.

Le terroir environnant est en terres labourables, vignes et prairies.

La Chapelle-Gauthier fait partie du département de Seine-et-Marne et de l'arrondissement de Melun. On y compte 800 habitans, en y comprenant le hameau de Grandvilliers, où se trouve un château remarquable.

§. V.

CHARTRETTES.

Joli village bâti au sommet du coteau qui borde la rive droite de la Seine au-dessus de Melun, à une lieue et demie au S. de cette ville, et à onze et demie de Paris. La vue s'étend de ce lieu sur le cours de cette rivière et sur la partie septentrionale de la forêt de Fontainebleau. Il ne reste, de l'ancien château du lieu, l'une des seigneuries de la famille de la *Rochefoucault,* que des parties de bâtimens détachées et qui appartiennent à divers particuliers.

On remarque dans les environs plusieurs maisons de campagne qui étaient autant de fiefs avant la révolution, et notamment les *Brandons,* dans la plus agréable situation; le *Vivier;* les *Bergeries* et le château *du Pré.* Cette dernière habitation, entourée d'un fossé d'eau vive, et bâtie dans le genre d'architecture de la fin du xvie. siècle, passe pour avoir appartenu à *Gabrielle d'Estrée :* elle y demeurait pendant les longs séjours, à Fontainebleau, de Henri IV, qui fit, dit-on, restaurer et agrandir le château. Ce qui semble appuyer cette tradition, c'est que le propriétaire actuel du château du Pré y découvrit, il y a peu de temps, un buste du monarque, qu'il a placé sur le fronton du portail.

Ce village a vu naître le poète Guichard, qui se distingua vers la fin du siècle dernier par quelques pièces de vers agréables. Il mourut le 23 février 1811. Ses œuvres ont été recueillies et imprimées en 1803 ; ce sont des odes, des fables, des contes, des épigrammes et quelques drames lyriques : entre autres, l'*Amant statue* et le *Bucheron* ou *les Trois Souhaits*, dont Philidor fit la musique.

Le terroir des environs de Chartrettes produit du vin assez estimé. Ce village appartient à l'arrondissement de Melun. On y compte environ 500 habitans.

§. VI.

FONTAINE-LE-PORT.

Village peu considérable, situé sur la rive droite de la Seine, à deux lieues et demie au S.-E. de Melun, et à douze et demie de Paris.

L'abbaye célèbre de Barbeaux, qui est comprise dans cette commune, fut fondée, en 1147, par le roi de France, Louis-le-Jeune ; c'était une communauté de l'ordre de Cîteaux. D'après une tradition populaire, les frais de ces vastes constructions auraient été faits au moyen d'un diamant trouvé dans le corps d'un barbeau pêché en cet endroit; et c'est l'origine du nom de ce monastère. Quoi qu'il en soit, divers titres latins désignent ce lieu sous les dénominations suivantes : *sacer portus, sequanæ portus, Barbellus.*

Louis VII voulut être enseveli dans cette abbaye; et son corps y fut en effet déposé dans une tombe de pierre placée au milieu du sanctuaire et revêtue d'un marbre sur lequel fut couchée la statue représentant le monarque, ayant un manteau qui descendait jusqu'aux pieds, portant couronne à *feuilles de trèfle*, et tenant un sceptre surmonté *d'une pomme de pin.* Ces circonstances ne sont pas indifférentes, puisque quelques écrivains, entre autres Sainte-Marthe, ont prétendu que Louis VII fut le premier roi qui adopta la fleur-de-lys. S'il en était ainsi, on en eût trouvé quelques traces dans sa sépulture. En 1685, un plus riche mausolée fut érigé à ce prince par le cardinal Égon, alors abbé de Barbeaux.

En 1793, M. Lejeune, aujourd'hui curé de Chartrettes, ancien procureur de l'abbaye, parvint à préserver sinon la tombe royale, du moins les restes du roi, qu'il trouva enveloppés dans un linceuil de soie. Il les cacha dans son presbysère, et les fit replacer, en 1813, dans la maison de Barbeaux, d'où ils furent transférés, en 1817, à Saint-Denis.

L'église a été démolie; mais les bâtimens du monastère ont été conservés, et forment une vaste habitation qui avait été donnée, sous le régime impérial, à la légion d'honneur, pour en faire une maison d'éducation des orphelines de l'ordre.

Barbeaux est sur une hauteur couronnée de bois.

§. VII.

MONTEREAU-FAUT-YONNE.

Petite ville située au confluent de la Seine et de l'Yonne, à six lieues et demie au S.-E. de Melun, et à seize et demie aussi au S.-E. de Paris.

Ce lieu remplace une position romaine que l'itinéraire d'Antonin nomme *Condat*, mot équivalent à celui de *confluent*, et qui indique ici la jonction de la Seine et de l'Yonne. Sur cette position fut établie, on ne sait à quelle époque, une église ou monastère de Saint-Martin, qui lui valut le nom de *Monas-*

teriolum ou de *Monsteriolum*, dont on a fait *Montereau* et quelquefois *Montreuil*.

Autour de cette église ou de ce petit monastère, il s'établit quelques habitans. Un comte de Sens, nommé Rainard, fameux par ses brigandages, vers l'an 1026, construisit un château à l'extrémité de l'angle que forment les deux rivières, de sorte qu'aucune marchandise descendue par la Seine ou par l'Yonne ne pouvait échapper à sa rapacité. Il mourut en 1055, peu regretté des prêtres, dont il avait pillé les églises [1].

Diverses circonstances politiques firent que Montereau se trouva souvent placée sur la frontière de la France et de la Bourgogne; et cette ville, exposée à tous les désastres de cette position, fut souvent prise et reprise.

Sous le règne de Jean Ier, en 1359, le château fut assiégé par le dauphin. Il était alors commandé, pour le roi de Navarre, par un chevalier nommé Taupin, qui, après avoir résisté à diverses sommations, rendit enfin la citadelle au prince.

La guerre civile entre le roi de France, le

---

[1] *Recueil des historiens de France*, t. XI, pag. 197 et 293.

duc de Bourgogne, le roi d'Angleterre d'une part, et le dauphin, fils du roi Charles vi, d'une autre, et ses circonstances effroyables, avaient lassé les chefs des deux partis. Ils conclurent, le 14 mai 1419, une paix à Saint-Maur; mais cette paix ne parut pas assez solide. Quelques jours après, le 23 mai, on eut recours à un nouveau traité qui fut juré, le 11 juillet 1419, sur le Ponteau, à une lieue de Melun. Le dauphin et le duc de Bourgogne s'envoyèrent des présens, se firent des protestations d'amitié, jurèrent sur les saints évangiles de maintenir les articles du traité. Tout annonçait de part et d'autre l'oubli du passé et une réconciliation sincère; il ne restait plus qu'une cérémonie : l'entrevue du dauphin et du duc de Bourgogne; on décida qu'elle aurait lieu sur le pont de Montereau. Le dauphin, avec sa suite, arriva le premier dans cette ville. Le duc de Bourgogne se rendit à Bray, ville de sa domination, à quatre lieues de Montereau. Ce duc, quoique nommé *Jean-sans-Peur*, hésitait à se rendre à cette entrevue. Le dauphin envoya à Bray des chevaliers chargés de presser le duc d'arriver au rendez-vous, de lui dire qu'il l'attendait pour l'embrasser; qu'après son père *il n'aimait rien tant que lui;* qu'il n'avait rien à craindre; que le château lui serait livré pour loger ses gens d'armes, et qu'il commanderait sur le pont. Le duc, incertain, fit part au roi des propositions du dauphin; le roi lui ordonna de les accepter; alors le duc promit aux envoyés du dauphin que, le 10 septembre suivant, il se présenterait au rendez-vous. Ce jour, il partit de Bray après son dîner, accompagné de son conseil, de ses gardes, et d'environ quatre cents hommes d'armes. Il fit halte dans un pré situé derrière le château, et envoya des chevaliers auprès du dauphin pour l'avertir de son arrivée; le dauphin lui fit dire qu'il en était très-satisfait.

On avait construit sur le pont, voisin du château, des barrières dans lesquelles ne devaient être introduites que dix personnes de la part du dauphin et autant de celle du duc; on leur fit prêter serment *en paroles de prince*, de n'entreprendre rien l'un contre l'autre. Ces princes se méfiaient l'un de l'autre, et ne comptaient guère sur leur serment. Le dauphin, fort jeune, était trompé par de perfides conseillers; et le duc de Bourgogne, trahi par ses propres serviteurs : tout conspirait contre lui.

Le duc de Bourgogne fut averti que des gens de pied armés étaient cachés dans des maisons voisines de la barrière, du côté de la ville. Pour s'en assurer, il y envoya Pierre de Gyac, son favori. Le traître rapporta au duc qu'il avait visité le lieu et n'y avait trouvé personne.

Enfin, après plusieurs précautions minutieuses, le duc arriva sur le pont avec ses dix hommes. Ils furent introduits dans la barrière: Tanneguy du Chastel, gentilhomme breton, accompagné de quelques chevaliers, tous armés à couvert, c'est-à-dire portant des cuirasses sous leurs robes, et tenant chacun une hache à la main, va au-devant du duc, et le salue profondément; celui-ci dit : *Messieurs, vous voyez comme je viens*, en leur montrant que lui et ceux de sa suite n'étaient armés que de cottes et d'épées. Puis, apercevant le dauphin qui, parti d'une loge en charpente placée au coin du pont du côté de la ville, s'avançait vers lui, il alla droit à sa rencontre, ôta son chaperon de velours noir, mit un genoux en terre, et lui dit : *qu'après Dieu il n'avait qu'à servir et obéir au roi, et qu'à le servir il emploirait corps et biens, amis et alliés.... Messieurs, dis-je bien?* Le dauphin répondit : *Biau cousin, vous dites si bien qu'on ne pourrait mieux; levez-vous et vous couvrez.* Le dauphin le prit par la main, et conversait avec lui, lorsque Jean Louvet, président de Provence, s'avança vers le Dauphin, et lui parla à l'oreille; après quoi tous deux firent signe de l'œil à Tanneguy du Chastel.

Persuadé que le duc de Bourgogne avait voulu le faire égorger lors des massacres exécutés à Paris en 1418, Tanneguy du Chastel, son ennemi juré, le chef de la conspiration actuelle, Tanneguy qui avait pressé le duc de Bourgogne de se rendre à Montereau, à ce signe, le pousse entre les deux épaules, et dit : *Monsieur de Bourgogne entrez léans* (dedans). Le duc se retourne; Tanneguy dit au dauphin : *voilà le traître qui vous retient votre héritage;* en même temps, il lève sa hache sur la tête du duc. Les seigneurs de Noailles et de Vergy, s'élançant entre lui et Tanneguy, détournent le coup. Le vicomte de Narbonne lève sa hache sur Noailles, en lui disant : *Si vous bougez, vous êtes mort.* Noailles saisissant la hache du vicomte, lui dit : *Vous ne me tuerez pas.* Pendant ces débats, on entend les gens du dauphin s'écrier : *Tue! tue!* et l'on voit accourir, en foule, les gens de pied cachés dans la ville. Ils se précipitent dans la barrière; et un homme de haute taille, tirant une épée tranchante, en frappe le duc sur la tête; le coup descendant sur le visage du côté droit lui coupe presqu'entièrement le poignet qu'il levait pour se défendre. La victime était encore debout lorsque Tanneguy du Chastel, lui portant un grand coup de hache sur la tête, l'abat aux pieds du dauphin; puis il frappe le seigneur de Noailles qui était aux prises avec le vicomte de Narbonne, le renverse d'un coup de hache. Ce seigneur vécut encore quelques jours, et mourut à l'hôpital de Montereau. Des dix seigneurs qui accompagnaient le duc de Bourgogne, les uns furent tués, les autres faits prisonniers; Jean de Neuchastel parvint à se sauver en franchissant la barrière.

Le duc, étendu à terre, respirait encore; un seigneur, nommé Gillet Bataille ou Vassy, s'agenouilla, et le perça de trois coups d'épée. Alors on le vit s'étendre; on l'entendit soupirer : il expira. Ses meurtriers se partagèrent ses dépouilles, et ne laissèrent sur son corps qu'un jupon. On voulut le priver de la sépulture et le jeter dans la rivière; mais Macé Bonnet, curé de Notre-Dame de Montereau, et un autre curé du voisinage s'opposèrent à cet acte d'impiété. Ils gardèrent ce corps et le firent enterrer dans l'église.

Jean-sans-Peur, duc de Bourgogne, n'était pas Jean sans reproche. Sa vie est entachée de plusieurs crimes : il attisa le feu de la guerre civile, fit aux Français des maux infinis, causa, en 1418, les massacres de Paris, et fit assassiner dans cette ville, Louis, duc d'Orléans; mais quels princes alors pourraient soutenir les regards de la postérité impartiale! Il se présenta de bonne foi à l'entrevue de Montereau; et sa mort fut un crime.

Le dauphin Charles n'est excusable que par sa grande jeunesse : lors du meurtre de Jean-sans-Peur, il n'avait pas encore dix-sept ans; mais il se trouvait en très-mauvaise compagnie et était entouré d'hommes bien criminels.

Ce meurtre devint funeste à ceux qui le commirent et à ceux qui en furent innocens : au lieu d'une paix si désirée, on vit la guerre civile s'enflammer avec une violence nouvelle; un cri de vengeance se fit entendre dans une grande partie de l'Europe; la veuve du duc

Jean, son fils Philippe, le roi et la reine de France, le roi d'Angleterre et plusieurs autres Souverains, s'armèrent pour punir les meurtriers et leurs partisans [1].

Le nouveau duc Philippe et le roi d'Angleterre, après avoir assiégé et pris, le 11 juin 1420, la ville de Sens, vinrent mettre le siége devant Montereau. En peu de temps, ils s'emparèrent de la ville; le château fit une plus longue résistance et ne se rendit que le 23 juin, avec capitulation : Pierre de Guitry qui y commandait en fut quitte pour une somme d'argent. Le Journal de Paris le traite mal, et dit qu'il n'y avait point d'homme au monde qui fût plus tyran, plus cruel que lui [2]. Le duc Philippe fit exhumer le corps de son père, Jean, le fit embaumer, envelopper dans des cuirs de bœuf bien tannés, ordonna la célébration d'un service dans l'église de Notre-Dame de Montereau; et ce corps transporté, sous bonne escorte, à Dijon, fut enterré dans l'église des Chartreux de cette ville.

---

[1] *Mémoires pour servir à l'histoire du meurtre de Jean-sans-Peur, duc de Bourgogne. Journal de Paris,* pages 209 et suivantes.

[2] *Journal de Paris,* page 70.

C'est bien certainement à cette époque qu'on plaça sur le pavé du pont et sur une pierre exhaussée, le quatrain suivant :

> L'an mil quatre cent dix-neuf,
> Sur un pont agencé de neuf,
> Fut meurtri Jean de Bourgogne ;
> A Montereau où faut Yonne [1].

En 1438, au mois d'août, le même dauphin, devenu roi de France, sous le nom de Charles VII, vint assiéger avec des forces considérables Montereau, dont le château était occupé par des troupes du roi d'Angleterre. Après six semaines de siége, cette ville fut prise et mise au pillage ; ceux qui tenaient le château furent presque tous pendus.

Pendant les guerres civiles du XVIe. siècle, Montereau eut sa part des malheurs publics. Au mois de décembre 1567, le duc d'Anjou chassa de cette ville les troupes du prince de Condé, qui se rendaient au devant des étrangers appelés Reistres.

Montereau, en 1587, embrassa le parti des ligueurs ; il fut repris deux ans après, en 1589,

---

[1] *Histoire du Gâtinais Senonais*, etc., par Guillaume Morin, in-4°., page 540.

par le duc d'Épernon, qui y mit garnison; mais bientôt le duc de Mayenne se présenta, et s'empara, pour la ligue, de cette ville mal fortifiée. Le 14 avril 1590, les troupes de Henri IV assiégèrent Montereau et le prirent dans une journée. Le lendemain, ce roi y fit son entrée, y séjourna jusqu'au 18 avril, et en partit pour se rendre à Bray.

Après avoir souffert tous les maux des guerres des XIVe., XVe. et XVIe. siècles, les habitans de Montereau jouissaient des douceurs de la paix, lorsqu'en 1814 presque toutes les puissances de l'Europe, réunies contre l'empereur Napoléon, envahirent la France. L'empereur défendait pied à pied le territoire français avec des succès mêlés de revers. Le 17 février, il battit les ennemis à Guignes; le 18, il se rendit à Montereau, occupé par les Wurtembergeois, et se logea au château de Surville, situé près le bord d'un plateau très-élevé, d'où l'on domine la ville, le cours de la Seine, celui de l'Yonne, leur confluent et un vaste horizon. Bientôt plusieurs batteries établies sur cette hauteur et à mi-côte foudroyent la ville et les troupes étrangères, les poursuivent et les écrasent. Ces troupes, ne pouvant soutenir une attaque aussi terrible, cherchent leur salut dans la fuite, et, se répandant dans les campagnes qui séparent la Seine de l'Yonne, pillent, incendient les villages qu'elles traversent, et laissent partout d'affreuses traces de leur passage. Elles détruisirent par le feu plusieurs maisons à Marolles, à la Tombe-sur-Seine, etc., et se livrèrent dans leur rage à tous les excès. Malheur aux campagnes que parcourt une armée en déroute !

Cette bataille causa peu de dommage à la ville de Montereau, si ce n'est que les Wurtembergeois, avant de se retirer, coupèrent une arche à chacun des deux ponts : ce qui sauva ces étrangers d'une ruine totale. Les environs de Montereau restèrent jonchés de cadavres.

En 1815, les mêmes puissances ayant fait une seconde invasion en France, Montereau ne fut ni attaqué, ni défendu; mais six mille Bavarois vinrent camper dans la prairie située auprès de cette ville, sur la rive gauche de l'Yonne. Ces étrangers, en plein jour, et quoique toute hostilité eût cessé, pillèrent plusieurs maisons dans le faubourg situé au-dessous de Surville, prirent quelques montres à

PONT DE MONTEREAU.

MONTEREAU-FAUT-YONNE

la
ties.
Dame,
Jean-sans

des habitans, et arrachèrent des bijoux, même des mouchoirs, du cou des femmes.

Montereau, que traverse une des grandes routes de Paris à Lyon, et où deux rivières navigables, la Seine et l'Yonne, viennent aboutir et confondre leurs eaux, doit à ces circonstances ce qu'il a de plus agréable et de plus animé. Vu des hauteurs de Surville, sur le flanc desquelles est établie la route de Paris, le tableau est admirable. Il offre la réunion de tous les objets qui contribuent à la richesse et à la beauté d'un paysage. Le passage fréquent des bateaux et coches sur l'une et l'autre rivière, et des nombreuses voitures sur la grande route, donne la vie à ce tableau. Les deux arches coupées par les Wurtembergeois, l'une sur le pont de Seine, l'autre sur le pont de l'Yonne, d'abord réparées en charpente, l'ont été récemment en maçonnerie.

Après avoir passé le pont de l'Yonne, on entre dans la ville par une grande rue servant à la route, et bordée de maisons assez bien bâties. A gauche, est l'église collégiale de Notre-Dame, où fut, pendant environ un an, enterré Jean-sans-Peur, duc de Bourgogne. A la voûte de cette église est suspendue l'épée de ce duc, ou, suivant quelques personnes, un simulacre de cette épée. On prétend qu'un amateur d'armes anciennes la fit enlever et y substitua une épée de bois : c'est ce dont il est permis de douter, et ce qui est difficile à vérifier.

Le marché est situé dans une place assez vaste, sur la droite de la grande rue; il s'y fait un commerce considérable, surtout en bestiaux et en grains qu'on transporte sur la Seine à Paris. Le marché qui se tient le samedi de chaque semaine est un des plus fréquentés des villes voisines.

Montereau est du département de Seine-et-Marne, de l'arrondissement de Fontainebleau; il s'y trouve un tribunal de commerce, un inspecteur général de la navigation, etc. Sous Louis XV, on comptait dans cette ville 1,590 habitans; aujourd'hui, sa population est évaluée à 3,945 âmes.

NEUVIEME PARTIE.

Route de Fontainebleau.

LIVRE PREMIER.

CHAPITRE PREMIER.

GENTILLY, ARCUEIL, IVRY, BICÊTRE, VILLEJUIF, CHOISY-LE-ROI.

§. Ier.

GENTILLY

Village situé dans une vallée sur la rivière de Bièvre, à peu de distance, vers le S. de Paris. Il est très-probable qu'il doit son nom et son origine aux Gentils, à une de ces peuplades prisonnières que les Romains nommaient *Letes* ou

Gentils, et auxquelles, à diverses époques, ils donnèrent, dans les Gaules, des terres pour les cultiver. Cette conjecture est fondée sur les rapports des noms *Gentiles* et *Gentilly*, et aussi sur la certitude acquise de l'existence de ces prisonniers dans les environs de Paris. La notice des dignités de l'empire dit que, dans l'espace qui se trouve entre Paris et Chora, il existait des Gentiles sarmates.

Dans la vie de saint Éloi, on lit qu'il possédait du bien à Gentilly, *Gentiliacum* ; qu'il y avait même fondé un monastère, dont il allait souvent visiter les moines.

Il paraît que le village de Gentilly était très-considérable à cette époque, puisque les village d'Arcueil et de Cachant en dépendaient, et que les rois de la première race y avaient une maison de campagne ; en 766, Pepin y tint même un concile, où les évêques discutèrent sur le respect dû aux images.

En 878, le roi Louis-le-Bègue fit don à Ingelwin, évêque de Paris, « de la seigneurie » Maison-Royale de Gentilly, et de toutes les » propriétés qui en dépendaient, jointes à celles » de l'abbaye ou monastère fondé par saint Éloi. » Cette terre de Gentilly est depuis restée aux

» successeurs d'Ingelwin. Ils y bâtirent une
» maison vaste et commode, qui devint par la
» suite et fut long-temps le lieu de plaisance
» des évêques de Paris. Ils y allaient encore
» souvent au xve. siècle. Il y avait à Gentilly
» deux fiefs, l'un appelé la Tour-Ronde, et
» l'autre la Tour-Carrée. On voit encore au-
» jourd'hui les ruines de cette dernière tour.
» Saint Louis établit à Gentilly des Chartreux,
» les mêmes qui vinrent ensuite résider à
» Paris ».

En 1691, Claude Sonnius y fonda aussi un couvent de religieuses de la Miséricorde, qui, à ce qu'il paraît, n'exista pas long-temps.

Sous Charles ix, le prince de Condé vint y camper avec ses troupes. Catherine de Médicis qui désirait la paix, s'y rendit pour entrer en accommodement avec ce prince. Ils eurent à ce sujet de longues conférences; mais elles furent sans résultat. Le prince de Condé continua la guerre.

Il y a deux cents ans que Gentilly était un des trois villages où les écoliers allaient se promener : ce qu'on appelait alors *ire ad campos*.

Simon Colain, l'un des plus fameux graveurs de caractères d'imprimerie, est né à Gentilly.

Il fut le premier qui grava, en 1480, avec succès, les caractères romains tels, à peu près qu'ils sont aujourd'hui.

Le galant Benserade avait sa maison de campagne à Gentilly. Il y mourut en 1691, après avoir long-temps souffert de la pierre.

Gentilly est aujourd'hui un village composé en grande partie de blanchisseuses et de carriers; on y remarque quelques maisons assez agréables, entre autres l'ancien château seigneurial, appartenenant autrefois à madame la duchesse de Villeroy, et maintenant à un imprimeur de Paris.

§. II.

ARCUEIL.

Village situé au-dessus de Chantilly et sur la même rivière de Bièvre.

Ce lieu tire évidemment son nom des arches de l'aquéduc que les Romains, vers le commencement du IVe. siècle, firent construire pour conduire les eaux de Rungis au palais des Thermes. Cet aquéduc antique traversait le vallon de la Bièvre; on en voit encore des restes contigus à l'aquéduc moderne.

Ce dernier aquéduc, objet principal de curiosité à Arcueil, traverse, dans une longueur de deux cents toises, le vallon de la Bièvre. Il s'élève de douze toises au-dessus du niveau de cette petite rivière. Il se compose de vingt-quatre arches, ouvrage majestueux de Jacques Desbrosses, qui en a fourni les dessins. Il fut construit, en 1618, par ordre de Marie de Médicis, à l'effet de conduire les eaux de Rungis dans le jardin et le palais du Luxembourg, qu'elle faisait construire.

L'aquéduc seul est antique; le village d'Arcueil n'était qu'un hameau; et ce n'est qu'au XIII°. siècle qu'on y trouve une église sous le titre de Saint-Denis.

Il existe plusieurs belles maisons de campagne à Arcueil, dont une très-apparente, située près de l'aquéduc.

Au centre du village est une maison assez vaste, appelée l'*Aumônerie*, dont le jardin est borné par le cours de la Bièvre; elle fut habitée par le plus scélérat des hommes du XVIII°. siècle : on devine que je veux parler du marquis de *Sade*. On y montre la chambre où ce monstre attacha sur une table une jeune fille; on y montre la fenêtre par laquelle cette fille, scarifiée sur plusieurs parties de son corps, et entraînée par la violence de la douleur que lui causait la cire brûlante que le barbare faisait couler sur ses plaies, ayant rompu ses liens, sauta dans le jardin, puis, à l'aide d'un treillage, franchit le mur, et, toute ensanglantée, se laissa tomber dans le jardin voisin. Des plaintes furent portées contre cet attentat; mais le marquis de Sade., moyennant une somme assez modique, obtint le désistement de la plainte. Le crime resta impuni.

§. III.

IVRY-SUR-SEINE.

Ce village, situé sur la rive gauche de la Seine, à trois quarts de lieue environ vers le S.-E. de Paris, forme avec les hameaux ou villages de *Saint-Frambourg*, d'*Austerlitz* et de la *Garre*, une commune considérable du département de la Seine.

Le village d'Ivry est connu dès l'an 936, par une charte de Louis-d'Outremer.

La terre d'Ivry, possédée long-temps par des seigneurs obscurs, appartenait, au commencement du xviie. siècle, à Claude Bosc-Dubois, conseiller d'État, prevôt des marchands et procureur général de la Cour des aides, qui y fit bâtir un château superbe dont la vue s'étend du côté de Paris, sur la rivière ; une très-belle terrasse domine la plaine et termine le parc.

Après la mort de M. Dubois, le château passa d'abord au maréchal d'Uxelles, et ensuite au marquis de Beringhen.

A l'époque de la révolution, il existait à Ivry une maison d'éducation de demoiselles, célèbre par les maîtresses qui la dirigeaient et l'excellence des leçons qu'elles y donnaient.

A Saint-Frambourg est une chapelle solitaire sous l'invocation du saint. La crédulité publique a consacré ce lieu. Un grand nombre de bonnes gens venaient à la chapelle de Saint-Frambourg ; chaque malade, passant la tête par une ouverture pratiquée derrière l'autel, espérait guérir radicalement de sa maladie.

Plusieurs maisons de campagne ornent le village d'Ivry. Celui d'Austerlitz offre un nombre considérable de guinguettes. C'est à la Garre qu'est la belle verrerie située près de la rive gauche de la Seine, que dirige M. Saget, et où se fabriquent des bouteilles et des verres à vitres.

On remarque, entre Ivry et Vitry, un silo pour la conservation des grains, établi par M. Delacroix, ci-devant notaire à Paris; et, à la Garre, un atelier de construction de machines à vapeur et autres, etc.

La vente du lait à Paris est la principale industrie des habitans d'Ivry, où l'on compte 1,200 habitans.

§. IV.

BICÊTRE.

Château immense situé sur une hauteur, à la droite de la route de Fontainebleau, à une lieue de Paris.

Le roi saint Louis, qui favorisait, de tout son pouvoir et selon l'esprit de son temps, les institutions monastiques, voulant établir une colonie de Chartreux près de sa capitale, leur donna un terrain situé sur la paroisse de Gentilly, appelé *la Grange aux Queux*, du nom d'un Lequeux, de qui il l'avait acheté en 1250. Mais, les Chartreux s'étant depuis rapprochés de Paris, le monastère que le roi y avait fait bâtir tomba en ruines.

Jean, évêque de Wincester en Angleterre, fit, en 1290, construire un château à la place de *la Grange aux Queux*. Ce château a conservé le nom de son fondateur, Wincester ou Wencestre, d'où, par corruption, on a fait Bicêtre. Les ducs de Berri et d'Orléans s'y retirèrent avec les gens de leur parti. On y négocia une paix dite de *Wincester*; et la violation du traité, qui arriva un an après, est appelée dans l'histoire *la trahison de Wincester*.

Pendant les guerres qui eurent lieu sous le roi Jean, le chef d'un parti anglais, Robert Kanolle, venant de la Champagne, assiégea cette maison de Bicêtre, devenue propriété française, s'en empara, s'y logea et fit mine d'y livrer bataille; mais, après l'avoir pillée, il se retira.

Charles v donna Bicêtre à son frère le duc de Berri. Ce prince, enchanté de sa belle position, fit bâtir sur l'emplacement de la maison de Bicêtre un château qui passait alors pour un des plus beaux et des plus vastes qu'il y eût en France.

Mais ce nouveau château de Bicêtre ne subsista pas long-temps. En 1411, lors des guerres civiles qui eurent lieu sous Charles VI, la faction de Le Gois, boucher de Paris, s'y porta en tumulte, et, s'en étant emparé, y mit le feu. Le Laboureur ajoute que l'embrasement fut si violent et si général, qu'il n'y resta que deux petites chambres qui étaient enrichies d'ouvrages parfaits en mosaïque; que les gens d'honneur furent d'autant plus offensés de cet attentat, que la perte opérée par cet incendie était irréparable. On regrettait surtout les peintures exquises de la grande salle, également précieuses par l'art et par la richesse des dorures et des couleurs. On y voyait, dit-il, les portraits originaux de Clément VII et des cardinaux de son collége, ceux des rois et princes de France, et enfin ceux des empereurs d'Orient et d'Occident. Ces détails prouvent que dès lors les arts n'attendaient que la paix pour prendre leur essor en France, et que, sans les fatales guerres civiles dont notre malheureuse patrie a été si long-temps la victime, ils auraient atteint à leur perfection bien avant le règne de François Ier.

Après cet incendie, Jean, duc de Berri,

oncle de Charles VI, donna l'emplacement et les dépendances de son château au chapitre de Notre-Dame de Paris. Cette donation, faite par lui en juin 1416, fut confirmée par Charles VII, en 1441, et par Louis XI, en 1464.

Le procureur du roi fit saisir, en 1519, cette propriété, qui était devenu un repaire de voleurs; elle fut entièrement rasée en 1632. Louis XIII, alors, jeta les yeux sur cette position pour y faire construire un hôpital qu'il destinait à servir de retraite aux soldats invalides. L'édifice qu'il fit élever pour cet objet est celui qui existe aujourd'hui. Louis XIV ayant depuis bâti l'hôtel royal des Invalides à Paris, celui de Bicêtre fut réuni à l'hôpital général, dont il devint une annexe. Cette dernière destination lui est restée jusqu'à nos jours.

La position de Bicêtre, sur une hauteur, est très-convenable pour le rétablissement des malades; et l'air qu'on y respire est plus pur que dans la plupart des hôpitaux de la capitale.

Une chose importante manquait à Bicêtre : c'était de l'eau. On était obligé d'aller jusqu'à la Seine chercher dans des voitures celle qui était nécessaire à ce vaste établissement. L'art parvint à créer l'un de ses prodiges ordinaires.

Un puits fut construit sur les dessins d'un habile architecte nommé Boffrand, premier ingénieur des ponts-et-chaussées. Ce puits a cent soixante-onze pieds de profondeur et quinze pieds de diamètre. Tout le fond a été creusé dans le roc vif, où sont les sources; il y a neuf pieds d'eau intarissable. La machine qui élève l'eau est placée dans un manège, au milieu duquel est un grand arbre debout. Sur un tambour pratiqué à la cime de cet arbre, tournent deux câbles, dont l'un file et l'autre défile. Ils passent ensuite sur deux poulies de quatre pieds de diamètre placées au haut du puits. Aux bouts de ces câbles sont deux sceaux, l'un ascendant et l'autre descendant; le poids de chacun est d'environ quatre cents livres, et ils puisent l'eau par quatre soupapes qui sont à leur fond. Au moyen de ce mécanisme ingénieux, ils se remplissent perpendiculairement, n'éprouvent point de balancemens, et sont garantis de chocs qui bientôt les briseseraient. Arrivé à l'orifice du puits, des mains de fer, acrochant le sceau montant, le font pencher vers un réservoir où il se vide ; et, de suite, il aide par son poids l'autre sceau à monter de même. Le réservoir, qui a cinquante-trois pieds carrés, contient quatre mille muids d'eau ; il est revêtu de plomb laminé ; quatre piliers soutiennent la voûte formée de grosses pierres de taille ; l'eau s'échappe de ce réservoir par des tuyaux, et est distribuée dans les différens endroits de la maison.

Depuis long-temps, des chevaux mettaient cette utile machine en action ; mais plusieurs inconvéniens qui en résultaient et qui en retardaient les mouvemens, déterminèrnt l'administration de cette maison à proposer un prix pour celui qui indiquerait un moyen plus sûr de parvenir au même but d'utilité : M. de Bernières, contrôleur des ponts-et-chaussées, l'emporta au concours. Ce sont à présent des prisonniers qui font mouvoir cette machine. Cette nouvelle manière réunit le triple avantage d'accélérer l'opération de la bascule des deux sceaux, d'exercer les prisonniers, et de leur procurer un salaire qui les aide à mieux supporter leur captivité.

Bicêtre sert d'hospice aux vieillards indigens et aux personnes aliénées, de prison et de maison de force aux libertins, aux vagabonds et aux condamnés à la réclusion et à la détention; c'est aussi le dépôt pour les condamnés aux travaux forcés jusqu'au moment de leur conduite dans les divers bagnes; le nombre des détenus est très-considérable. Il renferme aussi un hôpital de vénériens. Le nom de ce château rappelle l'infamie et le crime. On éprouve un sentiment de peine en pensant que la plupart des vices et des misères de l'espèce humaine sont entassés dans un même endroit et semblent souiller l'air des campagnes au milieu desquelles ce lieu d'ignominie paraît étranger. Deux mille deux cents lits sont destinés à recevoir les vieillards indigens qu'on nomme *bons pauvres*; ils ne sont admis qu'à soixante-dix ans révolus; et ils y sont traité avec tous les égards dus aux malheurs et à la vieillesse. On ne peut voir sans vénération ces hommes, respectables par leur âge, se livrer dans un atelier commun à des travaux conformes à leurs forces; tout le monde connaît ces jolis ouvrages en os et en bois qui viennent de Bicêtre : ce sont des vieillards de plus de soixante-dix ans qui les font.

Le spectacle le plus affligeant qu'offre la vue

intérieure de Bicêtre est celui des fous. C'est bien là, en voyant cette dégénérescence de l'homme, qu'on est porté à s'humilier soi-même, et à reconnaître combien est vain ce privilége de la raison, dont pourtant nous sommes si fiers. Les fous ne sont plus enchaînés comme autrefois; ceux dont les accès pourraient être dangereux sont renfermés dans des loges disposées à cet usage.

Depuis 1775, on a établi dans la maison de Bicêtre des ateliers; l'on y punit par des privations ceux des ouvriers qui ne veulent pas travailler; et l'on récompense ceux qui montrent de la bonne volonté, par un salaire, dont partie sert à leur avoir une meilleure nourriture, et partie leur est remise à leur sortie de la prison.

On peut lire dans mon *Histoire de Paris* tout ce qui reste à dire sur le régime, les abus et la population de Bicêtre.

§. V.

VILLEJUIF.

Ce village est situé au-dessus et près de Bicêtre, sur la route de Fontainebleau, à une lieue et demie au S. de Paris, sur le haut de la colline et à l'endroit où commence la longue plaine de Long-Boyau.

Ce village, dont le nom a beaucoup varié selon les temps, était connu dès le règne de Louis VII, sous celui de *Villa Judœa*; il porta aussi ceux de *Villa Jude*, *Villa Julitœ*, *Ville-juive*, et enfin *Villejuif*.

L'église de Villejuif a été rebâtie plusieurs fois ; sa dernière reconstruction est de 1539.

Sauval rapporte qu'en 1492, on vit, le 4 mai, entre Paris et Villejuif plus de quatre cents corbeaux s'entrebattre avec tant de furie et croassant si effroyablement, que le lieu fut rougi de leur sang. Après quoi, sur les neuf heures du soir, il commença à pleuvoir si fort et si long-temps, que l'eau entrait dans les maisons et jusque dans l'église.

Quand, au mois de mars 1815, les volontaires royaux de la capitale se rassemblèrent autour de Paris pour marcher contre Bonaparte, le duc de Berry qui les commandait avait son quartier-général à Villejuif, et sous ses ordre le maréchal duc de Tarente.

Le 10 juillet suivant, l'on ne sait par quel motif les Prussiens détruisirent le télégraphe établi dans cette commune pour la correspondance de la ligne de Lyon.

Villejuif est remarquable par un château situé dans une très-belle position, mais malheureusement abandonné. Plusieurs maisons de campagne embellissent ce bourg. Le château appartient à M. de Saint-Roman, pair de France.

§. VI.

CHOISY-LE-ROI.

Bourg placé dans une situation très-agréable sur la rive gauche de la Seine, qu'on y passe sur un pont en bois nouvellement construit, à une lieue au S.-E. de Villejuif, à deux et demie au S. de Paris.

Choisy-sur-Seine n'est connu que depuis le commencement du XIIIe. siècle; il est nommé dans les chartes *Choisiacum* ou *Chosiacum*. Ce n'était alors qu'un hameau de la paroisse de Thiais.

En 1207, Jean, abbé de Saint-Germain-des-Prés, et, en cette qualité, seigneur de Thiais, donna, aux habitans de ce hameau, un fonds de terre sur le bord de la Seine pour y construire une chapelle où ils pussent entendre la messe, pourvu que les droits du curé de Thiais fussent conservés et qu'il n'y eût point, en cette chapelle, de fonds baptismaux, ni de cimetière dans sa dépendance. « Il est assez » vraisemblable, dit l'abbé Lebeuf, que, ce » hameau contenant beaucoup de bateliers ou » voituriers par eau, ce fut ce qui détermina » à choisir saint Nicolas pour patron de la » chapelle. »

Seize ans après, il fut question de donner à cette chapelle le titre de cure : ce qui fut fait en 1224.

On ne connaît de seigneurs de Choisy que depuis le règne de Louis XI. Une sentence de 1482 permet à Laurent Leblanc de faire redresser les fourches patibulaires de la justice de Choisy-sur-Seine, dont il était seigneur.

Mademoiselle de Montpensier, fille de Gaston d'Orléans, et cousine germaine de Louis XIV, acquit la terre de Choisy-sur-Seine, et y fit bâtir un château qui fut la base de celui qu'on y vit plus tard : on appela ce château *Choisy-Mademoiselle*.

Mademoiselle légua Choisy au dauphin, fils de Louis XIV et aïeul de Louis XV.

Nous avons dit, à l'article *Meudon*[1], que cette terre fut achetée par Louis XIV, et donnée en échange au dauphin, pour Choisy-Mademoiselle.

Choisy appartint alors à madame de Louvois pour prix de la cession de Meudon ; mais, à la mort de cette dame, il passa à madame la princesse de Conty, fille légitimée de Louis XIV, après elle au duc de La Vallière, et enfin à Louis XV, qui y fit beaucoup d'augmentations.

Choisy perdit alors ses premiers noms pour prendre celui de *Choisy-le-Roi*, qu'il porte encore aujourd'hui.

Ce château se composait de plusieurs bâtimens fastueux : le grand et le petit château. C'est dans ce dernier que se voyait cette table qui s'abaissait à l'étage inférieur, et s'élevait, toute servie, dans la salle à manger, où les royaux convives étaient à l'abri des regards de la domesticité : monument de l'habileté du mécanicien et de la dépravation de la cour.

L'aimable poète connu sous le nom de Gentil Bernard était bibliothécaire de Choisy, quand Louis XV y faisait sa résidence.

---

[1] Tome 1er., page 83, deuxième édition, in-8º.

Choisy a sur la Seine un pont dont les piles sont en pierre et les arches en bois.

Les bâtimens du château, appelés *Grand-Commun*, ont été occupés par une manufacture de faïence fine, façon anglaise. On y voit une fabrique de maroquin, une manufacture de savons à l'huile d'olive, une raffinerie de sucre, une fabrique de toiles cirées et de verreries, etc.

Choisy est bien bâti; ses rues sont bien alignées; on y compte 1,150 habitans.

CHAPITRE II.

RUNGIS, JUVISY, CORBEIL, ESSONE.

§. Ier.

RUNGIS.

Village situé sur la droite et à peu de distance de la route de Fontainebleau, à une lieue un quart au S. de Villejuif et à deux lieues trois quarts au S. de Paris.

Le village de Rungis n'est connu que depuis 1124. Une charte de Sainte-Geneviève fait connaître que, cette année, le roi Louis VI donna à Étienne, doyen du chapitre de Paris, la voierie de *Rungi villa;* et une bulle d'Alexandre III, de 1163, porte confirmation de tous les biens de l'église de *Rungiacum*. Ainsi, au XIIe. siècle, Rungis était déjà un village.

Rungis devint surtout fameux lors de la construction de l'aquéduc d'Arcueil, dont nous avons déjà parlé.

La partie méridionale de Paris manquait

entièrement de fontaines ; le ministre Sully ordonna, en 1609, que des tranchées seraient faites dans la plaine de Long-Boyau, du côté de Rungis, afin d'y découvrir les eaux que les Romains avaient conduites au palais des Thermes. La mort de Henri IV arrêta l'exécution de ce projet. Marie de Médicis, veuve de ce roi, voulant procurer des eaux au palais du Luxembourg et aux jardins, qu'elle se proposait d'y construire, fit, dès l'an 1612, faire des recherches dans le même lieu. Jean Coing, maître maçon, fut chargé de l'entreprise, et l'architecte, Jacques Desbrosses, de la direction et des dessins de l'aquéduc, dont la première pierre fut posée le 17 juillet 1613. Par cet aquéduc, dont une partie traverse le vallon d'Arcueil sur vingt-quatre arches, ouvrage digne des Romains, les eaux découvertes à Rungis arrivèrent au Luxembourg, et alimentèrent plusieurs fontaines de la partie méridionale de Paris.

Le cardinal de Richelieu avait à Rungis deux maisons de campagne ; il fit cadeau de l'une des deux à l'un de ses protégés, le poète Guillaume Colletet.

Rungis n'offre rien de remarquable.

§. II.
JUVISY.

Village situé sur la pente d'une montagne, près et à gauche de la grande route de Fontainebleau, à quatre lieues et demie au S. de Paris.

La grande route traversait autrefois le village de Juvisy ; mais elle était pénible et dangereuse par la rapidité de la montagne. En 1727, on s'occupa à faire disparaître cet inconvénient en projetant un nouveau chemin, malgré les nombreux obstacles qui s'opposaient à son exécution. Il s'agissait de s'ouvrir une route à travers une montagne escarpée et formée de rochers. On triompha de tout : le projet fut exécuté ; et l'on fit un ouvrage digne d'être mis en parallèle avec les monumens du même genre que nous ont laissés les Romains. Rien ne résiste à l'homme, lorsqu'il est guidé par le génie et secondé par la force.

Après avoir, pendant plusieurs années, transporté le terrain, miné les rochers, on a construit, dans la vallée où passe la rivière d'Orge, deux ponts l'un sur l'autre ; l'inférieur, composé de plusieurs arches, sert à contre-bander les terres des deux côtés; le supérieur, qui forme la grande route, est construit d'une seule arcade; et sa hauteur répond au milieu de la pente du terrain.

Au milieu de la route de ce pont, sont, en face l'une de l'autre, deux fontaines qu'on nomme les *Fontaines de Juvisy;* elles sont ornées chacune de trophées et de génies élevés sur un piédestal; d'un côté, des génies élèvent un globe aux armes de France, de l'autre, le Temps soutient un médaillon portant la figure de Louis xv. Chacune de ces fontaines offre une table en marbre blanc avec des inscriptions latines. Je cite l'une d'elles parce qu'elle est historique :

Ludovicus xv, *rex christianissimus, viam hanc difficilem, arduam ac penè inviam, scissis dijectis que rupibus, explanato colle, ponte et aggeribus constructis, planam, rotabilem et amœnam fieri curavit,* 1728.

Des formes contournées, des rocailles font les ornemens de ces fontaines, et attestent le mauvais goût qui déshonorait les arts à cet époque. Ces fontaines fastueuses n'ont pas fourni une goutte d'eau pendant plus de quarante ans :

ce n'est que sous l'empire qu'elles ont été vivifiées : auparavant, elles offraient la réunion du luxe et de la misère.

Lorsqu'on travaillait à confectionner la route, on découvrit des sources abondantes. Cette découverte donna l'idée de ces fontaines.

Le château est moins remarquable qu'un pavillon attenant, d'un style plus ancien, plus richement décoré.

Le parc de Juvisy a l'avantage d'une heureuse situation, et réunit celui d'avoir été planté sur les dessins du célèbre Le Nôtre; son étendue est d'environ cent arpens; il est terminé, sur la hauteur du coteau, par la grande route, et, dans le bas, par un canal que forme la rivière d'Orge.

Près de Juvisy et sur la grande route, se sont établies plusieurs maisons et auberges, parmi lesquelles on distingue celle de la poste. Cette réunion de maisons est nommée *la Cour de France*.

§. III.

CORBEIL.

Ville située à sept lieues et au S. de Paris, sur l'une et l'autre rives de la Seine, au point où cette rivière reçoit les eaux de la Juine ou d'Essone.

Des écrivains du XVIIe. siècle, dans le dessein d'illustrer cette ville, en plaçant son origine bien avant dans le passé, ont admis des absurdités, notamment celle qui donne pour fondateur à Corbeil le romain *Corbulo*, qui, sous Néron, combattit en Orient. Cette fiction ridicule ne mérite pas qu'on la réfute. Voici la véritable origine de ce lieu :

Au commencement du IXe. siècle, Corbeil n'existait pas, ou n'était que le nom d'un territoire ou de la réunion de quelques cabanes de pêcheurs ou de bateliers. En l'an 863, Charles-le Chauve confirma un échange fait entre les moines de Saint-Germain d'Auxerre et le comte Conrad; parmi les biens échangés est un mans ou ferme située aux Corbeilles, *in Corbeliis* [1].

---

[1] *Recueil des historiens de France*, tome VIII, page 589.

Ces mots, quoiqu'ils s'appliquent à la localité de Corbeil, n'indiquent cependant ni ville, ni bourg, ni château. Dans la même année 863, les incursions des Normands obligèrent ceux qui possédaient les reliques de saint Exupère et de saint Loup de les transporter dans le voisinage de Corbeil et de les mettre en sûreté, non dans ce lieu, qui n'avait point de forteresse, mais dans un château appelé Paluau. Ces reliques conservées contribuèrent, dans la suite, à l'illustration de Corbeil.

Ce lieu, d'abord très-obscur, reçut, en moins d'un siècle, une consistance qu'il n'avait jamais eue. Sa situation sur la route que suivaient les Normands y fit établir un château et même un comte pour le défendre. Ce comte, nommé Haimon, fonda, près du château, l'église de *Saint-Exupère,* depuis nommée *Saint-Spire;* il fit un pélerinage à Rome et y mourut. Sa veuve, Élisabeth, épousa Burchard, qui fut célèbre par sa dévotion et par ses dons aux églises et aux monastères. Le roi Hugues Capet lui donna les comtés de Corbeil, de Melun et de Paris à gouverner. Ce comte mourut vers l'an 1012; et Odon, moine des Fossés, écrivit son éloge en prose et en vers [1].

Déjà le château et la collégiale de Saint-Spire donnaient de l'importance à ce lieu; déjà l'on y distinguait deux parties, le vieux et le nouveau Corbeil, lorsque, peu d'années après la mort du comte Burchard, en 1019, le bourg et le château furent détruits par les flammes [2] : on ignore la cause de ce désastre alors très-fréquent.

Il paraît que l'église collégiale de Saint-Exupère ou Saint-Spire fut épargnée par les flammes ou promptement restaurée; mais ses chanoines ne purent échapper à la méchanceté d'un de ses abbés, nommé Jean. Il exerçait sur eux une tyrannie excessive, n'avait ni charité, ni crainte de Dieu, établissait des coutumes injustes et envahissait les droits des chanoines. On voit dans une charte que le roi Henri 1er. protégea les chanoines opprimés contre la tyrannie féodale de leur abbé [3].

Je passe sous silence la conduite des abbés

---

[1] *Vita Burchardi comitis.* — *Recueil des historiens de France*, tome X, pages 271, 350, 577 et 620.

[2] *Chronic. Antisiodor.* — *Idem*, tome X, page 271.

[3] *Gallia christiana*, tome VII, col. 962.

de Saint-Spire, pour m'occuper de quelques comtes de Corbeil. Eudes ou Odon, comte de Corbeil en 1108, avait pour frère Gui de Troussel, dont le fils, Hugues de Crécy, était un homme méchant et courageux, qui, suivant les grandes chroniques de France, vivait de brigandage, ne se plaisait qu'à voler, qu'à incendier et à troubler le royaume. Gui de Troussel, voyant qu'Odon, comte de Corbeil, son frère, refusait de se joindre à lui pour faire la guerre au roi, épia ses actions, et, pendant qu'il était à la chasse, le saisit, le chargea de fers et l'entraîna prisonnier au château de la Ferté-Baudouin (Ferté-Alais). Les barons du château de Corbeil, instruits de cette arrestation, s'en plaignirent au roi, qui se mit à la tête d'une troupe d'hommes armés, et chargea son sénéchal de Garlande d'aller observer la place. Ce sénéchal, arrivé le premier devant le château, fut pris et renfermé dans la tour avec le comte de Corbeil. Le roi, averti de cette arrestation, marcha en toute hâte sur le château, dont il trouva la porte fermée. Du haut des tours, on lui lança des traits et des pierres; il voulut sur-le-champ en tirer vengeance; mais ceux qui l'accompagnaient lui firent cette prière : *Gentil roi, aie pitié de nous, car, si ce déloyal et excommunié, Hugues de Crécy, cet homme cruel et sanguinaire arrive et entre dans le château, il est capable de faire pendre, sans formalités, le comte de Corbeil, le sénéchal et les autres prisonniers.*

Alors le roi, frappé de cette observation, pour empêcher l'arrivée de Hugues de Crécy, fit entourer le château de troupes et construire cinq tours défendues par des sergens. Hugues de Crécy, averti de ce siége, vint à plusieurs reprises et sous divers déguisemens, même sous celui de jongleresse, se présenter devant la place; enfin reconnu, poursuivi par le frère du sénéchal prisonnier, il lui échappa par supercherie. Le château fut pris ainsi que le bourg; et les prisonniers furent mis en liberté, notamment le comte de Corbeil [1].

Odon, en 1111, pilla le monastère de Sainte-Marie, nouvellement construit, et situé près de Corbeil. Comme le monastère appartenait à l'abbaye de Saint-Denis, ce comte fut excommunié pour cet exploit féodal ; il se fit

---

[1] *Recueil des historiens de France*, tome XII, pag. 25, 64, 154 et 210.

absoudre bientôt après, en restituant ce qu'il y avait enlevé, et en renonçant aux coutumes qu'il avait établies. L'abbé Suger parle avec humeur du comte Odon : il n'était pas un homme, dit-il, car en lui on ne trouvait rien de raisonnable : son caractère tenait de celui de la brute [1].

Cet Odon était fils de Burchard, aussi comte de Corbeil, que le même abbé Suger qualifie de *superbissime comte*, « homme séditieux, » bouffi d'un orgueil ridicule. Ce chef de » scélérats osait aspirer au trône. Un jour » qu'il prit les armes contre le roi, il refusa » de recevoir son épée de la main de celui qui » la lui présentait, et s'adressant à son épouse, » il lui dit : *Noble comtesse, donnez avec joie* » *cette magnifique épée au noble comte qui* » *la reçoit de vous comme comte, et qui* » *vous la rendra en ce même jour comme* » *roi.* Il arriva tout le contraire de ses espé- » rances : il fut tué dans le combat par le » comte Étienne [2]. »

Philippe, fils naturel de Bertrade, comtesse

---

[1] *Recueil des historiens de France*, t. XII, pag. 36 et 37.
[2] *Idem*, tome XII, page 37.

d'Anjou, et du roi Philippe 1er., comte de Meulan, fut crée comte de Corbeil; mais il en fut dépouillé dans la suite par son frère, le roi Louis-le-Gros.

Les comtes, suivant leur institution première, étaient chargés de rendre la justice ; mais, pendant les derniers règnes de la seconde race et dans le commencement de la troisième, ayant usurpé le pouvoir souverain, ils ne s'occupaient qu'à faire la guerre, qu'à piller les églises et les marchands sur les chemins, etc. D'ailleurs, ne sachant pas lire et ne connaissant que le droit de la force, ils étaient incapables de juger, et considéraient cette fonction comme avilissante et indigne de leur haute puissance. Ils prirent pour les remplir des lieutenans appelés *vicomtes*. Il y eut des vicomtes à Corbeil; et leur siége fut d'abord à Fontenai-le-Vicomte, ensuite au château de Tigery.

Vers l'an 1112, Louis-le-Gros, pour se mettre en garde contre les nobles, ses ennemis, fit fortifier plusieurs lieux des environs de Paris, mit Corbeil sous sa puissance, enleva le comté de cette ville, sous prétexte de conspiration, à son frère Philippe, fils naturel du roi Philippe et de Bertrade, le tint prisonnier pendant le reste de sa vie, exila ses héritiers, et ordonna que ses filles seraient religieuses. Ainsi Corbeil rentra dans le domaine du roi, cessa d'être chef-lieu d'un comté et devint le siége d'une châtellenie et d'une prevôté.

Au mois de novembre 1119, le pape Calixte II, accompagné du roi Louis-le-Gros et de la Reine Adélaïde, vint séjourner à Corbeil; ce qui ferait croire que le château de cette ville était, par son étendue et sa magnificence, digne de loger des personnages aussi remarquables. Mais alors on n'était pas difficile; et le luxe ne se portait que sur les vêtemens des hommes, sur leurs armes et leurs chevaux; les meubles, les bâtimens en étaient dépourvus; la plupart des châteaux ne se construisaient qu'en bois.

Vers le même temps, Abailard, forcé, par les intrigues et les persécutions de ses ennemis, de fuir Melun, se retira, avec ses nombreux écoliers, à Corbeil, et y établit son école; mais, peu de temps après son établissement dans cette ville, fatigué par son application à l'étude et par les très-fréquens assauts qu'il soutenait dans les disputes littéraires ou théologiques, il tomba malade et se rendit dans son pays natal [1].

Malgré les guerres continuelles de cette époque, Corbeil s'accrut, non d'hommes producteurs, mais de consommateurs indolens, de quelques chapelles, d'églises paroissiales, de monastères. Déjà la collégiale de *Saint-Spire* prospérait, lorsqu'un accident, dont on ignore la cause, porta quelqu'atteinte à cette prospérité. Vers 1140, le feu détruisit entièrement son église; on mit à la reconstruire l'espace de plus d'un siècle; et, en 1437 seulement, la dédicace en fut faite [2].

Sous François 1er., il régnait de grands désordres parmi les chanoines de cette collégiale. Un arrêt du parlement porta la réforme parmi eux. Pour les engager à assister aux offices, il leur fut alloué un surcroît d'émolument; on leur enjoignit de ne point causer, rire, aller et venir dans le chœur pendant la célébration des mystères, de ne pas entretenir chez eux des femmes suspectes d'incontinence, et sur-

---

[1] *Recueil des historiens de France*, tome XIV, page 278.
[2] Lebeuf, *Histoire du diocèse de Paris*, tome XI, page 171.

tout de ne point fréquenter les lieux d'où puisse venir scandale [1].

Saint-Guénaut, autre église collégiale, était située dans l'enceinte du château; on ignore son origine, mais on a la certitude qu'elle existait en 1125.

Saint-Jean, appelé aussi *Saint-Jean-de-l'Ermitage* ou le *Petit-Saint-Jean*, pour le distinguer de *Saint-Jean-en-l'Isle*, était un prieuré fondé, au XIe. siècle, par Nantier, vicomte de Corbeil. On y révérait les reliques de saint Quirin et de sainte Pience; et le prieur s'amusait à exercer un droit très-remarquable : le curé de Saint-Port, au diocèse de Sens, lui devait fournir, au jour de Saint-Jean-Baptiste, trois chapeaux de roses vermeilles et trois paires de gants rouge, et les apporter au prieur pendant son dîner, sous peine de cinq sous d'amende; cette redevance était établie à cause d'une terre située à Saint-Port, nommée la *Terre des Chapeaux* [2].

L'église de *Notre-Dame*, dont on ignore le fondateur, paraît avoir été établie sous le règne

---

[1] *De La Barre*, page 232.
[2] *Lebeuf*, tome XI, page 183.

de Philippe 1er. : le plus ancien titre qui atteste son existence est de l'an 1093. Comme à Saint-Spire, cette église était desservie par un chapitre composé de douze chanoines et présidé par un abbé.

Ce chapitre croyait posséder dans son église le corps de saint Yon; l'église du village de Saint-Yon croyait posséder le même corps : grande altercation entre les prêtres des deux églises. Au mois de mai 1343, Foulques de Chanac, évêque de Paris, visitant son diocèse, vint au village de Saint-Yon, et se fit ouvrir la châsse du patron de ce village, qui, suivant l'opinion générale, contenait le corps entier du saint. L'évêque n'y trouva qu'une partie des reliques qu'on disait appartenir à saint Yon, et quelques ossemens d'autres saints. Il se rendit ensuite à Corbeil, dans l'église de Notre-Dame. Les Chanoines lui montrèrent une grande châsse couverte de lames de cuivre. Sur une face était représenté le martyr de saint Yon ; et au bas on lisait ces mots :

Beati Yonii martyris.

Une porte fut ouverte; et l'on put extraire de

la châsse des ossemens entiers et d'autres en fragmens; on y découvrit cette inscription :

Hic requiescunt ossa de beatorum martyrum Yonius et Cancium [1].

La lecture de ce mauvais latin et la vue d'un grand nombre d'ossemens décidèrent l'évêque. Il jugea que cette châsse contenait réellement les corps de saint Yon et de saint Cance. Il eût fallu à Foulques de Chanac des connaissances en ostéologie, et dans l'art de juger à quel temps appartient chaque espèce d'écriture. On ne pouvait pas exiger autant de science d'un prélat de cette époque. La construction de cette église est du commencement du XIIIe. siècle.

L'église de *Saint-Jean-en-l'Isle* doit ce surnom à sa situation dans une île formée par deux bras de la Juine, qui s'écartent avant de se jeter dans la Seine; elle était desservie par douze prêtres professant la règle de saint Augustin, selon l'ordre des chevaliers de Saint-Jean de Jérusalem. Une princesse danoise, épouse du roi Philippe-Auguste, Iseburge ou Isemburge,

---

[1] *Lebeuf*, tome XI, pages 189 et 190.

fut la fondatrice de cette communauté. Cette princesse malheureuse, à peine entrée dans la couche nuptiale, fut répudiée, et expia, pendant longues années, dans l'exil et les prisons, et par la privation des choses les plus nécessaires à la vie, le crime d'avoir déplu à son royal époux. L'histoire garde le silence sur la cause de cette disgrâce et de cette persécution [1].

Corbeil et ses dépendances furent donnés à cette princesse à titre de douaire; elle s'y retira et y fonda cette église et cette communauté qui devint commanderie et le siége du grand-trésorier de l'ordre de Malte. Le tombeau de la fondatrice, d'abord placé dans le chœur de l'église, fut transporté au fond de la croisée méridionale. On y voyait, sur une table de cuivre, la figure de cette princesse, ornée des attributs de la royauté, et on y lisait cette inscription :

> Hîc jacet Isburgis regum generosa propago;
> Regia quod regis fuit uxor signat imago.
> Flore nitens morum vixit, patre rege Danorum,
> Incita Francorum regis adepta thorum.

[1] *Voyez* ci-après l'article *Étampes*.

Nobilis hujus erat, quod in orbis sanguine claro
Invenies rarò, mens pia, casta caro.
Annus millenus aderat deciesque vicenus
Ter duo, terque decem, cùm subit ipsa necem.
Felici duce, vitæ subducta caducæ [1].

Hugo de Plagiaco me fecit.

Cette épitaphe, en mauvais latin, n'apprend rien, si ce n'est qu'Isemburge mourut en 1236, le 14 janvier, jour de la fête de saint Félix [2].

Dans le sanctuaire était la tribune où se plaçait cette reine lorsqu'elle assistait à l'office. On y montrait un petit chariot de fer monté sur quatre roues, qu'on traînait dans l'église pour la réchauffer en hiver.

Au midi était un vaste bâtiment nommé *le Palais de la Reine*, où se voyaient la chambre d'Isemburge, et même son lit en écarlate. Ce fut dans ce palais que le grand-maître de Malte, Villiers de l'Isle-Adam, tint un chapitre de son ordre. L'église, la commanderie, le palais, tout a disparu ou changé de face pendant la révolution : une poudrerie les a remplacés. Le

---

[1] Ce dernier vers était placé au-dessus et autour de la tête de la figure.

[2] Au lieu d'*Orbis*, on a lu *Ortis* au cinquième vers : cette leçon n'éclaircit pas le texte.

tombeau de l'épouse de Philippe-Auguste n'a pas été conservé : il paraît que le métal dont il était couvert a tenté la cupidité et causé sa destruction.

Plusieurs reines eurent leur douaire assigné sur Corbeil, et habitèrent cette ville; plusieurs rois l'ont honorée de leur présence; et plusieurs siéges et combats l'ont désolée : effets ordinaires des passions de ceux qui gouvernent et d'un état mal organisé.

En 1357, Corbeil fut pris et pillé par un chef de guerre, appelé le Bègue de Villaines, et ensuite, en 1358, par les Anglais et les Navarrais. En 1363, des gens d'armes français, après avoir pris le château des Murs, voisin de Corbeil, se jetèrent sur Corbeil, et y commirent des excès tels qu'auraient pu en commettre des soldats ennemis. En 1369, Robert Kanole, capitaine anglais, vint devant Corbeil et en brûla les faubourgs.

Sous Charles VI, cette ville ne fut pas plus tranquille. En 1415, le duc de Bourgogne forma le projet de s'en emparer, afin d'affamer Paris; mais un corps de troupes du parti du dauphin ou des Armagnacs, commandé par Barbasan, le prévint, occupa cette ville et y mit une forte garnison. Le duc de Bourgogne vint l'assiéger, l'attaqua pendant un mois sans succès, et fut obligé de lever le siége. Il y fit et causa de grandes pertes.

Le règne de Charles VII, si fécond en événemens malheureux, fut moins fatal à Corbeil que les règnes précédens : il devint plutôt un lieu de réunion, d'asile et de conférence qu'un objet d'attaque.

Le château situé au bout du pont sur la rive gauche, était vaste et bien fortifié pour le temps. Dans sa grosse tour, fameuse par son élévation, Charles VII fit enfermer, en 1487, le fameux Georges d'Amboise, qui n'était encore qu'évêque de Montauban. Il obtint la permission d'être transféré, de la prison de cette tour, dans une des chambres du château.

Le château de Corbeil devait à l'évêque de Paris un cierge du prix de vingt sous, redevance que le roi Philippe-Auguste reconnut en 1222; il reconnut aussi, en même temps, le droit qu'avait cet évêque de se faire porter, lors de son installation, sur les épaules de deux chevaliers du château de Corbeil [1].

---

[1] Lebeuf, *Histoire du diocèse de Paris*, t. XI, p. 207.

La seigneurie de Corbeil, souvent visitée par les rois de France, douaire de plusieurs reines, fut engagée, vendue et échangée par plusieurs rois. Louis XII, en 1513, la vendit à Louis de Graville, amiral; François 1er. la céda, en 1530, en échange à Antoine Dubois, évêque de Beziers; Henri II donna la châtellenie de Corbeil, en 1550, à François de Kervenenoy; cette seigneurie fut engagée, en 1552, à Guy Larbaleste, président en la chambre des comptes; en 1580, la demoiselle de la Borde en jouissait à titre d'engagement; elle passa ensuite à Nicolas de Neuville, seigneur de Villeroy, et resta dans sa famille au même titre d'engagement.

Le protestantisme s'introduisit à Corbeil. Le prevôt de cette ville, nommé Berger, fut un des premiers qui manifesta son penchant pour cette religion. Il entraîna dans son opinion plusieurs habitans, et notamment un procureur, appelé Quentin, qui, suivant l'historien de cette ville, « se mit à jargonner, selon » leur ramage, des abus introduits en l'église, » de la superfluité des prélats, de la débauche » des moines et de l'ignorance des prêtres ».

Le 17 novembre 1562, les princes de la maison de Bourbon s'étant déclarés les protecteurs des protestans, depuis long-temps persécutés, le prince de Condé vint mettre le siége devant Corbeil. Voyant, dit-on, cette place bien défendue, et n'ayant pas des forces suffisantes pour la prendre, il se retira; mais voici comment s'exprime le prince lui-même : « Il ne restait plus qu'à parachever sa princi- » pale entreprise, quand il fut averti comme » le feu roy de Navarre, son frère, était tré- » passé; qui fut cause qu'étant tout prêt de » battre la ville de Corbeil, il fit retirer son » artillerie, etc.[1] »

Les habitans de Corbeil, forcés ou séduits, embrassèrent le parti de la ligue. Le 19 avril 1590, Henri IV se porta avec son armée devant cette ville qui, à dix heures du matin, lui ouvrit ses portes; le curé, les échevins et les notables vinrent, avec la croix, le recevoir dans le faubourg. Les ligueurs sentirent bientôt la nécessité de posséder cette place : le 22 septembre suivant, ils se présentèrent devant Corbeil avec une armée commandée par le duc de Parme. Celui-ci croyait s'en rendre maître dans

---

[1] *Mémoires de Condé*, tome IV, page 145.

l'espace de cinq à six jours; mais ce ne fut que vingt-quatre jours après le commencement du siége, le 16 octobre suivant, qu'il parvint à la soumettre; pour cela, il donna un assaut général et sacrifia un grand nombre de soldats : Corbeil subit le malheureux sort des villes prises d'assaut. Voici ce qu'en dit l'*Estoile* : « Les habitans ont été pillés et saccagés, leurs » femmes et filles violées ; et peu ont évité la » brutalité des soldats et leur violence. Ri- » gault, chargé de défendre Corbeil, fut tué » sur la place : ce capitaine était fort estimé par » Henri IV [1]. » Les écrivains du temps disent que le duc de Parme fut l'objet de la moquerie des Français pour avoir resté si long-temps à prendre Corbeil. Si l'on en excepte l'*Estoile*, que j'ai cité, il n'en est pas un qui s'indigne des actes barbares et sanguinaires de ce prince, pas un qui déplore le malheur des habitans : alors ces crimes, ces désastres étaient journaliers.

Le 10 novembre 1590, M. de Givry, gouverneur de la Brie, stimulé par une lettre de Henri IV, partit de Melun, et, dans l'espace

---

[1] *Journal de Henri* IV, tome 1er., page 93.

d'une heure, reprit Corbeil par escalade. Toraque, espagnol que le duc de Parme y avait laissé, y fut tué [1].

Corbeil est aujourd'hui, comme il était au xie. siècle, divisé en deux parties par le cours de la Seine. La partie située sur la rive droite, anciennement nommée *Vieux-Corbeil*, la moindre en étendue, est considérée comme un faubourg. Sur une colline qui domine la ville, était l'ancienne église paroissiale de Saint-Germain; l'église qui lui a succédé est celle de Saint-Léonard, située au bas de la colline. Un beau pont en pierre qui remplace d'autres ponts plus anciens, en pierre ou en bois, sert à communiquer de cette partie de Corbeil à la partie située sur la rive gauche de la Seine.

Cette seconde partie, spécialement nommée la ville ou le *Nouveau-Corbeil*, est plus étendue, plus populeuse que l'autre. Au bout du pont, du côté de la ville, se trouvait l'ancien château. Dans cette partie est encore l'église de Saint-Exupère ou vulgairement *Saint-Spire*, aujourd'hui paroisse de Corbeil; c'est aussi dans cette partie qu'étaient l'église et la maison

---

[1] *Journal de Henri* iv, tome i[er]., page 97.

de Saint-Jean-en-l'Ile, transformées depuis en poudrière, qu'était l'église de Saint-Guénaut, où l'on a placé les prisons et la bibliothèque publique, composée de quatre mille volumes.

Il se fait à Corbeil un commerce considérable de grains et surtout de farines; de beaux moulins établis sur la rivière de Juine servent à la mouture; un vaste bâtiment, nommé le *Magasin*, reçoit les farines destinées à l'approvisionnement de Paris. On y voit une belle halle solidement construite, avantageusement située, bâtie, en 1780, sur les dessins de M. Viel. On y trouve diverses manufactures de papiers, de toiles peintes, etc.

Corbeil, chef-lieu d'arrondissement, est du département de Seine-et-Oise. Sous Louis xv, on y comptait 963 habitans; aujourd'hui, leur nombre s'élève à 3,481. On remarque ici, comme on l'a remarqué dans la plupart des lieux que mentionne cet ouvrage, l'accroissement de la population : depuis environ cinquante ans, elle a plus que triplé.

§. IV.

ESSONNE.

Bourg situé sur la grande route de Paris à Fontainebleau, à un quart de lieue de Corbeil et à sept lieues et au S. de Paris.

Axona, Essona, Exona, sont les diverses manières dont le nom de ce lieu est écrit dans les anciens monumens historiques. Le roi Clotaire, au vi^e. siècle, fit don à l'abbaye de Saint-Denis de la maison des Champs (*Villa*), appelée *Exona*, située sur la rivière d'Essonne (*Exona*), dans le pays parisien. Par la suite, le roi Clovis ii, au viie. siècle, confirma cette donation; mais des hommes méchans, cupides et injustes, enlevèrent cette propriété à l'abbaye de Saint-Denis. Les moines en portèrent leur plainte au roi Pepin, qui, par une ordonnance de juillet 766, restitua à cette abbaye le lieu d'Essonne, que possédait alors le comte Rauchon [1].

Tel est l'historique contenu dans le diplôme

---

[1] *Præceptum Pipini regis.* — *Recueil des historiens de France*, tome v, page 706.

de Pepin. L'abbé Lebeuf prétend que ce lieu était un domaine royal, qu'on y battait monnaie, et que Corbeil s'est agrandi aux dépens d'Essonne[1]. Dans les monumens historiques de la première et de la seconde race, je n'ai rien trouvé qui puisse justifier ces prétentions.

Cette terre fut, dans la suite, l'une de celles que l'abbé Hilduin accorda aux moines pour leurs habits et chaussures, lors du partage de 832.

Un bourg se forma et une église s'établit dans ce lieu. Cette église, dédiée à saint Étienne, fut, sous le règne de Louis-le-Gros, la propriété d'un laïc, Ansel de Garlande, sénéchal de ce roi; ce qui prouve un désordre fort commun alors. Ce sénéchal en fit don au prieuré de Gournay, dépendant de l'ordre de Cluny. Dès lors, la terre n'appartint plus à l'abbaye de Saint-Denis. Suger nous apprend que, par un acte de violence d'un *certain tyran*, sans doute Odon, la propriété en était passée aux comtes de Corbeil[2]. L'abbaye de Saint-Denis ayant, de cette sorte, perdu le bourg et l'église

---

[1] *Lebeuf*, tome XI, page 142.
[2] *Duchêne*, tome IV, page 338.

d'Essonne, chercha un dédommagement dans l'établissement d'un prieuré. Le coteau du midi possédait une petite chapelle de Notre-Dame alors en ruines, sur l'autel de laquelle les brebis venaient paître. Le bruit se répandit tout à coup qu'on y avait vu briller pendant la nuit des cierges allumés. Quelques malades s'y firent porter et y obtinrent guérison : voilà un lieu de pélerinage. Vers 1110, Adam, abbé de Saint-Denis, envoya Hervé, son prieur, avec un de ses religieux pour faire rétablir la chapelle. Mais le comte de Corbeil, Odon, ennemi de l'abbaye, troubla cette opération, en pillant le trésor formé du produit de la piété des fidèles. Il fut excommunié; il n'eût pas sans doute tenu grand compte de cet anathème spirituel; mais, heureusement, il tomba malade, fit pénitence et obtint l'absolution en abandonnant aux religieux présens et à venir de ce lieu, certains droits *sur le foin et la chair de porc*, qu'il pouvait réclamer.

Cependant, le nombre des miracles s'augmentant de jour en jour dans cette chapelle, Suger, devenu abbé de Saint-Denis, dans l'année 1121, en fit un véritable prieuré où il établit douze religieux pour vivre avec le prieur. Il assigna diverses terres et redevances à l'entretien de cette communauté, et accorda plusieurs priviléges à son chef. Les abbés de Saint-Denis obtinrent dans la suite la haute justice sur ce bourg; ils eurent des fourches patibulaires sur son territoire; ce qui fut reconnu par arrêt du parlement au XIIIe. siècle [1].

La nomination au prieuré d'Essonne était échue au roi depuis l'union du titre abbatial de Saint-Denis à la maison de Saint-Cyr; il fut donné à l'abbaye de Colomb, dans le diocèse de Chartres; mais il avait déjà beaucoup perdu de son ancienne prospérité; enfin, dès le milieu du XVIIIe. siècle, ce n'était plus une communauté; et il n'y restait qu'une église abandonnée et menaçant ruine.

Essonne est situé au fond d'un vallon où coule la rivière de Juine. Il faut, en suivant la grande route, beaucoup descendre pour y arriver, beaucoup monter pour en sortir; mais la pente de la route n'est pas, de part et d'autre, aussi rapide qu'elle le paraît au premier coup-d'œil.

La rivière de Juine, qui reçoit le nom d'É-

---

[1] De La Barre, *Histoire de Corbeil*, in-4°., page 178.

tampes au-dessous d'Étampes, et celui d'Essonne au-dessous de ce bourg, fait mouvoir, à droite et à gauche, du côté d'amont comme du côté d'aval, plusieurs usines considérables, tels que martinets à cuivre, moulins à blé, moulins à foulon, à tabac, papeteries, tanneries, filatures, etc.

On distingue à Essonne une fabrique royale de poudre qui fut, en 1815, dévastée par les alliés; une manufacture de toiles peintes, établie par feu M. Oberkampf, à l'instar de celle de Jouy; une filature de coton, où l'on remarque une belle mécanique que fait mouvoir un bras de la rivière : la maison de cette manufacture s'appelait *Chantemerle*. Au xviie. siècle, elle appartenait au sieur Hasselin, maître d'hôtel du roi, qui avait établi dans ses jardins des jets d'eau, des cascades : choses rares alors et fort admirées.

On exploite à Essonne de la tourbe que le sol offre en abondance. Cette exploitation a commencé sous le règne de Louis xiii. Voici comment Gui Patin en parle : « Il n'y a pas
» trente ou quarante ans, dit-il, qu'un homme
» qui avait beaucoup d'esprit et qui était fort
» entreprenant, fit tirer vers Essonne plus

» de deux cent mille tourbes pour servir d'é-
» chantillon à l'usage qu'il en voulait rendre
» public.: mais sa mort empêcha la réussite de
» ce grand projet, ne s'étant trouvé personne
» qui eût le courage, les moyens et l'intelli-
» gence nécessaires pour le poursuivre. Des
» bergers, ayant froid en hiver, firent du feu
» avec du chaume et des bûchettes contre ce
» monceau, qu'ils ne jugeaient être que de la
» terre ordinaire; mais ils furent bien surpris
» de voir brûler ce grand amas que l'entrepre-
» neur avait mis là pour sécher, qu'on ne put
» jamais l'éteindre avant son entière consom-
» mation. Les anciens du pays disent que ce feu
» dura trois jours et trois nuits. Patin ajoute que
» le sieur de Chambre obtint, en 1658, un bre-
» vet qui l'autorisait à exploiter ces tourbes ».

Essonne appartient au département de Seine-et-Oise et à l'arrondissement de Corbeil. Sa population est évaluée par les uns à 1,300 habitans, et par les d'autres à environ 1,700 habitans.

LIVRE II.

CHAPITRE PREMIER.

MÉNECY ET VILLEROY, PRINGY, CÉLY, MILLY, VIRY.

§. Ier.

MÉNECY ET VILLEROY.

Bourg situé sur une colline à peu de distance de la rivière de Juine ou d'Étampes, à une lieue un quart au S.-O. d'Essonne et huit au S. de Paris.

On ne sait rien de relatif à ce lieu avant le XIIIe. siècle. Il est désigné dans quelques titres anciens sous le nom de *Manassiacum;* ce qui a fait conjecturer qu'il avait appartenu à un individu nommé *Manassés.* De *Manassiacum* on a fait *Manassi,* puis *Mainecy,* et enfin *Ménecy* ou *Mennecy,* qui est le nom actuel [1].

---

[1] *Lebeuf,* tome XI, page 111.

La situation de Ménecy est agréable. Le vallon que forme le cours de la Juine, fort élargi en cet endroit, offre de rians paysages. Le bourg se compose de plusieurs rues assez bien alignées. Les ducs de Villeroy, qui en étaient seigneurs dans les derniers temps, y avaient fait construire plusieurs jolies habitations. L'entrée du côté de Paris est encore décorée d'une porte qui est due au dernier titulaire de cette famille. L'église est entourée d'une plate-forme plantée d'arbres et surmontée d'une haute tour à double étage ; saint Pierre et saint Denis en sont les deux patrons.

Les coteaux voisins de Ménecy sont couverts de vignobles. Quelques établissemens industriels ont concouru à donner de l'importance à ce bourg. La tourbe qui, depuis Essonne[1], constitue en très-grande partie le sol des bords de la rivière de Juine, y est, en cet endroit, extraite avec une très-grande activité pour être brûlée après une simple dessication. Au N.-E., est sur la Juine un grand établissement pour la fabrication de divers produits chimiques, où l'on extrait une grande quantité de gaz hydro-

---

[1] *Voyez* l'article *Essonne*.

gène qui sert à l'éclairage de Paris. De l'autre côté et aussi sur les bords de la même rivière, s'élèvent des bâtimens qui doivent servir à la fabrication du papier de paille, de pomme de terre, etc. A peu de distance de ceux-ci, au sud, on remarque un four à chaux alimenté par la tourbe, et où l'on produit un ciment employé pour les canaux, et dont la solidité paraît inaltérable. Ces établissemens ont beaucoup accru la population de Ménecy. Elle était évaluée à 600 en 1726; elle a doublé depuis cette époque.

Il se tient, dans ce lieu, une foire par an, le 9 octobre. Il y a, le mardi de chaque semaine, un marché assez considérable pour les grains.

Ce bourg appartient au département de Seine-et-Oise, arrondissement et canton de Corbeil. Il communique par une chaussée à la grande route de Fontainebleau.

Villeroy. « Il n'y a aucun lieu de douter que
» la raison pour laquelle ce hameau de la pa-
» roisse de Ménecy a eu le nom de Villeroy, ne
» soit parce que ce fut une terre que l'on con-
» serva au domaine au commencement de la
» troisième race, lorsque Fontenay, qui y est
» contigu, fut dévolu au vicomte de Corbeil,
» dans le temps que ce vicomte devint seigneur

» et propriétaire de la ville. Aussi, crois-je pou-
» voir conjecturer de là que ce lieu a été *God-*
» *dinga villa,* où les moines de Saint-Denis
» vinrent trouver Charlemagne au mois d'oc-
» tobre .... pour obtenir un diplôme en fa-
» veur de leur monastère : car il est certain
» qu'un des fiefs relevant de Villeroy, et situé
» vers Fontenay, s'appelait encore le fief de la
» Gode, il y a deux cents ans. Il est assez na-
» turel que, dans le langage français, qui tend
» toujours à abréger les mots latins ou latini-
» sés, de *Goddinga* on ait fait *Gode.* Mais de-
» puis il fut appelé *Villa-Regis* par opposition
» à *Villa-Abatis,* Villabé, qui y était contigu,
» et dans la paroisse duquel il était compris[1]. »

En 1364, Raimond de Mareuil, à qui le roi avait fait don de la terre de Villeroy, la céda à son tour au prince de Galles, fils du roi d'Angleterre. Elle ne resta pas long-temps seigneurie anglaise; mais on ignore à qui elle appartint jusqu'au xve. siècle, époque où on la voit devenue un hameau avec une église au titre de Notre-Dame, dont la cure était à la nomination de l'abbaye d'Hières. La sei-

[1] *Lebeuf,* tome XI, page 114.

gneurie était alors possédée par la famille Legendre. En 1539, Nicolas de Neuville, secrétaire des finances, reçut la terre de Villeroy, de Pierre Legendre, son grand-oncle maternel. Cette famille en prit le nom, qui a été successivement porté par plusieurs personnages distingués. Le fils de celui que nous venons de nommer, appelé aussi Nicolas de Neuville, joua un rôle très-important sous les rois Charles ix, Henri iii, Henri iv et Louis xiii; et il a laissé des mémoires instructifs sur une longue période de notre histoire.

Plus servilement attaché aux personnes des rois qu'à la raison, à la justice, mais plus encore attaché à ses fonctions, qu'il regardait comme son honneur, il fut disgracié par le roi Henri iii, et embrassa le parti de la ligue. Ses négociations entre le duc de Mayenne et Henri iv contribuèrent puissamment à placer ce roi sur le trône et à ramener la paix en France.

A la fin du xvie. siècle, les bâtimens du château ayant été accrus, l'église et le hameau disparurent; et il ne resta plus que quelques maisons éparses qui furent attribuées à la paroisse de Ménecy.

Charles de Neuville, fils du précédent, reçut de son père la terre et le nom de Villeroy. En 1615, cette terre, qui n'était encore que châtellenie, fut érigée en marquisat. Plusieurs fiefs et villages voisins étaient compris dans cette érection. Le marquisat relevait directement du château du Louvre [1]. En 1627, Louis XIII, se rendant à Fontainebleau, s'arrêta à Villeroy, et y fut retenu près de deux mois par une fièvre pernicieuse dont il avait été atteint à Sainte-Geneviève-des-Bois. Alors, si l'on en croit un écrivain du temps [2], le château était un des plus beaux qui fussent en France; et peu d'étrangers quittaient ce pays sans l'avoir visité. Les appartemens et les jardins en étaient richement ornés.

En 1663, le marquisat devint duché-pairie. Les ducs de Villeroy se plurent à embellir cette résidence, qui devint une des plus vastes et des plus somptueuses des environs de Paris. Son architecture ne présentait pourtant rien de fort remarquable. La cour s'y arrêtait or-

---

[1] *Histoire de Corbeil*, in-4°., page 16.

[2] Dubreul, *Trésor de Antiquités de Paris*, supplément, page 97.

dinairement, lorsqu'elle se rendait à Fontainebleau.

La compagnie, nommée vulgairement *la Bande noire*, acheta ce château pour le détruire. Il ne reste plus que la grille, les murs de l'orangerie et quelques bâtimens, dépendances du château qui servaient aux domestiques. La seule vente des plombs a produit, dit-on, aux acquéreurs un bénéfice considérable.

§. II.

PRINGY.

Village situé sur la grande route de Paris à Fontainebleau, à deux lieues à l'E. de Melun et à neuf trois quarts au S.-E. de Paris.

On remarquait dans ce village un prieuré dont le titre clérical fut transféré, en 1786, au prieuré de Sainte-Radegonde, qui n'en est pas éloigné. C'est aujourd'hui une maison de campagne fort agréable, où se trouve une source, dite de *la vierge*, dont les eaux guérissent, assure-t-on, beaucoup de maladies, et où l'on vient comme en pélerinage de plusieurs lieues à la ronde.

A Montgermont, ancienne paroisse aujourd'hui comprise dans Pringy, est un château qui appartient au marquis de Gontaut-Biron, et dont les jardins, très-remarquables, sont bornés par la petite rivière d'École.

Pringy appartient à l'arrondissement et au canton de Melun. Le territoire est en vignes et terres labourables. On y compte environ 400 habitans.

§. III.

CÉLY.

Village situé à quelque distance de la grande route de Paris à Fontainebleau, à trois lieues et demie vers le N.-O. de la première ville, et à onze et demie au S. de la dernière.

Ce village a une demi-lieue de long et ne se compose que d'une seule rue, bâtie le long d'un ruisseau.

La terre avait le titre de comté. Le château a été bâti, en 1400, par le célèbre Jacques Cœur; il est actuellement possédé par la comtesse d'Astory, fille du comte Éon de Cély, dernier seigneur de ce lieu.

Ce château, remarquable par sa construction, est entouré d'un parc d'environ deux cents arpens, qui renferme de très-belles eaux.

Le sol des environs est en vignes et blés. Les cerises qu'il produit sont estimées.

Cély appartient au département de Seine-et-Marne, arrondissement et canton de Melun. Sa population est d'environ 500 habitans.

§. IV.

MILLY.

Petite ville située à quatre lieues à l'O. de Fontainebleau et à douze et demie au S. de Paris.

On fait remonter un peu haut l'origine de ce lieu. « Selon les anciens, dit l'historien du » Gâtinais, il a eu son commencement, dès » l'an 2895 auparavant notre seigneur, par » Dryus, le quatrième roi des Gaules[1]. » Nous n'avons pas besoin de relever l'absurdité de cette origine. Les historiens du XVIe. siècle, en matière de généalogie des hommes et d'an-

---

[1] *Morin*, livre II, page 404.

tiquité des villes, se faisaient un devoir de donner leurs fictions pour des vérités.

Milly avait une collégiale fort ancienne et un hôtel-dieu fondé par ses seigneurs. Cet établissement existe encore sous le titre d'hospice; et l'église de la collégiale, dédiée à Notre-Dame, a remplacé l'ancienne église paroissiale dédiée à saint Pierre, qui n'existe plus.

La terre avait le titre de baronnie-pairie. Le château, de construction gothique, était très-fort; et il a éprouvé plusieurs siéges.

« Les habitans de Milly, dit l'écrivain cité » plus haut[1], ont plusieurs beaux priviléges » pour la chasse, dus à Isabelle de Milan, » femme du seigneur Guillaume de Mantenay, » chevalier, en son vivant seigneur de Milly, » laquelle donna permission de chasser aux » habitans de ladite ville à toutes manières de » bêtes menues, à toutes sortes d'engins, liè- » vres, oiseaux, et permis à eux de mener » leurs bestiaux où il leur semblera bon. Elle » fit confirmer ce privilége par le roi Charles, » l'an 1391. »

[1] *Morin*, livre II, page 405.

Vers ce même temps, la ville ayant été prise et brûlée par le roi de Navarre, uni aux Anglais, la même dame leur concéda d'autres droits pour empêcher les habitans, désolés et ruinés, *d'abandonner le pays et labourage.*

En 1422, la ville fut de nouveau prise et brûlée par les Anglais, après un assez long siége. Elle fut encore prise et brûlée en 1430. Ainsi, dans l'espace de moins de cinquante ans, le feu consuma trois fois cette ville : ce qui a fait dire à notre historien qu'elle *est fort sujette au feu.*

Au XVIe. siècle, Bellin, gouverneur de Paris pour la ligue, était seigneur de Milly; et il y reçut lui-même le roi Henri IV lors de la pacification.

Milly est situé dans une vallée sur la petite rivière d'École. Le terroir des environs est sablonneux et produit principalement des grains. La place de la ville est grande; et l'on y remarque une halle spacieuse, où se tiennent trois foires par an : la première le 22 janvier, la seconde le 3 mai, et la troisième le 28 octobre. Le marché a lieu le jeudi de chaque semaine.

« Les habitans de cette ville de Milly, dit

» Morin, sont grands chasseurs : ce qui les
» rend surtout fainéans et peu soigneux de
» travailler. A cause des roches et des bois, ce
» lieu est fort dangereux pour les passans qui
» y sont souvent volés, et s'y trouvent des
» hommes morts et assassinés quelquefois. »
Mais cette citation a été écrite en 1630, et
depuis cette époque il s'est opéré des changemens notables dans les mœurs. Aujourd'hui, les habitans de Milly ne se reconnaîtraient pas dans ce vieux tableau.

Milly est un chef-lieu de canton de l'arrondissement d'Étampes et du département de Seine-et-Oise. Il y existe une justice de paix et une brigade de gendarmerie. Sa population est d'environ 1,700 à 1,800 habitans.

§. V.

VIRY. — FLEURY-D'ARGOUGES.

Village situé sur l'Orge, à cinq lieues au S. de Paris.

On appelle le plus souvent ce village Viry-sur-Orge. Il n'en est fait aucune mention avant le xie. siècle. L'église paraît avoir été bâtie dans le xiiie. Saint Denis en est le patron ; mais on lui a adjoint sainte Luce : c'était une ancienne seigneurie.

La situation de ce village, sur la pente d'une montagne garnie d'arbres de plusieurs espèces, et le riant bassin de la rivière de l'Orge, non loin de la grande route de Fontainebleau, est très-agréable. On remarque à Viry plusieurs belles maisons de campagne, entre autres celle qui appartient à la duchesse de Raguse, et le domaine dit *Pied-de-fer*, ancien fief qui a appartenu à la famille Perrault. Charles Perrault y fit bâtir une galerie en coquillages[1], digne encore d'exciter la curiosité des personnes qui visitent ce village. Cette galerie a trente-six pieds de long sur quinze de large. Les coquillages forment une espèce de mosaïque représentant des fleurs et des fruits. La tradition du pays porte qu'un évêque, aidé seulement de son valet de chambre, s'est occupé de cet ouvrage pendant vingt ans. Cette propriété a appartenu au prince d'Eckmühl; et elle a été habitée par le maréchal Jourdan.

C'est dans une des maisons de campagne de

---

[1] *OEuvres choisies de Charles Perrault*, page 20, 1826.

Viry, que le conseiller d'état Foulon, nommé, le 12 juillet 1789, adjoint au ministre de la guerre, se retira quatre jours après, voyant ses partisans disgraciés et ses plans rejetés, et même, pour éviter la rage populaire, se fit passer pour mort et enterré. Il fut arrêté par le syndic du village, et conduit à Paris, où, malgré les efforts des électeurs, il fut assassiné.

Le sol est bien cultivé; on y trouve deux fours à plâtre. Viry appartient à l'arrondissement de Corbeil; on y compte environ 400 habitans, en y comprenant quelques petits hameaux.

FLEURY-D'ARGOUGES. Village à trois lieues, vers le N.-O. de Fontainebleau, et à douze au S. de Paris.

C'était une ancienne seigneurie, où Côme Closse, grand-maître des eaux-et-forêts, fit, sous le règne de Henri II, bâtir un fort beau château, que les propriétaires subséquens se plurent à orner. On y remarquait des peintures à fresque par Le Primatice, et un fort beau canal. Henri IV, en le voyant, résolut d'en faire exécuter un semblable à Fontainebleau; ainsi, ce dernier canal eut pour modèle celui de Fleury.

Il fut possédé par le cardinal de Richelieu. Le comte d'Argouges lui laissa son nom. Il est aujourd'hui renfermé dans les domaines de la princesse de Talmon.

Le parc a trois cents arpens

CHAPITRE II.

FONTAINEBLEAU.

Ville et château royal situés au sein d'une forêt qui porte le même nom, sur la grande route de Paris à Lyon, à quatorze lieues de la première ville.

Il est difficile de déterminer l'époque de la fondation de cette célèbre résidence royale. On l'a successivement attribuée, sans beaucoup de fondement, à divers princes, tels que Robert[1], Louis VII[2] et Louis IX[3]. Il est certain que, vers le milieu du XIIe. siècle, il existait dans la forêt de Fontainebleau une maison royale. Il reste un acte daté de Fontainebleau et qui se rapporte à l'année 1141, donné par Louis VII[4]. Une charte du même roi, portant une donation à quelques moines des envi-

---

[1] *Histoire de Melun*, par Rouillard, pages 249 et 305.
[2] Morin, *Histoire du Gâtinais*, livre III, page 509.
[3] Favin, *Histoire de Navarre*, livre LVIII.
[4] Dubreuil et Sauval, *Antiquités de la ville de Paris*.

rons, datée de 1160, se termine ainsi : *Actum publicè* APUD FONTENE BLEAUDI, IN PALATIO NOSTRO [1].

On a latinisé le nom de ce lieu par *Fons Blaudi, Bliaudi, Blauldi*; et on l'a traduit en français par *Fontaine-Belle-Eau*, à cause des eaux vives et abondantes qui y coulent; mais cette étymologie, quoique séduisante, n'est pas la véritable ; il paraît que *Blaudi* ou *Bliaudi* est le nom propre d'un homme possesseur du lieu, et qui, le premier, y aura fait construire une habitation auprès de la fontaine.

Louis VII fit bâtir, en 1169, une chapelle à *Fontaine-Bleaud*, attenant à la maison royale et dédiée à saint Saturnin. Plus tard, il dota de certaines rentes et pensions « sur ses domai-
» nes, ladite chapelle, laquelle il donna, avec
» la garde de sondit château, à un nommé le
» seigneur Barthélemi, son chapelain ordi-
» naire, avec cette clause particulière que,
» comme commensal de la maison, présent la
» royne et fils de France, il aurait entière li-

---

[1] Guilbert, *Description historique de Fontainebleau*, in-12, tome II, page 205.

» vrée de pain, vin, viandes, bois, chan-
» delles, ainsi que tout ce que dessus paraît
» par la charte qu'il fit dresser sur ce sujet ».

Cette chapelle fut, un peu plus tard, consacrée par le célèbre Thomas Becket, archevêque de Cantorbéry, pendant son séjour en France.

Philippe-Auguste habita fréquemment Fontainebleau comme son père : il reste un très-grand nombre d'actes de ce prince, datés de cette résidence, entre autres, une charte par laquelle il donne à l'Hôtel-Dieu de Nemours tout le pain qui restera sur sa table pendant le temps qu'il passera à Fontainebleau : cette pièce est de 1186 [1].

Saint Louis se plut également beaucoup dans ces lieux; il se sert, en les désignant, dans plusieurs de ses lettres, de cette expression, *nos déserts* : ce qui autoriserait à croire que Fontainebleau n'était pas encore fort considérable. Il fit ajouter plusieurs constructions aux constructions précédemment établies, entre autres un pavillon qui a conservé son nom, quoiqu'il ait été rebâti par François 1er. C'est là,

---

[1] *Guilbert*, tome 1er., page 5.

dans une chambre qui sert maintenant d'entrée à *l'appartement du roi*, qu'en 1239, se voyant dangereusement malade, il donna des conseils salutaires à l'un de ses fils. « En une moult » grand maladie que il ot à Fontenne Bliaut, » dit Joinville, il adressa ces paroles à son fils » aîné : *Biau filz,* fist-il, *je te prie que tu te » faces amer au peuple de ton royaume ; car » vraiement je ameraie miex que un Escot* » (Écossais) *venist d'Écosse et gouvernast le » peuple du royaume bien et loïalement que » tu le gouvernasse mal apertement*[1]. »

En 1259, ce roi, suivant sa pieuse habitude, fonda un hôpital à Fontainebleau pour y recevoir les pauvres et les malades qui, dans ces déserts arides, dit-il, affluent de toute part. Il y établit, pour le desservir, sept religieux de la Sainte-Trinité et des captifs ou Mathurins qui devaient aussi desservir la chapelle de Saint-Saturnin, et une autre chapelle de la Trinité, qu'il fit construire dans le château.

On voit, par les termes même de la charte de fondation de ces Mathurins, que l'église du

---

[1] *Histoire de saint Louis*, par Joinville, édition de 1761, page 4.

hameau d'Avon existait dès lors, et qu'elle était l'église paroissiale du bourg et du château.

Philippe-le-Bel naquit et mourut à Fontainebleau. Tout ce qu'on sait de lui relativement à cette résidence royale, c'est qu'il confirma les concessions faites précédemment aux Mathurins, et qu'il les fit exempter, par une bulle du pape Clément v, de toute juridiction de l'ordinaire. Cette bulle, de 1305, donne lieu de penser que les fils de Philippe, qui portèrent successivement la couronne après lui, avaient reçu le jour à Fontainebleau.

Le château fut successivement embelli et augmenté sous les règnes suivans.

Charles vii, dans une de ses lettres, parle de Fontainebleau dans les termes suivans : *Sa très-chère dame et mère avait,* dit-il, *employé les deniers du domaine et des aides de Melun..... à la réédification d'un très-bel et très-notable hôtel assis en la forêt de Biere, au lieu dit Fontainebleau, auquel ses prédécesseurs, rois de France, avaient souvent coutume de courre la chasse, lequel ladite dame et mère avait proposé faire réédifier tout de neuf..... en considération de ce qu'il lui avait été rapporté que les feus rois Jean et Charles, son ayeul, et ses oncles d'Anjou, de Berri et de Bourgogne y avaient été préservés de la grande mortalité qui, au temps de leur jeunesse (en mil trois cent cinquante), avait été très-grande partout ce royaume, hors audit Fontainebleau*[1].

A cette époque, comme on voit, la forêt conservait son nom primitif de *Biere*, et n'avait pas encore reçu celui du château.

Le même monarque fit, dit-on, exécuter quelques peintures dans ce château. Louis XI y commença une nouvelle bibliothèque, que Louis XII fit, dans la suite, transporter à Blois.

Le règne de François 1er. signale plus particulièrement Fontainebleau à notre attention. « Voulant accroître ledit château, où il faisait
» son plus grand séjour, ce roi fit abattre l'é-
» glise de la Très-Sainte-Trinité, les cloistres,
» dortoirs, hospital, maison abbatiale et jar-
» dins desdits religieux, ou fit bâtir de nou-
» veau l'église et la chapelle dicte de la Tri-
» nité, qui est encore de présent au chasteau,
» qui a toujours esté desservie par lesdits reli-

---

[1] *Saint-Yon*, liv. 1er., tit. 21, art. 117 des *Ord. des eaux et forêts*.

» gieux et chapelains jusqu'en l'an mil six cent
» huict, qu'ils furent contraints y cesser le
» service divin, et le faire en une autre cha-
» pelle basse dudit chasteau pendant quinze
» ou seize années, que le grand et excellent
» peintre monsieur de Fréminet, Parisien, tra-
» vailla aux dessins et peintures qui sont es-
» timés les plus excellentes et premières de
» l'Europe; le prix en est inestimable, et ledit
» sieur Fréminet a gaigné aux peintures de
» Fontaine-Bleau plus de cent mille escus; es-
» tant toutefois prévenu de la mort, il n'a eu
» de loisirs de rachever plusieurs bonnes piè-
» ces en cette église [1]. »

Pendant ce règne, bien d'autres changemens s'opérèrent dans le château : plusieurs bâtimens furent reconstruits; et l'on en ajouta quelques autres entièrement nouveaux; des jardins vastes et bien dessinés contribuèrent aussi à l'embellissement de cette résidence : tout fut exécuté d'après la direction et sur les dessins du Primatice. Ces merveilles, nouvelles encore, et que le siècle de Louis XIV a effacées, excitèrent, à cette époque où les arts ne fai-

---

[1] *Morin*, liv. III, page 519.

saient que de naître, une vive admiration. Les contemporains ne s'expriment qu'avec enthousiasme en parlant de Fontainebleau. « En Gâ-
» tinois, dit Belleforest[1], est la maison magni-
» fique, superbe château et palais royal de
» Fontainebleau, le siége et déduit des rois de
» France, lequel s'en allant presqu'en ruine a
» été remis sus de notre temps par ce grand
» roy François, premier du nom, qui, ayant
» recouvert les maîtres architectes les plus ex-
» cellens de l'Europe, a fait aussi faire ce chef-
» d'œuvre autant rare qui se voye guère en
» toute la Gaule. Aussi le lieu est en si belle
» assiette pour le plaisir, les bois y étant foi-
» sonnans, la proye à souhait, les ruisseaux et
» étangs, le gibier et le poisson, et l'air y étant
» sain et libre, etc. »

Postérieurement, un autre écrivain s'exprime en ces termes : « La maison royale de Fon-
» tainebleau est en une résidence belle et spa-
» cieuse, seraine et tempérée, rare en beauté,
» gracieuse en séjour et abondante en toute
» sorte de délices. C'est là que se trouvent
» les pompes et les magnificences françaises;

---

[1] *Cosmographie universelle.*

» et c'est là que se voit tout ce qu'il y a de
» plus beau en la cour du plus grand roy du
» monde[1]. »

En 1530, François 1er. y établit une bibliothèque riche en manuscrits grecs et orientaux, et en livres imprimés. Cette nombreuse collection d'ouvrages recueillis dans plusieurs parties de l'Europe et de l'Asie, par les soins du savant Guillaume Budée, « fut, dit Morin, à
» cause du tumulte des guerres civiles, trans-
» portée en la ville de Paris, où elle est encore
» de présent en un grand logis au derrière des
» Cordeliers, à la rue de La Harpe, où de-
» meure M. Rigault, l'un des doctes person-
» nages du temps, advocat au parlement et
» bibliothécaire du roy[2]. »

En 1539, Charles-Quint, faisant un voyage en France, fut conduit par le roi dans ce château, et logé dans l'appartement dit *des Poëles*. Des fêtes brillantes eurent lieu en l'honneur de cet hôte confiant, dont le nom inscrit d'abord, comme on sait, sur les tablettes du fou de la cour, parce qu'il avait osé se mettre ainsi

---

[1] *Antiquités des villes et châteaux.*
[2] *Histoire du Gâtinais*, etc., page 522.

entre les mains de son ancien captif, fut remplacé par celui de François lui-même : alors on plaçait ce roi au rang des fous, pour n'avoir pas commis une perfidie.

Le même prince fit aussi exécuter divers travaux dans la forêt; il créa une charge de maître des eaux et forêts, ainsi qu'une capitainerie des chasses, dont le titre fut réuni à celui de concierge du château. Le bourg prit beaucoup d'accroissemens sous ce règne. Plusieurs hôtels y furent bâtis par de riches courtisans.

Henri II fit continuer à Fontainebleau divers travaux que son père avait entrepris. Quelques-uns de ses enfans y reçurent le jour.

Sous le court règne de ce prince, fut tenue, en 1560, à Fontainebleau, une assemblée notable, relative à la conjuration d'Amboise.

Charles IX orna ce château de plusieurs statues, et y fit exécuter divers embellissemens.

Henri III habita quelquefois Fontainebleau comme ses prédécesseurs.

Henri IV, paisible sur le trône de la France, en fit son séjour favori. Il dépensa en constructions ou accroissemens dans le château et dans le parc, la somme, très-considérable pour l'époque, de deux millions quatre cent quarante mille huit cent cinquante livres.

En 1599, ce roi y reçut Charles-Emmanuel, duc de Savoie, qui venait traiter en personne de la restitution du marquisat de Saluces, que la France exigeait de lui. Ce fut dans ce voyage que l'adroit prince italien noua plus fortement, selon toute apparence, les intrigues qui conduisirent, un peu plus tard, le maréchal de Biron à l'échafaud.

L'année suivante, eut lieu, dans la salle des étuves, sous la galerie de François 1er., la fameuse conférence entre Duperron, évêque d'Évreux, et Duplessis-Mornay, sur quelques citations des livres des saints pères, que le premier accusait d'infidélité. Sully, qui n'aimait pas Mornay, dit qu'il s'en tira mal. Quand la séance fut levée, le roi, s'adressant à son ministre : *Eh bien, que vous en semble de votre pape?* (On appelait quelquefois Duplessis-Mornay, *le pape des Huguenots*.) — « *Il me semble*, reprit » spirituellement Sully, *qu'il est plus pape que* » *vous ne pensez; car, ne voyez-vous pas qu'il* » *donne un chapeau rouge à M. d'Évreux* [1]. »

---

[1] *Économies royales*, in-folio, tome 1er., chap. xcv.

Le roi se trouvait à Fontainebleau quand les trames coupables de Biron lui furent révélées par Lafin, confident et agent de ce maréchal. Il appela sur-le-champ Sully auprès de lui, et, pressant avec émotion la tête du duc contre son cœur, il lui dit : *Mon ami, il y a bien des nouvelles ; toutes les conspirations contre moi et mon état, dont nous ne faisions que nous douter, sont maintenant découvertes.* Alors il lui développa le plan du conspirateur ; et il fut convenu entre eux qu'on ferait d'abord venir Biron à la cour avant de faire aucun éclat.

Biron hésita quelque temps à se rendre aux invitations qu'il reçut ; mais enfin, pressé par le roi qui déclara qu'il irait le *quérir lui-même* s'il ne déférait à ses ordres ; rassuré, d'ailleurs, par ses complices, surtout par ce perfide Lafin, qui le perdait, il partit pour Fontainebleau, et y arriva le 13 juin 1602. Son entrée fut un véritable spectacle, parce que tous les esprits étaient vaguement préoccupés des bruits qu'on avait répandus.

On sait avec quelle orgueilleuse opiniâtreté Biron, persuadé par Lafin, que le roi ne savait rien, ou du moins n'avait aucune preuve contre lui, résista à toutes les démarches que ce prince fit pour en obtenir un aveu et des marques de repentir : *Mon ami,* disait Henri IV au duc de Sully, *voilà un malheureux homme que le maréchal! J'ai envie de lui pardonner, d'oublier tout ce qui s'est passé et de lui faire autant de bien que jamais. Il me fait pitié; mon cœur ne se peut porter à faire du mal à un homme qui a du courage, duquel je me suis si long-temps servi, et qui m'a été si familier; mais toute mon appréhension est que, quand je lui aurai pardonné, il ne pardonne ni à moi, ni à mes enfans, ni à mon état.*

Enfin, après avoir ordonné à son conseil d'examiner de nouveau les charges contre le maréchal, il fit tout préparer pour son arrestation; mais il voulut encore essayer une dernière tentative. Le soir, après le jeu, il fait venir Biron dans son cabinet et lui dit : *Maréchal, c'est de votre bouche que je veux savoir ce dont, à mon grand regret, je suis trop éclairé. Je vous assure de votre grâce, quelque chose que vous ayez commise contre moi; le confessant librement, je le couvrirai du manteau de ma protection et l'oublierai pour jamais.* — *C'est trop presser un homme de bien*, s'écria l'obstiné Biron; *je n'ai eu d'autre dessein que celui que je vous ai dit. — Plût à Dieu*, reprend le roi; *mais je vois que je n'apprendrai rien de vous*. Alors, jetant un regard plein de compassion sur lui, il sortit en lui disant : *Adieu, baron de Biron; vous savez ce que je vous ai dit*. Le maréchal fut arrêté sur-le-champ et conduit le lendemain à Paris, où commença la procédure qui le mena à la mort[1].

La paix ramena les plaisirs à la cour de Henri IV; et Fontainebleau fut leur théâtre; des intrigues amoureuses, des chasses à outrance, un jeu effréné : tels étaient alors les passe-temps royaux. « On avait joué fort grand jeu, » dit Bassompierre (1608), pendant que le » roi était à Fontainebleau, et moi *fait le ma-* » *lade, et avais introduit* un marchand portu- » gais, nommé Duarte Fernandez, qui faisait » bon tout ce que l'on jouait, fournissant des » marques à ceux qui lui donnaient des fonds » ou des gages pour sa sûreté. Il y avait huit » ou dix *honnêtes gens* de la ville qui étaient » de notre partie, et, de la cour, M. de Guise

---

[1] *Mathieu*, tome II, livre II.

» de Créqui et moi. Ceux de la ville étaient
» Almeras, Chensi, Cathelau, Beddau, Choisi
» de Caën et autres. Le roi voulut qu'ils vins-
» sent tous les jours jouer avec lui. » Un peu
plus loin, parlant d'un autre séjour dans la
même résidence royale, aussi en 1608, « nous
» demeurâmes quelques jours à Fontainebleau,
» dit-il, jouant le plus furieux jeu dont on ait
» ouï parler; il ne se passait journée qu'il n'y
» eût vingt mille pistoles pour le moins de
» perte ou de gain. Les moindres marques
» étaient de cinquante pistoles; les plus gran-
» des étaient de cinq cents pistoles; de sorte
» que l'on pouvait tenir dans sa main à la fois
» plus de cinquante-mille pistoles de ces mar-
» ques-là. Je gagnai cette année-là plus de cinq
» cent mille livres au jeu, bien que je fusse
» distrait par mille folies de jeunesse et d'a-
» mour [1] ».

Le 18 janvier 1609, Henri IV écrivit, de
Fontainebleau, ces mots à Sully : « Mon ami,
» j'ai perdu au jeu *vingt-deux mille pistoles*
» (plus de six cent mille francs), que je vous

---

[1] *Mémoires du maréchal de Bassompierre*, in-18, t. 1er., p. 157 et 160.

» prie de faire incontinent mettre ez mains de
» Feydeau, etc.[1] ».

Si l'on rapportait tous les événemens dont ce château fut le théâtre, on aurait à écrire une partie de l'histoire de France : il faut donc s'attacher aux faits les plus dignes de mémoire.

En 1629, Louis XIII jura solennellement dans la grande église du bourg le renouvellement de la paix avec l'Angleterre, en présence d'un ambassadeur de ce pays. En 1639, il fit, dans une des salles du château, quarante-neuf chevaliers de l'ordre du Saint-Esprit. « Le jour
» de la Fête-Dieu de la même année, le roi
» *toucha*, dans l'allée royale, le long de l'é-
» tang, près le jardin des pins, les malades
» des écrouelles, au nombre de 1269 : on y en
» avait compté une autre fois 1523[2]. »

En 1642, on vit arriver à Fontainebleau une machine extraordinaire par sa forme, par les moyens qui la mettaient en mouvement, et curieuse par l'objet qu'elle contenait : c'était une chambre en bois très-ornée et recouverte en damas cramoisi. Cette chambre, arrivée de

---

[1] *Économies royales de Sully*, tome VI, chap. XXVII.
[2] *Guilbert*, tome I*er*., page 60.

Valence où elle avait été fabriquée, était portée sur les épaules de dix-huit gardes du corps à la fois, tous, la tête découverte, relayés, de loin en loin, par dix-huit autres gardes. On avait d'abord décidé que des paysans, pris dans les villages qui se trouvaient sur la route, seraient les porteurs; mais les gardes du corps voulurent avoir l'honneur de se charger de ce précieux fardeau. Cette chambre portative contenait un lit, une table, une chaise, un homme et deux serviteurs. Cet homme était le cardinal de Richelieu, qui, tombé malade à Valence, et craignant les mouvemens des voitures ordinaires, imagina cette nouvelle manière de voyager. Ajoutons que, dans les bourgs ou villages où passa cette étrange voiture, il fallut souvent abattre des maisons, démolir des portes pour lui faire place. Ce fut dans cet équipage que le terrible cardinal arriva à Fontainebleau, et qu'il en partit pour se rendre à Paris, où, le 4 décembre 1642, il termina sa désastreuse carrière.

En 1644, Henriette d'Angleterre, femme de Charles 1er., vint s'y réfugier après la révolution qui mena ce prince à l'échafaud. Il est digne de remarque qu'environ un demi-siècle après, on y vit le roi Jacques-Stuart, banni de son royaume à la suite d'une autre révolution, pour avoir voulu régner par le jésuitisme et l'arbitraire.

Le roi Louis XIV séjourna, pour la première fois, à Fontainebleau, en 1645. Ce fut peu d'années après, que la reine Christine de Suède, venue en France après son abdication, reçut, contre le gré du roi, ce château pour demeure. Extravagante, indécente même à Paris, elle se montra cruelle à Fontainebleau; et c'est là qu'elle fit assassiner le marquis de Monaldeschy, son grand-écuyer, action véritablement flétrissante pour sa mémoire, et dont les détails paraîtront sans doute avoir quelque intérêt : nous les emprunterons à la relation du père Lebel, mathurin de Fontainebleau, qu'on fit venir pour confesser la victime[1]. Ce Religieux fut appelé, quelques jours avant cette sanglante catastrophe, devant la reine qui lui remit un paquet cacheté, en lui recommandant le secret absolu. Elle le rappela le 10 novembre à une heure après midi. Un

---

[1] Insérée dans le tome 1er. de l'*Histoire et description de Fontainebleau*, par l'abbé Guilbert, page 194.

valet l'introduisit dans la galerie des cerfs, dont la porte fut soigneusement fermée. La reine était debout, au milieu de la galerie, parlant à Monaldeschy; trois autres personnages étaient à peu de distance, et l'un d'eux plus rapproché de Christine. Cette princesse, dès qu'elle vit le Religieux, lui demanda le paquet qu'elle lui avait remis; et, l'ayant décacheté, elle communiqua au marquis les papiers qui y étaient renfermés; il pâlit en les prenant, mais déclara qu'il ne savait ce que c'était. *Ne voulez-vous pas reconnaître ces lettres*, dit la reine, d'une voix assurée? Il réfléchit. Alors elle tira de dessous elle les originaux dont ces papiers n'étaient que des copies écrites de sa main, et les lui communiqua. L'infortuné se jeta alors à ses pieds et chercha à se justifier. Les trois assistans mirent l'épée à la main.

« Il se releva et tira cette reine à un coin
» de la galerie, et tantôt à un autre, la sup-
» pliant toujours de l'entendre et de le recevoir
» dans ses excuses: S. M. ne lui dénia jamais
» rien, mais l'écouta avec une grande patience,
» sans que jamais elle témoignât la moindre
» importunité, ni aucun signe de colère. Aussi-

» tôt, se tournant vers moi, lorsque ce marquis
» la pressait le plus de l'écouter et de l'enten-
» dre : *Mon père, me dit-elle, voyez et
» soyez témoin,* (s'approchant du marquis,
» appuyée sur un petit bâton d'ébène à poi-
» gnée ronde), *que je ne presse rien contre
» cet homme, et que je donne à ce traître tout
» le temps qu'il veut et plus qu'il n'en saurait
» désirer d'une personne offensée, pour se
» justifier, s'il le peut.* »

Après une heure de conférence, la reine se tournant vers le Religieux, lui dit : *Mon père, je me retire et vous laisse cet homme; dispo-sez-le à mourir, et ayez soin de son âme.* A ces mots, Monaldeschy tomba encore aux pieds de Christine; et le père s'unit à lui pour implorer sa grâce. Elle répondit, d'un accent ferme et modéré, qu'elle ne pouvait l'accor-der, *qu'il était plus coupable que ceux qui sont condamnés à la roue*; qu'elle lui avait communiqué ses affaires les plus secrètes, et l'avait, en outre, comblé de biens, et que sa perfidie ne pouvait espérer de pardon; alors elle se retira, et les bourreaux s'approchèrent. Sur les cris et les instances réitérées du malheureux marquis, celui qui semblait le chef sortit pour essayer de fléchir la reine; mais sa démarche fut infructueuse. Le Religieux, à son tour, voulut faire une tentative; mais ses vives supplications restèrent encore sans résultat; et, sur ce qu'il cherchait à lui faire entendre qu'une pareille exécution pourrait sans doute déplaire au roi, qui lui accordait un asile dans son palais, et qu'il valait mieux soumettre le coupable à sa justice : *Quoi, mon père,* dit-elle, *moi, en qui doit résider la justice absolue et souveraine sur mes sujets, me voir réduite à solliciter contre un traître domestique, dont les preuves de son crime et de sa perfidie sont en ma puissance!* Alors elle le congédia sans vouloir en entendre davantage; et le Religieux crut qu'il n'avait rien de mieux à faire que de retourner auprès du patient, qu'il ne pouvait plus soustraire à la mort. Il rentra donc dans la galerie, et chercha à réprimer le désespoir du marquis; il l'engagea à se confesser : la confession commença *en latin, français et italien, ainsi qu'il se pouvait mieux expliquer dans le trouble où il était.* Sur ces entrefaites, l'aumônier de la reine entra dans la galerie : le marquis s'interrompant, court à lui, espérant encore. Ils causèrent quelques instans, se

tenant les mains. « Et, après leur conférence
» finie, l'aumônier sortit et emmena avec lui
» le chef des trois, commis pour cette exécu-
» tion; et peu après, l'aumônier étant demeuré
» dehors, l'autre revint seul et lui dit : *Mar-*
» *quis, demande pardon à Dieu; car, sans*
» *plus attendre, il faut mourir; es-tu confessé?*
» et, lui disant ces paroles, le pressa contre la
» muraille du bout de la galerie où est la pein-
» ture de Saint-Germain-en-Laye ; et je ne
» pus si bien me détourner que je ne vis qu'il
» lui porta un coup dans l'estomac, du côté
» droit; et ce marquis, le voulant parer, prit
» l'épée de la main droite, dont l'autre, en la
» retirant, lui coupa trois doigts; et l'épée de-
» meura faussée; et pour lors il dit à un autre
» qu'il était armé dessous; comme en effet il
» avait une cotte de maille qui pesait neuf à
» dix livres; et le même, à l'instant, redoubla
» le coup dans le visage, après lequel le mar-
» quis s'écria : *Mon père! mon père!*..... Je
» m'approchai de lui; et les autres se retirè-
» rent un peu à quartier; et, un genou en
» terre, il demanda pardon à Dieu, et me dit
» encore quelque chose où je lui donnai l'abso-
» lution avec la pénitence de souffrir la mort

» pour ses péchés, pardonnant à tous ceux
» qui le faisaient mourir; laquelle reçue, il se
» jeta sur le carreau; et, en tombant, un autre
» lui donna un coup sur le haut de la tête,
» qui lui emporta des os; et, étant étendu sur
» le ventre, faisait signe et marquait qu'on lui
» coupât le col; et le même lui donna deux ou
» trois coups sur le col, sans lui faire grand
» mal, parce que la cotte de maille, qui était
» montée avec le collet du pourpoint, para et
» empêcha l'excès du coup; cependant, je
» l'exhortais de se souvenir de Dieu et d'en-
» durer avec patience, et autres choses sem-
» blables. » Cette affreuse exécution en était
là quand l'aumônier rentra dans la galerie; l'infortuné se traîna jusqu'à lui, et en
obtint une seconde absolution; après quoi,
« celui qui avait frappé sur le col dudit mar-
» quis, et qui était avec l'aumônier à sa gau-
» che, lui perça la gorge d'une épée assez lon-
» gue et étroite, duquel coup le marquis
» tomba sur le côté droit et ne parla plus,
» mais demeura plus d'un quart d'heure à res-
» pirer, durant lequel je lui criais et l'exhor-
» tais du mieux qu'il m'était possible; et ainsi
» ce marquis, ayant perdu son sang, finit sa

» vie à trois heures trois quarts de l'après-
» midi. »

Le corps de Monaldeschy fut transporté à l'église d'Avon, située hors du parc, et fut enseveli à l'entrée près du bénitier. On y voit un monument fort simple et son épitaphe qui ne présente à peu près que le nom mal écrit de *Monaldeschy*. Christine, ajoutant à son crime des actes de dévotion, fit dire des messes pour l'âme de celui qu'elle avait fait assassiner.

On ignore de quel genre de trahison Monaldeschy s'était rendu coupable. Comme la reine avait abdiqué, et que par conséquent des secrets d'état ne pouvaient pas avoir une très-grande importance à son égard, on a conjecturé que Monaldeschy, amant de Christine, avait reçu la mort pour l'avoir trahie et dédaignée; mais il faut convenir qu'il y a bien des raisons pour douter de cette explication. Quoi qu'il en soit, les contemporains nous apprennent que cette action fit horreur à la cour[1].

Ce meurtre, commis en France, dans une maison royale, par une reine étrangère, et qui avait abdiqué, était un crime particulier et un

---

[1] *Mémoires de M. de Motteville.*

attentat au droit des gens. Mazarin, qui régnait alors, adressa des plaintes sévères à Christine, qui lui répondit avec colère par des bravades et des injures. Voici cette lettre curieuse :

« M. Mazarin, ceux qui vous ont appris le dé-
» tail de Monaldeschy, mon écuyer, étaient très-
» mal informés. Je trouve fort étrange que vous
» commettiez tant de gens pour vous éclaircir
» de la vérité du fait. Votre procédé ne devrait
» pourtant point m'étonner, tout fou qu'il est;
» mais je n'aurais jamais cru que ni vous ni
» votre jeune maître orgueilleux eussiez osé
» m'en témoigner le moindre ressentiment.

» Apprenez, tous tant que vous êtes, valets
» et maîtres, petits et grands, qu'*il m'a plu*
» *d'agir ainsi;* que je ne dois, ni ne veux ren-
» dre compte de mes actions à qui que ce soit,
» surtout à des *fanfarons* de votre sorte. Vous
» jouez un singulier personnage pour un per-
» sonnage de votre rang; mais quelques raisons
» qui vous aient déterminé à m'écrire, j'en fais
» trop peu de cas pour m'en intriguer un seul
» instant. Je veux que vous sachiez et que vous
» disiez à qui voudra l'entendre que Christine
» se soucie peu de votre cour, et encore moins

» de vous; que, pour me venger, je n'ai pas
» besoin d'avoir recours à votre formidable
» puissance. Mon honneur l'a voulu ainsi; *ma*
» *volonté est une loi* que vous devez respecter;
» vous taire est votre devoir; et bien des gens
» que je n'estime pas plus que vous feraient
» très-bien d'apprendre ce qu'ils doivent à
» leurs égaux avant que de faire plus de bruit
» qu'il ne convient.

» Sachez enfin, *mons le cardinal*, que *Chris-*
» *tine* est reine (elle ne l'était plus) partout
» où elle est, et qu'en quelque lieu qu'il lui
» plaît d'habiter, les hommes, quelque four-
» bes qu'ils soient, vaudront encore mieux que
» vous et vos affidés. Le prince de Condé avait
» bien raison de s'écrier, lorsque vous le rete-
» niez prisonnier inhumainement à Vincennes :
» *Ce vieux renard qui, jusqu'ici, a trompé*
» *Dieu et le diable, ne se lassera jamais d'ou-*
» *trager les bons serviteurs de l'État, à moins*
» *que le parlement ne congédie ou ne punisse*
» *sévèrement cet illustrissime faquin de Pis-*
» *cina.*

» Croyez-moi donc, Jules : comportez-vous
» de manière à mériter ma bienveillance; c'est
» à quoi vous ne sauriez trop vous étudier.

» Dieu vous préserve d'aventurer jamais le moindre propos indiscret sur ma personne ! Quoiqu'au bout du monde, je serai instruite de vos menées. J'ai des amis et des courtisans (elle veut dire des assassins) à mon service, qui sont aussi adroits et aussi surveillans que les vôtres, quoique moins bien soudoyés [1]. »

Il est curieux de voir, au lieu de chercher à se justifier, cette reine dévergondée braver, injurier, menacer ceux qui lui reprochent son double attentat, et dévoiler, dans sa colère, les hideux secrets du despotisme. Persuadée qu'en sa qualité de reine il lui était permis de commettre, sans contradiction, tous les crimes, elle s'irrite contre les contradicteurs et les menaces. Le contenu de cette lettre fait sentir combien il est nécessaire de contenir le pouvoir souverain dans de justes limites. La petite portion de gloire qu'avait acquise à cette femme son goût pour les lettres et les sciences est entièrement effacée par les extravagances de sa conduite, et par le meurtre qu'elle a com-

---

[1] *Pièces intéressantes et peu connues*, recueillies par DE LA PLACE, in-12, tome IV, page 164.

mis à Fontainebleau. Ennuyée de son séjour en France, d'où, au moins, elle aurait dû être expulsée, elle retourna à Rome.

Le dauphin, fils de Louis XIV, naquit à Fontainebleau en 1661; et le prince de Condé y mourut en 1686. L'année précédente, le roi y avait signé la révocation de l'édit de Nantes, acte de fanatisme funeste pour la France, tache ineffaçable pour la mémoire de Louis XIV.

Ce roi crut, par cet acte jésuitique et impie, obtenir les faveurs de la divinité et une prospérité constante; il n'éprouva que des revers, et fut presque toujours battu par ses ennemis. Après sa défaite à Ramilly, il s'écria, plein des fausses idées que les jésuites lui avaient inculquées : *Dieu a donc oublié ce que j'ai fait pour lui?* Un dieu qui oublie! Un homme qui croit avoir rendu des services à ce dieu! Voilà des doctrines bien étranges.

Louis XV vint à Fontainebleau, pour la première fois, en 1724, et y épousa, l'année suivante, Marie Leczinska. La cour y fit, dans la suite, divers séjours qui n'ont rien d'important. Le dauphin, fils de Louis XV, y mourut en 1765.

Le château que François I"., Henri IV et

Louis XIV s'étaient plus à embellir, fut une des demeures de prédilection du conquérant longtemps heureux, qui leur succéda au commencement de notre siècle. Cette résidence lui dut aussi de notables embellissemens. Les dépenses que Napoléon y fit depuis 1804 jusqu'en 1813, s'élèvent à une somme de 6,242,000 fr. [1]. C'est près du triple du montant des sommes que Henri IV y consacra.

Quelques circonstances importantes qui se rapportent au règne de Napoléon doivent être signalées ici. C'est à Fontainebleau qu'il accueillit l'épouse que la maison d'Autriche voulut bien lui donner après son divorce avec Joséphine. M. de Las Cases nous fournit à ce sujet des détails assez piquans qui laissent entrevoir comment, dans les cours, on crée toujours une morale particulière pour les princes : « Le mariage de Marie-Louise s'accomplit » à Fontainebleau immédiatement après son » arrivée. Napoléon était allé au devant d'elle, » et s'était introduit déguisé dans sa voiture. » Il voulut, dit Las Cases [2], lui épargner tous

---

[1] *Manuscrit de* 1813, tome 1er., page 86.
[2] *Mémorial de Sainte-Hélène*, tome 1er., page 384.

» les détails de l'étiquette domestique en usage
» dans pareille circonstance ; on l'en avait du
» reste soigneusement instruite à Vienne. L'em-
» pereur, *pour ce qui le regardait personnel-*
» *lement,* lui demanda quelles instructions elle
» avait reçues de ses grands parens : *d'être à*
» *lui tout à fait, et de lui obéir en toute chose,*
» fut sa réponse. Et ce fut aussi pour l'empe-
» reur la solution de tous cas de conscience,
» et non les décisions de certains cardinaux et
» évêques, comme on l'a dit dans le temps :
» d'ailleurs, dans la même circonstance, Hen-
» ri IV en avait agi de la sorte[1]. » Napoléon
dut sans doute être charmé de l'attention dé-
licate qu'avaient eue les *grands parens* de la
princesse, de le délivrer des ennuis de l'attente
et des cérémonies, et de la *si bien préparer à*
vouloir sur-le-champ tout ce qu'il voudrait.

A la suite des différends qui naquirent entre
Napoléon et Pie VII, quand le premier voulut
s'emparer de ses États, le pape fut d'abord
conduit à Savone, puis transféré, plus tard,
à Fontainebleau. Il y arriva le 20 juin 1812,
à minuit. Si l'on en croit ce qu'a dit Napoléon

---

[1] *Mémorial de Sainte-Hélène*, tome II, page 21.

lui-même sur cette affaire, pendant son exil à Sainte-Hélène, il n'avait point ordonné cette translation, exécutée en très-grande hâte, parce que la sûreté du pape pouvait être compromise à Savone, d'un instant à l'autre. Du reste, pendant ce séjour à Fontainebleau, qui a servi de prétexte à tant de bruits calomnieux contre l'empereur détrôné, le pape fut traité en souverain libre et non en captif. Mais il opposait une inébranlable fermeté à toutes les propositions qui lui étaient faites; il était prêt à céder tout, excepté la donation de Pepin et de Charlemagne, que le nouvel empereur revendiquait. « Que de choses, a dit Napo-
» léon, ne m'offrait-il pas pour retourner à
» Rome! La discipline de l'église, l'institution
» des évêques ne lui étaient plus rien, s'il
» pouvait, à ce prix, redevenir prince tem-
» porel[1]. »

Cependant Napoléon sentait le besoin de se délivrer des inquiétudes que les affaires religieuses venaient mêler à celles que lui faisait éprouver l'Europe entière armée contre lui. Il voulut en finir avec le pape. Les points

[1] *Mémorial de Sainte-Hélène*, tome IV, page 153.

principaux qui divisaient ces deux personnages étaient, 1°. le séjour de Paris, auquel Napoléon tenait et que le pape s'opiniâtrait à refuser; 2°. le délai fixé pour l'expédition des bulles relatives à l'établissement des évêques. Quant au premier point, on mit en avant le séjour d'Avignon comme terme moyen; et, quant au second, Napoléon ayant demandé que le délai fût de trois mois, le pape semblait disposé à consentir à ce qu'il fût porté à six. Les affaires en étant là, Napoléon commande une partie de chasse et se rend à l'improviste à Fontainebleau. « Son arrivée inopinée surprend le pape,
» et prévient l'effet des mauvais conseils qu'on
» n'aurait pas manqué de lui donner. Le saint
» père le reçoit avec affection et même avec
» plaisir. Le lendemain, il lui rend sa visite.
» L'entrevue dure plus de deux heures : elle a
» lieu dans le cabinet des petits appartemens.
» On se dit d'abord tout ce qu'on a sur le
» cœur; mais rien d'amer ne vient aggraver
» le passé; et les propositions les plus conciliantes
» vont au-devant de l'avenir. Tout ce
» que Napoléon sait mettre de séduisant dans
» une conversation, il le met dans celle-ci; de
» son côté, le saint père l'écoute toujours avec

» bienvaillance, ou lui répond avec cette onc-
» tion paternelle qui le rend si vénérable. La
» conversation est en italien : *san padre, mio
» figlio*, sont les termes dont ils se servent en
» s'adressant la parole. Tant de confiance et
» de douce persuasion ne peut produire qu'un
» heureux dénouement. On ne tarde pas à s'a-
» percevoir qu'on est sur le point de s'enten-
» dre; et ce grave entretien est bientôt assai-
» sonné par l'enjouement le plus aimable. Le
» pape a fini par accepter la résidence d'Avi-
» gnon. De son côté, Napoléon a écarté des
» stipulations trop délicates qui paraissent
» alarmer la conscience du saint père, telles,
» par exemple, que la cession formelle des
» États romains; mais toutes les autres for-
» malités semblent s'aplanir d'elles-mêmes;
» et, quant à l'institution canonique des évê-
» ques, le pape consent à se renfermer dans
» le délai que l'église de France a proposé[1] »

Un secrétaire ayant été appelé, (et ce fut le narrateur même à qui nous venons d'emprunter les détails de cette scène), les bases d'un concordat furent incessamment jetées sur le

---

[1] *Manuscrit de* 1813, par le baron *Fain*, t. 1er., p. 56.

papier. Des négociations s'ouvrirent à la suite. Au bout de trois ou quatre jours, tout fut terminé. Le pape et l'empereur signèrent; et plusieurs prélats furent comblés des faveurs impériales à l'occasion de cette heureuse conclusion. Mais Napoléon n'eut pas plutôt quitté Fontainebleau, que des conseils ennemis circonvinrent sur-le-champ l'esprit débonnaire et facile du pape, et que les mêmes difficultés reprirent naissance. Elles furent encore aggravées par la publication que le gouvernement crut pouvoir faire du concordat conclu et signé.

Voici en quels termes Napoléon parlait à Sainte-Hélène de cette remarquable transaction : « J'ai arraché au pape, par la seule force
» de ma conversation privée, ce fameux con-
» cordat de Fontainebleau, dans lequel il *a*
» *renoncé à la puissance temporelle*..... Il
» n'eut pas plutôt signé, qu'il s'en repentit. Il
» devait, le lendemain, dîner en public avec
» moi; mais, dans la nuit, il fut ou feignit
» d'être malade. C'est qu'immédiatement après
» que je l'eus quitté, il retomba dans les mains
» de ses conseillers habituels, qui lui firent un
» épouvantail de ce qu'il venait d'arrêter; si

» nous eussions été laissés seuls, j'en eusse fait
» ce que j'eusse voulu..... C'était vraiment un
» agneau, tout à fait bon-homme, un véritable
» homme de bien, que j'estime, que j'aime
» beaucoup, et qui, de son côté, me le rend
» un peu; j'en suis sûr[1]. » Le pape, au reste,
gardait si peu rancune à Napoléon, que, lorsque celui-ci revint de l'île d'Elbe, il dit à Lucien : *Vous allez à Paris, c'est bien; faites ma paix avec lui; je suis à Rome; il n'aura jamais aucun désagrément de moi*[2].

On montre encore, à Fontainebleau, le vaste et superbe appartement occupé par le pape pendant son espèce de détention.

Enfin, c'est à Fontainebleau que vint s'éteindre cette domination immense qui avait bouleversé l'Europe et qui semblait devoir imprimer une face nouvelle à l'univers. Napoléon, après avoir fait des efforts extraordinaires dans cette campagne de 1814, qui est un de ses plus beaux titres de gloire militaire, voyant toutes ses espérances évanouies par la capitulation de Paris, se rendit à Fontainebleau. Il s'y logea

---

[1] *Mémorial de Sainte-Hélène*, tome V, page 334.
[2] *Idem*, tome III, page 265.

dans son petit appartement, au premier étage, le long de la galerie de François 1er. Ce qui lui restait de troupes vint sur-le-champ se ranger autour de Fontainebleau. La restauration des Bourbon s'essayait alors; mais un parti très-puissant soutenait encore le système de l'empire. Dans l'espoir de décider les princes alliés pour la régence, on sollicita de l'empereur une abdication. Après avoir hésité et pris même quelques mesures pour attaquer Paris, voyant ses chefs découragés, il signa, le 4 avril, l'acte demandé. On voit encore, dans le cabinet qu'il occupait, la petite table sur laquelle fut signé cet acte qui l'excluait du trône.

Mais bientôt cette abdication en faveur de son fils ne suffit plus : on voulait l'expulsion de sa race; ses plénipotentiaires vinrent chercher de nouveaux pouvoirs. A cette nouvelle, il veut rompre toute négociation, réunir les corps d'armées qui lui sont encore fidèles, se retirer sur la Loire, en Italie, et y poursuivre toutes les chances de la guerre. Le silence de tous ceux qui l'entourent est la seule réponse que reçoivent ses propositions. Alors il reprend la plume, et signe une nouvelle abdication, dans laquelle se trouve comprise sa dynastie.

Dans l'intervalle de cette abdication et du traité qui livra au maître de l'Europe la souveraineté de l'île d'Elbe, on assure que Napoléon tenta de s'empoisonner avec une préparation indiquée par Cabanis, et qui avait servi à Condorcet pour se donner la mort[1]. Ce fait a trouvé des contradicteurs.

« Le jour de son départ ayant été fixé, le
» 20, à midi, les voitures de voyage viennent
» se ranger dans la cour du fer-à-cheval; la
» garde impériale prend les armes et forme la
» haie; à une heure, Napoléon sort de son ap-
» partement; il trouve rangé sur son passage
» ce qui reste autour de lui de la cour la plus
» nombreuse et la plus brillante de l'Europe :
» c'est le duc de Bassano, le général Belliard,
» le colonel de Bussi, le colonel Anatole-Mon-
» tesquiou, le comte de Turenne, le général
» Fouler, le baron Mesgrigny, le colonel
» Gourgaud, le baron Fain, le lieutenant-co-
» lonel Athalin, le baron de la Place, le ba-
» ron Lelorque-d'Ideville, le chevalier Joua-
» nen, le général Kosakowski et le colonel
» Vousowitah; ces deux derniers Polonais.

[1] *Manuscrit de* 1814, par le baron *Fain*, p. 255 et suiv.

» Napoléon tend la main à chacun, descend
» vivement l'escalier, et, dépassant le rang
» des voitures, s'avance vers la garde; il fait
» signe qu'il veut parler; tout le monde se
» tait, et, dans le silence le plus religieux, on
» écoute ses dernières paroles :

« *Soldats de ma vieille garde*, dit-il, *je vous*
» *fais mes adieux. Depuis vingt ans, je vous*
» *ai trouvés constamment sur le chemin de*
» *l'honneur et de la gloire. Dans ces derniers*
» *temps, comme dans ceux de notre prospérité,*
» *vous n'avez cessé d'être des modèles de bra-*
» *voure et de fidélité. Avec des hommes tels*
» *que vous, notre cause n'était pas perdue;*
» *mais la guerre était interminable : c'eût été*
» *la guerre civile, et la France n'en serait de-*
» *venue que plus malheureuse : j'ai donc sa-*
» *crifié tous nos intérêts à ceux de la patrie;*
» *je pars; vous, mes amis, continuez de ser-*
» *vir la France. Son bonheur était mon uni-*
» *que pensée; il sera toujours l'objet de mes*
» *vœux! Ne plaignez pas mon sort; si j'ai*
» *consenti à me survivre, c'est pour servir en-*
» *core à votre gloire : je veux écrire les*
» *grandes choses que nous avons faites ensem-*
» *ble!....... Adieu, mes enfans! je voudrais*

» *vous presser tous sur mon cœur; que j'em-*
» *brasse au moins votre drapeau!......*

» A ces mots le général Petit, saisissant
» l'aigle, s'avance. Napoléon reçoit le général
» dans ses bras, et baise le drapeau. Le silence
» d'admiration que cette grande scène inspire
» n'est interrompu que par les sanglots des
» soldats. Napoléon, dont l'émotion est visi-
» ble, fait un effort, et reprend d'une voix
» plus ferme : *Adieu, encore une fois, mes*
» *vieux compagnons! que ce dernier baiser*
» *passe dans vos cœurs!*

» Il dit; et, s'arrachant au groupe qui l'en-
» toure, il s'élance dans sa voiture, au fond
» de laquelle est déjà le général Bertrand[1]. »

Telle est la scène qui a formé le dénouement du grand drame dont Napoléon a été le héros, et que le talent de M. Horace Vernet a rendue d'une manière si noble et si vraie.

Description du château de Fontainebleau.
C'est une réunion, ou, comme le disait un Anglais, *un rendez-vous de châteaux* contigus, très-irrégulièrement groupés, et bâtis sous différens règnes et en divers genres d'archi-

[1] *Manuscrit de* 1814, par le baron *Fain*, p. 265 et suiv.

tecture. On pourrait compter, dans cet ensemble irrégulier de bâtimens, jusqu'à six châteaux attachés, avec leurs cours, les uns aux autres, sans plan uniforme. Chaque cour est entièrement ou à peu près entourée de trois ou quatre corps de bâtimens; voici leurs noms :

La cour du *Cheval-Blanc;* la cour de *la Fontaine;* la cour *Ovale* ou du *Donjon;* la cour ou jardin de l'*Orangerie;* la cour *des Princes* et la cour *des Cuisines.*

La cour du *Cheval-Blanc* s'ouvre sur la place de Ferrare; elle doit ce nom à un cheval en plâtre, copie du cheval de Marc-Aurèle, moulé à Rome en 1560. Quoique ce cheval ait été brisé en 1626, la cour où il était placé n'en a pas moins conservé ce nom. Des bâtimens fermaient la cour du côté de la place de Ferrare; ils furent démolis, et, en 1810, remplacés par une belle grille de cent quatre mètres de longueur. L'aile droite de cette cour, commencée sous Louis xv, achevée sous Louis xvi, fut élevée sur l'emplacement de l'ancienne galerie d'Ulysse, précieuse par les peintures de plusieurs maîtres italiens, qu'avait attirés François 1er.

La façade qu'on voit au fond de cette cour

est ornée par un vaste escalier en fer-à-cheval, construit sous Louis XIII, en 1634, par *Le Mercier*. Cet escalier, placé à l'extérieur, n'est point abrité; il en impose par sa masse; on l'admire; mais le dessin n'en est pas pur. Ses doubles rampes eussent gagné en beauté, si Le Mercier, architecte très-médiocre, eût donné à leur plan plus de simplicité et des formes moins contournées.

Cet escalier a deux rampes qui, par une courbure tourmentée, s'élèvent à la hauteur d'une terrasse placée devant les appartemens du premier. Au bas de chaque rampe est une fontaine.

L'aile gauche de cette cour, bâtie sous François Ier., sert de logement aux ministres : c'est dans cette aile que fut enfermé le maréchal de Biron avant d'être conduit à la Bastille.

Cette cour, nommée aussi *la cour d'Honneur*, la cour *du Fer-à-Cheval*, est la plus vaste de toutes celles qui composent le château.

La *cour de la Fontaine* doit ce nom à une fontaine qui a souvent changé de forme et de place; aujourd'hui elle présente un bassin dans lequel quatre mascarons versent de l'eau. Cette cour, entourée de bâtimens de trois côtés, s'ouvre du côté du sud et sur les jardins : ce qui la rend très-agréable.

Les bâtimens de cette cour ont servi à loger les reines-mères, et, en 1539, l'empereur Charles-Quint. C'est là que se tinrent, en 1560, une assemblée de notables, et, en 1603, la conférence entre Duplessis-Mornay et le cardinal Duperron ; c'est là que fut logé le pape Pie VII, en 1804, et que, dans l'étage supérieur, fut placée la belle bibliothèque qu'avait réunie François 1er., laquelle fut, en 1585, transférée à Paris, où elle devint l'origine de la fameuse bibliothèque du roi.

C'est à l'aile gauche de cette cour que se trouvait une salle de vingt pieds de longueur, qu'on nomma d'abord *la grande salle*, puis *la salle de la belle cheminée* : ce nom lui vient d'une cheminée de vingt-trois pieds de hauteur sur vingt de large. Elle était ornée d'un bas-relief en marbre, représentant la statue équestre de Henri IV, triomphateur de ses ennemis. On raconte que ce roi, montrant ce bas-relief au maréchal de Biron, lui adressa ces mots : *Maréchal, que dirait le roi d'Espagne, s'il me voyait ainsi ? — Il ne vous craindrait guère*, répliqua Biron ; puis, voyant le roi prendre un air sévère, il se hâta d'ajouter : *j'entends s'il vous voyait ainsi figuré en marbre.* Cette salle a aussi servi long-temps de salle de spectacle.

La cour *Ovale* ou *du Donjon* est longue et peu large; on y entre par une porte nommée *porte dorée*, à cause de ses anciens ornemens; elle ne mérite plus ce titre. Les bâtimens qui environnent cette cour sont plus anciens que ceux des autres cours; on y voit un pavillon qui porte le nom de *Saint-Louis*, quoiqu'il ait été construit sous le règne de François 1er.; mais ce roi le fit réédifier sur les mêmes fondations. Là était vraisemblablement l'ancien château habité par saint Louis. Les deux tiers des bâtimens qui entourent cette cour offrent un balcon extérieur que supportent quarante-cinq colonnes de grès, et que Henri IV fit construire.

Outre la porte dorée, dont j'ai parlé, cette cour a une autre entrée appelée *la porte dauphine;* elle a soixante-six pieds d'élévation, et fut construite, en 1601, à l'occasion de la naissance de Louis XIII.

Dans les bâtimens qui entourent cette cour, sont la salle de bal et la bibliothèque. La salle de bal est remarquable par les peintures du Primatice, de Nicolo, de Dubreuil, peintures aujourd'hui fort dégradées. La bibliothèque est placée dans une ancienne chapelle, dite la *Chapelle du Roi*, bâtie sous François 1er.; sa hauteur est divisée en deux parties : la chapelle haute qui communique aux appartemens, et la chapelle basse qui se trouve au rez-de-chaussée. Ce ne sont point les livres qui manquent à cette bibliothèque, la plus nombreuse de toutes celles des maisons royales; mais c'est l'emplacement qui ne suffit pas à les contenir tous.

On trouve dans ces mêmes bâtimens, les appartemens du roi et de la reine, des salles du conseil, du trône, des boudoirs, des cabinets. Dans un salon, on montre une petite table ronde en bois d'acajou : c'est sur cette table qu'en 1814 Bonaparte signa son abdication.

C'est aussi par ces bâtimens qu'on arrive à *la galerie de Diane*. Elle fut construite, en 1600, pour servir de galerie à l'appartement de la reine; mais, la voûte menaçant ruine, on a été obligé de la démolir et de sacrifier plusieurs peintures d'Ambroise Dubois, dont cependant on a recueilli quelques fragmens. Il a fallu restaurer et repeindre cette galerie. Ces travaux, depuis long-temps entrepris, ont été terminés en 1826; et MM. Abel de Pujol et Blondel ont donné, dans leur exécution, une preuve de leur goût et de leur talent très-remarquables.

Le *jardin de l'Orangerie*, est, comme les cours que je viens de décrire, entouré de divers corps de bâtimens. Sous François Ier., il fut nommé le *Jardin des Bois*. Henri IV y établit une belle volière; et Louis XIII fit convertir cette volière en orangerie : elle éprouva des accidens. En 1702, le feu la détruisit; Louis XIV la fit rétablir. Pendant l'hiver très-rigoureux de 1789, le feu qu'on entretenait dans cette orangerie, poussé avec trop d'activité, causa un incendie qui consuma ce bâtiment; en coupant les communications, on parvint à arrêter les progrès de la flamme qui menaçait le château tout entier[1]. Des orangers qui dataient de plusieurs siècles furent perdus.

---

[1] M. Rémard, dans son utile ouvrage du *Guide du voyageur à Fontainebleau*, assigne à cet événement le 6 mars 1788. Quelque déférence que j'aie pour cet écrivain, conservateur de la bibliothèque du château, dont j'ai éprouvé la complai-

Ce jardin est dessiné en jardin paysagiste. Il fut d'abord nommé *Jardin de Diane*, à cause d'une statue en bronze de cette déesse qui se trouvait placée au milieu d'un bassin : cette statue et ses accessoires furent déplacés pendant la révolution. On les a rétablis en 1811, en construisant une fontaine fort agréable, où figurent la statue de cette déesse et plusieurs autres ornemens. On doit cette restauration aux dessins de M. Hurtault.

Dans les bâtimens qui entourent ce jardin, étaient la galerie des *Chevreuils* et celle des *Cerfs*, ainsi nommées à cause des têtes de ces animaux qu'on y avait placées entre des tableaux peints, sous Henri IV, par Dubreuil. Ce fut dans la galerie des Cerfs que, le 10 novembre 1657, la reine Christine de Suède fit égorger son grand-écuyer, Monaldeschy, meurtre dont nous avons parlé. La galerie des Chevreuils n'existe que dans des murs qui menacent ruine ; et celle des Cerfs forme aujourd'hui des appartemens de princes.

sance et à qui je dois les notions les plus exactes de cette description, je ne puis placer cet événement en 1788; ayant consigné le fait, en 1789, dans un volume, lors même de l'événement : je m'en tiens à cette dernière notion.

La cour des Princes, la plus petite de toutes celles du château, est entourée de bâtimens où logeait la fameuse Christine de Suède.

La cour des Cuisines, dont l'entrée est sur la place d'Armes, est située au nord de la cour des princes et de la cour Ovale et au-delà du fossé. Cette cour vaste et régulière est entourée de trois corps de bâtimens que Henri IV fit construire, en 1609, d'après les dessins de François Jamin. Sur le portail de cette cour, on voit une inscription latine qui contient une éloge du roi qui fit élever ces bâtimens, après avoir affermi son trône et sauvé l'État.

Au bas d'un pavillon situé au milieu de la façade qui répond à la porte d'entrée, est une fontaine appelée *des Trois-Visages,* parce qu'on y voit trois mascarons en bronze jetant de l'eau dans un bassin. Le nom de cette cour indique assez la destination des bâtimens qui l'entourent de trois côtés.

Après avoir sommairement décrit les bâtimens du château de Fontainebleau, il convient de parler de sa chapelle.

Chapelle de la Sainte-Trinité. On y arrive,

en passant sous l'escalier en fer-à-cheval, de la cour du Cheval-Blanc. Elle fut construite, en 1529, sur l'emplacement d'une plus ancienne, bâtie en 1254, par saint Louis; et, jusqu'à la suppression des ordres monastiques, elle a constamment été desservie par des religieux mathurins. Elle est magnifiquement décorée. Henri IV, et surtout son fils, Louis XIII, y firent exécuter plusieurs réparations. Pendant qu'on la réparait, arriva, au mois de juillet 1608, à Fontainebleau, où se trouvait le roi, Dom Pèdre de Tolède, ambassadeur d'Espagne en France. Henri IV se plut à lui montrer tous les appartemens et ce qu'ils contenaient de curieux et de magnifique, et lui en demanda son avis. L'Espagnol, avec un ton grave et sentencieux, et imbu de fausses idées sur la divinité, répondit que, *dans ce château, Dieu était le plus mal logé*. Piqué de ce reproche, le roi réplique aussitôt : *Nous autres Français, nous logeons Dieu dans nos cœurs, et non entre quatre murailles, comme vous autres Espagnols; et encore douté-je si, étant logé dans vos cœurs, il ne serait pas logé dans des pierres.* Puis, souriant, il ajouta : *Dom Pèdre, ne voyez-vous pas que l'œuvre* n'est pas encore achevée? mon intention n'est pas de laisser cette chapelle en l'état qu'elle est[1].

En décrivant l'ensemble des bâtimens de Fontainebleau, on ne s'est point arrêté sur les statues, tableaux et peintures qui les décorent. Cette description aurait exigé de trop longs détails; et il est des objets qu'il faut voir et non décrire. Quant aux ouvrages des fameux artistes italiens que François 1er. attira à Fontainebleau pour embellir ce château, tels que Roux, Nicolo, le Primatice, Léonard de Vinci, etc., les temps, les événemens et les progrès de la décence publique les ont presque tous fait disparaître.

Ces artistes, soit pour se conformer aux goûts du voluptueux François 1er., soit que, de leur temps, au XVIe. siècle, l'empire des bienséances ne fût pas encore bien établi, avaient caractérisé leurs productions par une naïveté qui allait jusqu'à la licence. « On y » voit, dit Sauval, des dieux, des hommes, » des femmes, des déesses qui outragent la

---

[1] *Journal de Henri* IV, par l'Estoile, tome III, page 475, la note.

» Nature en se plongeant dans les dissolutions
» les plus monstrueuses. Anne d'Autriche, en
» 1643, à son avènement à la régence, en fit
» brûler ou effacer pour plus de cent mille
» écus. » Sauval ajoute que, si elle avait voulu
brûler tout ce qui s'y trouvait d'abominable
et de dissolu, il aurait fallu réduire en cendres
presque tout Fontainebleau. Dans le même
temps, Sublet des Noyers, intendant des bâtimens, fit brûler, à Fontainebleau, un tableau que Michel-Ange avait peint pour le duc
de Ferrare, et que François Ier. avait acheté
fort cher ; il représentait Léda et Jupiter, dont
l'expression passionnée scandalisa M. l'intendant[1]. Les partisans des bienséances applau-
diront à ces destructions ; les amateurs des
beaux-arts s'en affligèrent. Les observateurs
moralistes en tirèrent ces conséquences, que,
depuis François Ier. jusqu'au temps de la régence d'Anne d'Autriche, il s'était opéré une
amélioration dans les mœurs de la cour, ou
bien que, dans cet espace de temps, le sens
de la vue avait acquis une délicatesse, une
susceptibilité qu'il n'avait pas auparavant, ou

---

[1] Sauval, *Amours des rois de France*.

plutôt que ce changement était dû aux progrès de l'hypocrisie.

François 1er. ne se bornait pas à satisfaire ses goûts licencieux par des peintures. « A l'ex-
» trémité occidentale de l'aile neuve (de la
» cour du Cheval-Blanc), se voient encore des
» restes de la *Grotte du jardin des Pins*, mo-
» nument des amours de François 1er. et d'Anne
» de Pisseleu, duchesse de Valentinois, qui
» avait son appartement au-dessus, monument
» qui servit de bains sous Henri IV et qui sert
» maintenant d'écurie : tant le temps opère
» de métamorphoses[1] ! »

L'écrivain que je viens de citer ne dit que ce qu'il lui convient de dire. Si l'on en croit madame Villedieu, cette grotte cachait des fantaisies peu décentes. Des miroirs, connus du roi seul, y étaient disposés de manière que François 1er., sans être vu, pouvait y voir toutes les femmes s'y baigner[2].

Le *parc et les jardins* répondent à la magnificence du château ; ils ont, sous différens rè-

---

[1] *Guide du voyageur à Fontainebleau*, par M. Rémard, page 15.
[2] *OEuvres de madame de Villedieu*, tome X.

gnes, changé de formes et de destinations. Je ne parlerai, très-succinctement, que de ce qui existe aujourd'hui. Un beau et vaste jardin, dessiné dans le genre pittoresque, orne la partie sud du parc, et s'étend le long de la façade extérieure de l'aile neuve de la cour du Cheval-Blanc. Des eaux abondantes traversent, limitent, embellissent ce jardin, et vont se verser, en passant sous un rocher, dans la pièce d'eau appelée l'étang. C'est sous Napoléon et en 1811 que ce jardin a été commencé.

Le *parterre*, autrefois nommé *Jardin du Roi, parterre du Tibre*, est aujourd'hui riche d'ornemens de jets d'eau; il a souvent changé de forme. Il a été réparé en 1817.

Le *parc* doit ses principaux agrémens à ses belles allées, au canal et à la cascade qui l'alimente. Le canal, creusé sous Henri IV, a cinq cent quatre-vingt-cinq toises de long sur vingt-trois de large. La cascade établie sous Louis XIV, dégradée par le temps et la main des hommes, vient d'être restaurée avec beaucoup de goût.

Laissons ces beaux jardins, riches d'ornemens fastueux, pour m'occuper de la ville de Fontainebleau.

Ce lieu fut constamment qualifié de *bourg*

jusqu'au temps de la révolution, époque où il reçut des institutions qui lui donnent le caractère de ville. Fontainebleau, sous François 1er., consistait en quelques hôtels de courtisans et en écuries. On y voyait et on y voit encore l'hôtel bâti par le cardinal et chancelier Duprat, que François 1er. acheta pour y loger les chanceliers de France. Il est situé sur la place Ferrare. Ce fut dans cet hôtel que fut commencée, en 1661, l'instruction du procès du ministre Fouquet. Trois vastes édifices, dont deux ci-devant écuries et l'autre hôtel des gardes-du-corps, sont aujourd'hui convertis en caserne.

Il existe à Fontainebleau deux hospices, l'un fondé, en 1646, par Anne d'Autriche, pour quatorze pauvres malades, et l'autre, en 1696, par madame de Montespan, pour l'éducation de soixante jeunes filles pauvres, et pour la nourriture de quarante vieillards, appelé *la Chambre* ou *le Mont-Perreux*. On voit dans la chapelle le monument funèbre de l'abbé Guénée, mort en 1803. Ces hospices ne se soutiennent à peu près que par les bienfaits publics. Madame de Montespan fit peu de frais pour assurer l'existence de l'hospice qu'elle fonda.

La population de Fontainebleau, très-faible d'abord, ne commença à s'accroître que sous le règne de Henri iv. Ce lieu n'avait pas même une église paroissiale, et dépendait de celle du village d'Avon : ce ne fut qu'en 1624, sous le règne de Louis xiii, que l'on construisit, à Fontainebleau, l'église paroissiale de Saint-Louis.

Fontainebleau est bien bâti, surtout dans la partie moderne de cette ville. Plusieurs rues sont alignées et assez larges, notamment celles où aboutissent les grandes routes de Paris et de Melun.

Au-devant de l'entrée méridionale de la ville est un obélisque d'une hauteur considérable, qui s'élève au centre d'une étoile formée par plusieurs routes percées dans la forêt, et notamment par les routes de Montargis, d'Orléans et de Moret. Sur ses faces étaient inscrites les époques des naissances des enfans de Louis xvi et de la reine Marie-Antoinette. Ces inscriptions furent effacées pendant la révolution. Cet obélisque fut établi en 1786.

L'industrie et le commerce s'éloignent des lieux où les châteaux dominent. Le commerce est presque nul à Fontainebleau. On y exploite des pavés de grès, extraits des montagnes voisines de la ville. On y vend des raisins très-estimés que produisent des vignobles du voisinage. On y trouve une manufacture de porcelaine et une autre de calicots. Il s'y tient deux foires, l'une le lendemain de la Trinité, l'autre le 26 novembre.

Fontainebleau appartient au département de Seine-et-Marne; il est le chef-lieu d'une sous-préfecture.

Dancourt, auteur comique, dont le talent s'est quelquefois rapproché de celui de Molière, naquit, en 1661, à Fontainebleau.

Sous Louis xv, on évaluait la population de Fontainebleau à 4,800 habitans; elle s'élève aujourd'hui à 6,439.

La plaine, au centre de laquelle sont assis la ville et le château de Fontainebleau, est, de presque tous les côtés, environnée de bois et de montagnes, de sorte que du château et des maisons de la ville, la vue est bornée et arrêtée par des montagnes couvertes d'arbres. D'autres montagnes, en partie ou entièrement chauves et décharnées, offrent la triste blancheur de la roche de grès. Le sol est sablonneux et la végétation n'y prospère qu'à force d'art et de soins. Au sud-est de Fontainebleau, et surtout dans les campagnes qui environnent la route de Melun, cette stérilité disparaît, le sol, devenu fertile, est bien cultivé. C'est de ce côté, et surtout dans l'intéressant et riche village de Thomery, situé sur la rive gauche de la Seine, et à une lieue de Fontainebleau, que l'on récolte ces raisins, si estimés à Paris, qu'on nomme *chasselas de Fontainebleau*.

La forêt de Fontainebleau, anciennement nommée forêt de Bière (*Bieria*), entoure la ville; sa surface est évaluée à trente-deux mille huit cent soixante-dix-sept arpens vingt-huit perches; elle est divisée en cent soixante-seize triages et percée d'un grand nombre de routes.

Les différentes espèces d'arbres des climats tropicaux y prennent tout l'accroissement dont ils sont susceptibles. On y trouve des plantes alpines très-curieuses. Elle produit annuellement de six à sept cent cordes de bois, et environ huit cent milliers de pavés, qu'on transporte à Paris sur la Seine.

M. Béranger, dans son voyage de Paris à Marseille, rend ainsi l'impression qu'avait produite sur lui l'aspect de cette vaste forêt : « Elle est, dit-il, affreusement belle : ces vieux

» chênes, ces roches cariées, noires, informes,
» ces blocs de grès entassés au hasard, à moi-
» tié exploités pour l'écarrissement des pavés;
» ces hêtres élancés dans les airs ou couchés
» à terre, ébranchés par la foudre ou prêts à
» tomber; voilà ce que j'ai vu dans les plaisirs
» du roi ».

A cette forêt se rattachent quelques souvenirs anecdotiques qu'il ne faut pas omettre.

Dans un temps où l'on croyait aux sorciers, aux revenans, aux apparitions merveilleuses, à la *none sanglante,* au *moine bourru,* au *cheval Pacolet,* etc., etc., les habitans de Fontainebleau et des environs de la forêt croyaient aussi à *la chasse du grand-veneur :* c'était un fantôme noir qui, avec un bruit affreux, chassait dans la forêt; on l'entendait souvent et on ne le voyait jamais.

Cependant Henri IV, chassant dans la forêt de Fontainebleau, entendit des japemens de chiens, le son des cors, les cris des chasseurs, bruit qui, d'abord lointain, bientôt se rapprocha de lui. Ce roi chargea le comte de Soissons d'aller à la recherche de ce bruit; le comte ne vit rien; mais on assure qu'un grand homme noir, se présentant dans l'épaisseur des broussailles, cria : *m'entendez-vous*, et diparut : saisi de frayeur, le comte s'enfuit. Les pâtres des environs attribuent ces bruits à un esprit appelé *le grand-veneur*, qui chassait de temps en temps en cette forêt; d'autres prétendent que c'est *la chasse de saint Hubert* ou *la chasse du roi Arthur* qu'on entend en d'autres lieux [1].

Voilà ce que raconte Pierre Mathieu, historien très-crédule. Plusieurs faits pareils ont été rapportés avec des preuves qui ne permettent pas le moindre doute. Une dissertation, insérée dans le recueil intitulé *Variétés historiques*, constate, de la manière la plus convaincante, l'existence de ces bruits aériens. L'explication qu'elle en donne est peu satisfaisante [2]. Mais, parce qu'un fait extraordinaire est inexpliqué, doit-on le révoquer en doute, doit-on lui appliquer une cause surnaturelle ? C'est ainsi que procède l'ignorance : à la physique seule appartient l'explication de ce phénomène; des troupes d'oiseaux aquatiques produisent un pareil bruit.

---

[1] *Histoire de Henri* IV, par Pierre Mathieu, liv. 1er., p. 155.
[2] *Variétés historiques*, tome II, page 416.

Quant au grand homme noir qui apparut et parla, en supposant la réalité de son apparition, ce ne pouvait être qu'un charbonnier de la forêt, qui, effrayé du bruit, dit tout naturellement : *L'entendez-vous ?*

Je ne dois pas omettre ici un droit féodal assez remarquable. A l'extrémité de ces bois, du côté de Melun, est un lieu appelé *la table du roi.* Tous les ans, au 1er. mai, les officiers des eaux et forêts se rassemblaient autour d'une table de pierre pour recevoir certaines redevances que devaient au roi quelques *usagers* de la forêt. L'abbesse du Lis y envoyait porter *un jambon cuit et deux bouteilles de vin;* un meûnier du faubourg de Saint-Lierne de Melun, y portait, comme l'abbesse, un jambon et deux bouteilles de vin ; chaque nouveau marié du *Petit-Clos,* compris dans la paroisse de Saint-Ambroise de Melun, y déposait *un gâteau et cinq deniers;* le bourreau de cette ville apportait aussi son gâteau avec deux deniers [1].

Les seigneurs féodaux recevaient de toute main.

---

[1] *Guilbert,* tome II, page 191.

ENVIRONS DE FONTAINEBLEAU.

La montagne dite *du Mail*, parce que Henri IV se rendait quelquefois sur son sommet pour y jouer à ce jeu, autrefois escarpée et aride, est aujourd'hui bien plantée; on y monte par une pente très-adoucie et par des allées bordées d'arbres. Elle offre à Fontainebleau une promenade agréable et aux promeneurs un point de vue très-étendu. On y arrive par l'allée de Maintenon, très-fréquentée par les habitans.

Avon, village situé au-delà du parc, à une petite demi-lieue de Fontainebleau. Ce village existait avant cette ville, qui, pendant plusieurs siècles, n'eut pas d'autre église paroissiale que celle d'Avon.

En entrant, à droite, près du bénitier, fut enterré le malheureux marquis Monaldeschy. Sa pierre tumulaire, longue de dix-huit pouces, large de quinze, porte cette inscription incorrecte :

Ci-gist Monadelxi.

On voit dans cette église la tombe d'*Ambroise Dubois*, peintre qui travailla beaucoup aux peintures du château; il mourut en 1615. Sous le porche de cette église sont les épitaphes d'*Edme-Louis d'Aubenton*, ancien garde du cabinet d'histoire naturelle du roi, mort le 12 décembre 1785, en sa maison de Saint-Aubin; et celle d'*Étienne Bezout,* auteur du *Cours de mathématiques,* mort en sa maison de Basses-Loges, le 27 septembre 1783.

BASSES-LOGES. Hameau situé à une demi-lieue de Fontainebleau, où fut fondé, en 1310, un prieuré dédié à saint Nicolas par un chanoine de Roye-en-Vermandais. Suivant les intentions du fondateur, le prieuré devait être un hôpital de six lits, desservi par deux religieux de l'ordre de la Charité en Champagne; mais, dans la suite, l'ordre s'étant éteint, la maison fut vendue aux carmes de Touraine, qui en firent un simple prieuré, où venaient se placer ceux de leur ordre qui ne trouvaient pas la règle ordinaire assez rigide. Là, ils célébraient l'office le jour et la nuit, observaient un silence perpétuel, faisaient toujours maigre, mangeaient séparément et se récréaient en travaillant la terre. L'église du prieuré fut rebâtie par Anne d'Autriche en 1661.

Près de ce hameau est le *port de Valvin,*

situé sur la rive gauche de la Seine. Avant la révolution, ce lieu ne consistait qu'en une seule auberge; plusieurs autres maisons y ont été construites depuis. Ce lieu recevra de plus grands accroissemens, si le pont qu'on y a commencé s'achève. Ce pont, fort désiré, doit avoir cinq arches en charpente, de soixante-deux pieds d'ouverture, appuyées sur des piles et culées en maçonnerie; il aura trois cent quarante-quatre pieds de longueur.

ERMITAGE DE LA MADELEINE. Situé près de Valvin, à l'E. de la forêt, sur une colline et au bord de la Seine. Il fut bâti, vers l'an 1617, par un gentilhomme breton, nommé Jacques Godemel, espèce d'enthousiaste, qui, n'ayant pu réussir à fonder un ordre de chevalerie pour poursuivre les duellistes, fondation qui lui avait été inspirée par une apparition de la Madeleine, vint en ce lieu, dont Louis XIII lui fit donation, et s'y fit ermite : il y vivait priant Dieu, marchant pieds nus, et portant sur une robe grise une grande croix de satin rouge avec les chiffres de la belle pénitente dont il s'intitulait le chevalier. Sa santé s'étant dérangée au bout de quelques années, un minime des bonshommes de Passy lui persuada de donner tous ses biens à sa communauté, à la charge de subvenir à l'entretien de son fils, alors adolescent, selon le mode de vie si économique d'un ermite, et cela seulement dans le cas où *il serait fidèle observateur des commandemens de Dieu*, sans quoi on ne lui devrait rien. Il ne paraît pourtant pas que les bonshommes aient cru pouvoir profiter de ce contrat, qui est à la fois un monument de sottise et de cupidité, et « qui peut servir de » modèle à ceux qui, par une prétendue piété, » enrichissent les ministres d'un Dieu pauvre » d'un bien qu'ils volent à leurs légitimes hé- » ritiers [1] ».

Vers la fin du xviie. siècle, cet ermitage était devenu une retraite de voleurs; ils en furent expulsés, et le roi donna le prieuré aux carmes des Basses-Loges.

Dans la forêt était un autre ermitage dit *de Franchard*, beaucoup plus ancien, puisque Philippe-Auguste en fit donation à un chanoine de Saint-Euverte d'Orléans. Étienne, alors abbé de Sainte-Geneviève de Paris, écrivit à ce chanoine pour lui remontrer les

---

[1] L'abbé *Guilbert*, tome II, page 160.

dangers d'habiter une demeure déserte, où deux de ses devanciers avaient été tués, l'un après l'autre. Cet ermitage devint dans la suite un monastère; mais, ayant été ruiné plus tard, Louis XIV ordonna, en 1712, de le détruire entièrement, afin que ce lieu ne devînt plus un *asile de débauches ou une retraite de voleurs*.

Le sieur Louis de Saussoy céda, en conséquence, l'ermitage de Notre-Dame-de-Saint-Franchard aux Mathurins de Fontainebleau, qui, une fois l'an, y envoyaient un moine célébrer l'office dans la chapelle rétablie. Depuis plus d'un siècle, on n'y célèbre plus l'office le mardi de la Pentecôte; néanmoins, les habitans de Fontainebleau et des lieux voisins s'y rendent en foule à pied, à cheval, en voitures, simples ou élégantes. Qui va-t-on faire? Les dévotes y vont recueillir, dans des fioles, l'*eau de la roche qui pleure*, quoiqu'elle ne soit, comme le disait Guillaume, évêque de Tournais, *ni bonne à boire, ni belle à voir*; mais elle a, disent-elles, la vertu occulte de guérir beaucoup de maladies. Les ouvriers s'y rendent, non pour y boire de l'eau de la roche qui pleure, mais pour se divertir à table pendant toute la journée et toute la nuit; les enfans y vont pour acheter des joujoux et du pain d'épices; les hommes et femmes de la haute société y paraissent pour voir et être vus; la jeunesse des deux sexes y accourt pour danser sur la pelouse à l'ombre des chênes. Il y règne un malaise, un tapage, une confusion insupportables; et chacun se retire satisfait d'avoir assisté à la fête de Saint-Franchard.

N'oublions pas *Thomery*, joli village situé sur la rive gauche de la Seine, à une lieue de Fontainebleau; il est renommé par la probité, l'activité et l'aisance de ses habitans, qui vont acheter, dans divers départemens, des fruits qu'ils soignent chez eux, et qu'ils transportent à Paris. Ils ont poussé jusqu'à la perfection la culture des raisins, connus sous le nom de *chasselas de Fontainebleau*. On ne trouve à Thomery ni château, ni homme opulent; il n'y a point de pauvres; tous les habitans jouissent d'une heureuse médiocrité, fruit de leurs travaux.

CHAPITRE III.

MORET, NEMOURS, MALESHERBES, LARCHANT, AN-
GERVILLE-LA-RIVIÈRE, PUISEAUX, SOUPPES.

§. Ier.

MORET.

Petite ville située sur la rivière du Loing, près de son confluent dans la Seine, à deux lieues au S.-E. de Fontainebleau, et à seize lieues de Paris.

L'origine de cette petite ville n'est pas connue, mais elle paraît être ancienne. A ce sujet, on a débité beaucoup d'erreurs ; on l'a confondue avec *Dormelle*, qui en est distant de deux lieues ; on a dit que, près de ses murs, s'était donné, en l'an 596, un combat entre les rois Clotaire et Théodebert, et que Moret était en conséquence le lieu nommé *Latofao* par Frédegaire. Ces erreurs et quelques autres introduites par Morin, auteur de l'histoire du Gâtinais, ont été victorieusement réfutées par le savant abbé Lebeuf, qui a prouvé que Moret n'était ni *Dormelle*, ni *Latofao*; et que ce dernier lieu, dont on a fait par corruption *Lafaus*, est situé dans le diocèse de Toul [1].

En l'an 850, il se tint un concile dans un lieu nommé *Moritum*. Si ce lieu est Moret, comme on le croit, cette ville remonterait aux premiers temps de la monarchie.

Vers l'an 1128, le roi Louis-le-Gros acheta de Foulques, vicomte du Gâtinais, le château de Moret-sur-Seine.

Depuis cette époque, les rois de France ont fait plusieurs séjours à Moret. En 1155, Louis VII, dit le Jeune, y convoqua une assemblée pour juger les querelles violentes qui divisaient les moines et les bourgeois de Vezelay. Il s'y trouva aussi, en 1166, pour prononcer sur le différend plus grave encore entre l'abbé du monastère de Vezelay et le comte de Nevers [2] : il s'agissait du droit de commune que les moines, encore plus tenaces que les seigneurs, disputaient aux habitans de Vezelay.

---

[1] *Éclaircissemens historiques*, par l'abbé Lebeuf, tome I er., page 38.

[2] *Recueil des historiens de France*, t. XII, pag. 123, 132, 207, 219, 326 et 339.

Philippe-Auguste, en 1202, se rendit à Moret, où s'étaient rassemblées plusieurs troupes, en recruta d'autres, et marcha contre Jean, roi d'Angleterre. Dans le récit de ces divers séjours, les historiens ne donnent à Moret que le titre de château.

Moret, quoique nommé de loin en loin dans nos monumens historiques, eut le bonheur de ne prendre qu'une faible part aux grands événemens politiques. Cependant, étant limitrophe du duché de Bourgogne, il ne put échapper aux dangers de cette situation. Une croix, située au bout du faubourg du côté de la porte de Bourgogne, indiquait la séparation du royaume de France et du duché de Bourgogne.

L'église paroissiale de Moret, sous l'invocation de Notre-Dame, fut, en 1166, dédiée par le fameux Thomas Becket, archevêque de Cantorbéry.

Un prêtre de Moret ou des environs avait commis des vols et autres crimes; le prevôt de cette ville, en 1373, le fit emprisonner. Le prêtre invoqua son privilége de cléricature, et demanda à être renvoyé devant l'archevêque de Sens ou son official. Le juge n'admit point le déclinatoire, le fit pendre et étrangler, ayant eu la précaution de lui faire couvrir la tête, afin que le public ne vît point sa tonsure ou sa *couronne*, comme on disait alors. Le parlement de Paris, auquel l'archevêque de Sens porta sa plainte, condamna le prevôt et ses officiers à faire dépendre le corps par le bourreau, à le faire apporter à la porte de l'église cathédrale de Sens, à s'y trouver en personne avec des torches ardentes en leurs mains, et à dire nu-tête et à genoux ces mots : *Voici le corps de défunt Jacques Faleus, que nous, par inadvertance, avons fait pendre et mourir; lequel corps nous rendons à vous et à l'Église, parce que ledit Jacques, au moment de sa mort, portait la tonsure cléricale.* Le prevôt fut, en outre, condamné à cent livres d'amende envers l'archevêque et à cent livres envers le roi.

L'archevêque, avant cette satisfaction, fit éteindre les cierges des autels, couvrir les calices et autres choses; et, après l'amende honorable, les cierges furent rallumés en signe de joie publique[1].

Cette ville fut assiégée, en 1420, par le roi

---

[1] *Registres criminels*, manuscrits du parlement, fol. 434.

d'Angleterre et le duc de Bourgogne. Le gouverneur, Denis de Chailly, livra la place, et se retira à Melun, sans faire beaucoup de résistance [1]. Environ dix ans après, sous le règne de Charles VII, une troupe royale, sortie de Provins, attaqua Moret et le reprit d'assaut. Ce roi fit fortifier la ville et l'environna de fossés.

Du comté de Moret dépendaient plusieurs vicomtés, baronnies, seigneuries et deux cents fiefs, sans y comprendre les arrière-fiefs. La seigneurie de Fontainebleau était du nombre. Environ cinquante prevôtés ressortissaient du bailliage de Moret. Tous les officiers de ces justices se réunissaient, deux fois par an, aux assises du bailli.

En 1560, et dans les années suivantes, résidait à Moret, Perrenot de Chantonney, ambassadeur d'Espagne à la cour de France; et de là il écrivait à diverses personnes éminentes. Sa correspondance est, comme on le pense, imprégnée des principes espagnols et ultramontains [2].

---

[1] *Histoire chronologique*, par Berry, héraut d'armes. *Histoire de Charles* VI, page 439.
[2] *Mémoires de Condé*, tome II, pag. 1re. et suiv.

En 1604, Henri IV, ayant adopté pour maîtresse *Jacqueline de Beuil*, lui fit épouser René Du Bec, marquis de Vardes, avec la même condition qu'il avait imposée à M. de Liancourt, lorsqu'il l'unit à Gabrielle d'Estrées ; c'est-à-dire, avec la condition de ne point consommer le mariage : unions infâmes qui font la honte de ceux qui les contractent et des rois qui les ordonnent! Elles furent, dans la suite, imitées. En prenant pour maîtresse Jacqueline de Beuil, et en la mariant ainsi, le roi la créa *comtesse de Moret*.

Mademoiselle de Beuil, comtesse de Moret, était vive, enjouée et même infidèle; ses amours avec le jeune prince de Joinville tourmentèrent Henri IV ; et, après qu'elle lui eut donné un fils, *Antoine de Bourbon, comte de Moret*, ce roi la remplaça par Charlotte des Essarts, qui, non plus fidèle, épousa secrètement Louis, cardinal de Guise. Henri IV fut malheureux en femmes et en maîtresses.

Antoine de Bourbon, comte de Moret, en sa qualité de bâtard royal, fut pourvu d'un grand nombre de riches abbayes. Il n'en suivit pas moins la carrière des armes. Sa fin est restée un problème historique, lequel, après tout, n'est pas d'une très-grande importance. Il fut tué, suivant le plus grand nombre, en 1632, à la bataille de Castelnaudari; d'autres veulent que, seulement blessé, il ait vécu long-temps après comme ermite, en Portugal, dans l'Anjou, dans la forêt de Sénart, etc. Quoi qu'il en soit, le comté passa de la maison du mari postiche à celle du marquis de Vardes, puis à celle de Chabot-Rohan. Dans la suite, ce comté fut engagé à l'intendant des finances Caumartin.

L'historien du Gâtinais, Morin, décrit ainsi l'ancien état de la ville de Moret : « Elle est » d'une assiette assez forte et bien bâtie de » belles maisons, et ceinte de hautes murailles » avec profonds fossés en talus de grosses » pierres de grès; il y a une forte et antique » tour de forme carrée, du côté de Bourgo- » gne, et une du côté de Paris; il y a trois » portes à cette ville : celle de Paris, du pont » de Loing et la porte d'Orléans [1] ». Cette description a été écrite en 1630. Aujourd'hui ses fortifications sont fort délabrées; son vieux

---

[1] *Morin*, page 547.

château ne présente que des ruines pittoresques et un donjon en terrasse. Son église, dans le style du xve. siècle, est assez bien bâtie. On y voit encore les portes de la ville avec leurs fortifications.

Le faubourg, situé au-delà du Loing, s'étend jusqu'au prolongement du canal de Briare, qui, depuis Montargis, va aboutir à la Seine. Le Loing ayant cessé d'être navigable, en 1720, on ouvrit cette prolongation du canal.

On voyait encore au milieu de la ville, vers le commencement du xviie. siècle, les ruines d'un vieux château qui avait appartenu aux templiers, et qui dépendait de la commanderie de Saint-Jean à Corbeil.

Près de la ville, du côté de la porte du Pont, était un prieuré nommé *Pont-Louvé*, dont l'église s'enorgueillissait de posséder un œil et un doigt de saint Blaise. Un peu plus loin, du même côté, se trouvait le prieuré de Saint-Mamert, où venaient porter leurs offrandes les personnes *travaillées de la rage*, qui s'en retournaient guéries. On voyait encore dans les environs de Moret une chapelle de Saint-

Nicaise en grand renom pour la guérison de la coqueluche.

Le commerce qui s'y fait consiste principalement en grains ; le sol est pour la plus grande partie en vignes et en prairies. Il y a marché les mardi et vendredi de chaque semaine, et trois foires dans l'année : le Vendredi-Saint, le lundi après le 8 septembre et le 6 décembre.

Moret fait partie de l'arrondissement de Fontainebleau ; c'est un chef-lieu de canton et une justice de paix. Sous le règne de Louis XV, on y comptait 1,418 habitans ; aujourd'hui, leur nombre s'élève à environ 1,800 habitans.

§. II.

NEMOURS.

Petite ville située aux bords du Loing et sur le canal de Briare, traversée par la grande route de Paris à Lyon, à quatre lieues au S. de Fontainebleau, et dix-huit entre le S. et le S.-E. de Paris.

Le nom de Nemours, en latin *Nemosium*, semble attester son antiquité ; sa racine *Nem*, qui, dans la langue celtique, signifie *lieu sa-*

cré, temple, sert à composer plusieurs noms de lieu dont l'origine remonte très-haut, tels que *Nemetis, Nemosus,* etc. Il a pu dériver du mot latin *nemus,* forêt ou de *nemorosus,* lieu couvert de bois, où se trouvaient ordinairement des sanctuaires. Ce pouvait être un lieu de culte au milieu des bois ou au moins un lieu de rendez-vous pour la chasse et non un lieu d'habitation. Sans m'amuser à réfuter l'origine romanesque et ridicule que donne à cette ville l'historien du Gâtinais, je dois déclarer que, dans les monumens historiques de la période romaine, dans ceux des première et seconde races de nos rois, il n'est fait nulle mention de Nemours. Ce n'est que vers la fin du xiie. siècle que ce lieu commence à figurer.

La chronique d'Albéric de Trois-Fontaines cite Ursion, seigneur de Nemours, et dit qu'une de ses filles, nommée *Aveline* ou *Hameline,* épousa *Gauthier* de Villebeon, chambellan des rois Louis-le-Jeune et Philippe-Auguste [1].

Sous la seigneurie de Gauthier, il s'établit à Nemours des institutions qui indiquent une

---

[1] *Recueil des historiens de France,* tome xviii, p. 769.

population assez nombreuse; nous en parlerons dans la suite.

Gauthier profita de l'influence que lui donnait son emploi de chambellan, pour faire nommer trois de ses fils à trois évêchés; il mourut en 1205. Son fils aîné, Philippe, seigneur de Nemours, mourut avant son père. Le fils de ce dernier lui succéda dans la seigneurie de Nemours, sous le nom de Gauthier II. Gauthier III fut maréchal de France; et son fils Philippe vendit la terre de Nemours au roi saint Louis.

Il paraît que ce dernier, Philippe de Nemours, est le même que celui qui, en 1248, accompagna saint Louis en Égypte, et fut un de ceux que ce roi chargea de payer deux cent mille livres aux Sarrasins, somme dont le roi prisonnier était convenu pour sa rançon. Interrogé si cette somme avait été exactement payée, Philippe de Nemours répondit affirmativement; mais il ajouta qu'il était parvenu à tromper les Sarrasins et à leur soustraire, sur le poids de l'argent, la somme de dix mille livres. A ces mots, le saint roi montra une grande colère. *Sachez*, dit-il, *que j'ai promis deux cent mille livres, et que je veux que cette somme leur soit payée toute entière.* Joinville marcha secrètement sur le pied du seigneur Philippe, lui fit signe des yeux, et dit pour l'excuser : *Sire, est-ce que vous croyez aux paroles du seigneur Philippe? c'est une plaisanterie.* Alors Philippe répliqua : *Monseigneur Joinville dit vrai; c'est une plaisanterie que j'ai faite pour savoir ce que vous en diriez. Votre plaisanterie est de mauvaise grâce,* reprit le roi ; *je vous ordonne de payer la somme entièrement* [1].

Ce roi était probe; les seigneurs de sa suite ne l'étaient guère.

La seigneurie de Nemours, devenue la propriété des rois de France, y resta jusqu'en 1404, époque où le roi Charles VI, par lettre du 9 juin, en y joignant plusieurs autres châteaux, érigea cette seigneurie en duché-pairie, en faveur de Charles d'Évreux, dit *le Noble*, roi de Navarre, et en échange du comté d'Évreux [2]. Béatrix, fille de Charles, deux ans après, épousa Jacques de Bourbon, comte de

---

[1] *Histoire de Saint-Louis*, édition de 1761, pages 80, 81 et 372.

[2] *Ordonnances des rois de France*, tome IX, page 11.

la Marche. De ce mariage provint Éléonore de Bourbon, qui fut mariée à Bernard d'Armagnac, comte de Pardiac.

La dignité de duc et pair, dont les seigneurs de Nemours étaient revêtus, ne préserva point ce lieu du malheur des guerres civiles, comme on le verra dans la suite.

Les comtes d'Armagnac, par le mariage de Bernard et d'Éléonore de Bourbon, devinrent possesseurs du duché de Nemours; et Louis XI, par une déclaration du 13 avril 1461, en confirma la possession à Bernard. Son fils, *Jacques* d'Armagnac, duc de Nemours, malgré ses sermens, prit les armes contre le roi Louis XI, qui commença dès lors à le considérer comme ennemi; cependant il lui pardonna. Bientôt le duc, se confiant aux prédictions d'un moine sorcier, retomba dans les mêmes fautes, et se révolta contre le roi. Il fut arrêté, conduit prisonnier et enfermé dans la cage de la Bastille. C'est de cette cage que, le 31 janvier 1477, il adressa à Louis XI, une lettre remplie d'humbles supplications; il avoue ses fautes, en demande pardon, et signe *le pauvre Jacques*.

Le roi ordonna au parlement de Paris de

lui faire son procès. Il fut condamné à perdre la tête; et, le 4 août 1477, son arrêt fut exécuté aux halles de Paris. On sait par quelle atroce circonstance Louis XI aggrava son supplice. Il voulut que les jeunes enfans du duc de Nemours, la tête nue, vêtus en blanc, fussent placés sous l'échafaud, afin que le sang de leur père réjaillît sur eux. Ce roi confisqua tous les biens de Jacques d'Armagnac; ils furent distribués à divers seigneurs. Le duché de Nemours, au mois de septembre 1477, échut à Louis de Graville, seigneur de Montagu, qui ne le garda pas long-temps. Charles VIII, au mois d'août 1484, restitua aux enfans de Jacques d'Armagnac plusieurs terres, châteaux, et le duché de Nemours avec toutes ses dépendances [1].

Lous XI était certainement cruel, dévot et très-mauvais chrétien; mais Jacques, duc de Nemours, parjure, traître, et conspirant contre la personne du roi, devait être condamné à mort. Lui et la plupart de ceux de sa famille ne sont signalés dans l'histoire que par de mauvaises actions, notamment Jean d'Armagnac,

---

[1] *Histoire généalogique* d'Anselme, tome III, page 417.

cousin de Jacques, qui épousa solennellement sa propre sœur, Isabelle d'Armagnac[1]. Aussi, dans une chanson qui courut dans le temps, qualifie-t-on ceux de cette famille de *canaille d'Armagnac*[2].

Le duché de Nemours fut uni au domaine par le roi Louis XII, en 1504 et en 1507. Il en fit don à Gaston de Foix, son neveu. François Iᵉʳ., en 1515, en gratifia Julien de Médicis et Philiberte de Savoie, son épouse; en 1524, le même roi le donna à sa mère, Louise de Savoie; puis il le lui retira pour le donner, en 1528, à Philippe de Savoie et à Charlotte d'Orléans, sa femme. La maison de Savoie resta en possession de ce duché jusqu'à la mort de Charles-Amédée. Alors, en 1672, il fut cédé à Philippe de France, duc d'Orléans.

Tel est l'historique, très-sommaire, des seigneurs, comtes et ducs de Nemours. Jetons un coup-d'œil rapide sur les établissemens religieux.

Saint-Pierre, église paroissiale, est la plus

---

[1] *Histoire généalogique* d'Anselme, t. III, p. 423 et 424.
[2] *Histoire de Louis* XI, par Godefroy, tome VI, page 192.

ancienne du lieu; on ignore son origine. Elle est située dans le faubourg qui porte son nom.

Le prieuré et la collégiale de *Saint-Jean*, composés de chanoines réguliers, suivant la règle de saint Augustin, furent fondés, en 1170, par Louis-le-Jeune, qui ramena de la croisade quatre moines, et en apporta une précieuse relique, *la tête de saint Jean-Baptiste*. L'archevêque de Sens, Guillaume III, donna à ces moines l'église de Saint-Pierre, ainsi que l'église d'Ormesson. Le roi leur fit construire un vaste monastère et une église, où la tête de saint Jean-Baptiste fut honorablement logée; elle n'était pas la seule en France; et, par conséquent, son authenticité, aux yeux de la critique, paraissait très-suspecte; mais alors on n'y regardait pas de si près, et l'on croyait tout. Cette relique opéra des merveilles, guérit un grand nombre de fidèles croyans, et notamment les personnes attaquées du mal caduc, le mal Saint-Jean ou l'épilepsie. Le bruit de plusieurs guérisons miraculeuses attira à l'église un grand nombre d'offrandes, et à la ville de Nemours une affluence considérable de pélerins; de sorte que ce lieu, auparavant presque inhabité, reçut un accroissement rapide de population. Cet accroissement s'opéra aux dépens des villages voisins, surtout de celui de Grez, dont les habitans, en grande partie, vinrent s'établir à Nemours. Plusieurs maisons nouvelles y furent construites pour loger les pèlerins; on y établit même un hôpital. Les moines, devenus chanoines, eurent, avec leurs voisins, et spécialement avec le prieur de Neuville, des querelles qui furent apaisées en 1190. En 1193, ces chanoines parvinrent à se faire donner les biens de l'hôpital [1].

L'*abbaye de la Joie*, monastère de filles de l'ordre de Cîteaux, fut fondée en 1231; c'est dans l'église de cette abbaye que furent enterrées plusieurs personnes des trois familles qui ont possédé la seigneurie de Nemours. En 1764, cette abbaye fut réunie à celle de Villers; et les bâtimens furent ensuite achetés et habités par les ermites de la forêt de Sénart. Aujourd'hui c'est une maison de campagne.

Philippe de Nemours, chambellan du roi saint Louis, et dont nous avons cité un trait peu honorable, fut enterré dans l'église de

---

[1] *Histoire généalogique* du P. Anselme, t. VII, p. 436.

l'abbaye à laquelle il avait fait don de quelques reliques apportées de la Palestine.

Ces deux maisons religieuses, sur lesquelles nous avons peu de notions, subirent le sort de tous les monastères de France et furent supprimées en 1790.

Nemours se ressentit des malheurs que causèrent à la France les guerres civiles des XIV°. et XV°. siècles, produites par l'ambition des princes et seigneurs, et surtout par celle de l'Angleterre. En 1358, cette ville fut prise, pillée et brûlée par les troupes du roi de Navarre [1]; elle se releva de ces désastres. Ce fut pour en éviter de pareils à l'avenir, qu'en 1394 elle sollicita et obtint la permission de construire une enceinte de murailles, des fortifications, de creuser des fossés, et de jouir du droit de bourgeoisie, à l'instar des autres villes de France. En creusant le sol pour établir ces fortifications, on découvrit un amas de médailles d'or, d'argent et de cuivre. Ces médailles prouveraient l'antiquité du lieu, si elles étaient romaines; mais on n'en connaît aucune description.

---

[1] *Froissard*, vol. II, chap. LV, pag. 145, recto.

Sans doute les fortifications de Nemours n'étaient pas achevées en 1380, puisqu'en cette année une troupe d'Anglais armés entra sans obstacles dans cette ville. Froissard, qui rapporte cet événement, ne dit pas à quels excès ils s'y livrèrent; il se borne à nous apprendre qu'ils logèrent dans la maison de Saint-Jean de Nemours [1].

Quoique fortifié, Nemours fut pris par les Anglais; et, en 1437, des troupes du roi Charles VII, venues de Château-Landon, assiégèrent cette ville; et la garnison, après douze jours d'attaque, fut forcée de capituler.

Au XVIe. siècle, les ducs de Nemours, de la maison de Savoie, en servant le parti de Rome, de l'Espagne et de la ligue, troublèrent et ensanglantèrent la France. La ville de Nemours eut le bonheur de ne participer que faiblement aux malheurs de cette époque; mais, une partie de ses habitans ayant admis les principes de la réformation religieuse, principes alors très-répandus en France, il en résulta des troubles. Le 11 janvier 1561, dans la maison de Robert Barat, élu du roi, se tint la première

---

[1] *Chroniques de Monstrelet*, tome II, page 145, recto.

assemblée des religionnaires; le ministre Mathieu Viret y établit une église évangélique et y nomma trois anciens. Quelques jours après, un ministre de Châtillon-sur-Loire, nommé Papillon des Roches, prêcha dans la maison de Barat, et baptisa l'enfant d'un nommé Chavenat. Grande rumeur parmi les ecclésiastiques de Nemours. Le bailli de cette ville l'apaisa en ordonnant que le ministre serait mis en arrestation dans la maison même de Barat. Trois jours après, il fut mis en liberté, à la sollicitation de la duchesse de Ferrare, qui résidait au château de Montargis.

Cette duchesse, nommée Rénée de France, fille du roi Louis XII, était la protectrice des réformés persécutés. Elle recueillit dans son château de Montargis ceux qui purent échapper aux massacres de la Saint-Barthélemy.

Au mois de novembre suivant, l'enfant, baptisé par le ministre Papillon, fut enlevé des mains de ses parens et rebaptisé suivant le rite catholique : ce qui ne s'opéra pas sans querelles. Alors arrive dans cette ville un sommeiller du duc de Nemours, Jean Maillard, dit de Milly, qui, accompagné d'une trentaine de prêtres, fait le dénombrement de tous les protestans de Nemours, et profite de l'émotion qu'avait causée ce second baptême pour soulever une partie des habitans contre l'autre. Maillard, à la tête de cinq ou six hommes, fait sonner le tocsin, attaque la maison de Chavenat, où venaient de se réfugier quelques protestans menacés, pille la boutique, s'empare de sa femme, qu'il blesse à coups d'épée et de hallebarde, qu'il traîne dans la boue, et qui mourut de ces violences peu de jours après; et enfin, il met le feu à la maison; mais le bailli, craignant que l'incendie ne communiquât aux autres bâtimens de la ville, envoya des sergens pour l'éteindre. Le feu éteint, l'émeute se dissipa, et les partisans de l'une et l'autre religion vécurent en paix.

En 1562, autorisé par son maître, Maillard forma le projet d'assiéger Nemours, d'y piller et massacrer les protestans, même des catholiques qu'il n'aimait pas. Il réunit à Moret trois cents hommes, qu'on nommait *la bande des pieds nus*, parvint à obtenir de la compagnie du duc de Guise, trois cents cavaliers, fixa le jour et l'heure où ces deux troupes devaient arriver devant Nemours, et convint qu'un coup d'arquebuse ou de pistolet serait le signal que donnerait Maillard, resté dans la ville avec plusieurs affidés.

Le 1er. juin, un habitant nommé Jacques Guillin, se rendant à Paris, fut rencontré par les troupes qui marchaient sur Nemours; il ignorait leur dessein, mais il conçut des soupçons et envoya un exprès dans cette ville pour en avertir les habitans, qui, profitant de l'avis, firent doubler la garde.

Pendant la nuit du 1er. au 2 juin, arrivèrent les troupes ennemies; elles se logèrent, sans bruit, dans quelques maisons des faubourgs, derrière une petite montagne appelée *le Châtelet*, et attendirent le signal convenu. Maillard, alors de garde, voulut s'emparer des clefs des portes; Jean Riverdi, fourrier du duc de Nemours, s'y opposa. Pendant ce débat, un habitant de la ville lache, sans intention, un coup de pistolet; à ce bruit, que les ennemis crurent être le signal, ils s'avancent aux portes de la ville; étonnés de ne les pas trouver ouvertes et de voir les ponts levés, ils se retirent.

Maillard, quoique consigné chez lui par ordre du bailli, et gardé par deux catholiques, fit ce qu'il put pour le succès de sa conspiration. Ses partisans indiquèrent aux ennemis un lieu où ils pouvaient facilement pénétrer dans la ville; mais les protestans y accoururent, et repoussèrent les assaillans.

Maillard, convaincu d'être le chef de la conspiration, et sur lequel on trouva une liste des habitans qui devaient être pillés, tués ou au moins chassés, intimidait le bailli de la ville. Celui-ci permit aux chefs des troupes d'entrer dans Nemours; il leur offrit du vin, afin de se concilier leur bienveillance. Il voulait ménager tous les partis; mais bientôt, ayant reçu des ordres du duc de Guise, le 12 juin, il rassembla tous les habitans de la nouvelle religion, et leur ordonna de quitter promptement la ville.

Les habitans proscrits, après plusieurs remontrances inutiles, furent forcés d'obéir à cet ordre rigoureux. Ils se retirèrent à Montargis, où la duchesse de Ferrare les accueillit : elle en employa une partie à garder cette ville contre les assauts qu'elle eut à soutenir dans la suite; d'autres se réfugièrent à Orléans. Il y en eut plusieurs qui, plus attachés à leur santé et à leurs intérêts qu'à leur opinion religieuse, restèrent à Nemours et se soumirent à entendre la messe. L'édit de pacification, du 18 mars 1563, permit à ces protestans de revoir leur patrie. On leur assigna un lieu près de la ville, où ils se logèrent; et, ayant reçu un ministre, nommé Olivier Molan, ils reprirent l'exercice de leur culte [1].

La ville de Nemours n'offre, dans son histoire, aucun autre événement notable; il faut l'en féliciter. Voici quel était l'état de cette ville au xvii°. siècle. « Elle est bâtie en carré,
» dans un fond qui est commandé de collines
» à demi-lieue de là autour, dit l'historien du
» Gâtinais; elle est de médiocre grandeur et
» a quatre portes et un château de médiocre
» défense; elle est toute enceinte de murailles
» de remparts et fossés. En cet endroit est
» bâti un beau pont de pierres de taille fort
» ancien [2]. »

Le château, flanqué de quatre tours, existe encore; le pont a été reconstruit sur les dessins de l'ingénieur Perronet; l'église du prieuré de Saint-Jean est devenue l'église paroissiale

---

[1] *Histoire ecclésiastique de* Bèze, tome 1er., page 750, et tome II, page 468.
[2] *Histoire du Gâtinais*, page 305.

de la ville. Il s'y trouve un hôtel-dieu desservi par des sœurs de la Charité.

Les canaux de Briare et d'Orléans, réunis à Montargis, se prolongeaient par le cours du Loing jusqu'à la Seine; mais, le Loing ayant cessé d'être navigable, en 1720, on creusa un canal parallèle à cette rivière. Ce canal cotoie Nemours à l'ouest de cette ville; un pont, où passe la grande route de Fontainebleau à Montargis, fut, vers l'an 1785, reconstruit sur ce canal; la porte de ville, du côté de l'ouest, dont la baie était trop étroite pour les voitures de haute charge, fut démolie vers la fin du siècle dernier.

Nemours, bien bâti, bien pavé, a, devant son château, une place assez vaste. Les bords du canal, ceux du Loing, où se trouve la promenade dite de *la Butte*, et le vallon formé par cette rivière, offrent des promenades et des points de vue agréables. Dans le château sont placées diverses institutions : on y trouve une bibliothèque publique composée de dix mille volumes. Cette ville est vivifiée par la grande route de Fontainebleau à Montargis, qui la traverse, par le canal qui la cotoie, par des manufactures de chapellerie et surtout de tannerie. On y trouve plusieurs moulins à tan et à farine, des ateliers considérables et une marbrerie.

Sous Louis xv, on comptait à Nemours 2,970 habitans; aujourd'hui ce nombre s'élève à 3,825.

ENVIRONS DE NEMOURS.

Si l'on excepte le vallon de Loing, embelli de vastes prairies et amplement garni d'arbres, et quelques parties situées à l'est et au nord-est de Nemours, les environs de cette ville offrent l'image d'un véritable désert. Ce sont des coteaux arides semés de rochers de grès et un sol ingrat qui, presque partout, refuse aux laboureurs le fruit de leurs travaux. Un de ces rochers, dont le sol est hérissé, s'élève verticalement à une lieue de Nemours, sur le bord de la route de Montargis, et semble menacer les passans de sa chute. Un étranger, dit-on, admirateur de ce rocher, se fit construire tout auprès une cabane où il passait quelquefois la nuit. Obligé d'abandonner ces lieux, il laissa une somme assez considérable à un peintre, à condition qu'il inscrirait sur ce rocher, en gros caractères et sur la face qui regarde la route, cette phrase mystérieuse :

Quand j'aurai pu creuser tes entrailles, marâtres, tu seras l'autel de mes plaisirs.

Cette inscription, en grande partie effacée par le temps, fait naître le désir de la connaître toute entière; et, quoiqu'elle soit d'un faible intérêt, nous avons cru devoir la rétablir telle qu'on la lisait il y a quarante ans.

Le Fay, château et village situés à une lieue de Nemours, sur le penchant d'une colline.

Ce château est recommandable parce qu'il a appartenu à *Michel Hurault de l'Hospital*, petit-fils, filleul et élève du vénérable chancelier *Michel de l'Hospital*. Il se montra, à plusieurs égards, digne de son illustre grand-père; il fut chancelier du roi de Navarre, et chargé de plusieurs ambassades. Il composa quatre *Discours sur l'état de la France*, depuis 1585 jusqu'en 1591, qui étonnent par la force et la lucidité des raisonnemens, par l'énergie et la pureté du style : il sont les chefs-d'œuvres des prosateurs du XVIe. siècle.

L'église du Fay contenait plusieurs tombes.

Sur une d'elles était l'effigie d'un homme armé, la tête découverte. C'était un ancien seigneur du Fay, nommé Estienne Barton, comme l'indiquait cette épitaphe remarquable par ses rimes et par sa singularité :

Cy gist Estienne Barton, de tous communément regretté, lequel, en son vivant, du Fay fut seigneur; de vertus, bonnes mœurs, clarifique chevalier, en tous ses faits et noblesse antique extraict; pieux et discret, orateur authentique du roi Charles, feu huitième de ce nom, conseiller et d'hostel-maistre, de bon renom, aumosnier, humain, benin à tout homme; lui jeune, étant pélerin, fut à Rome et à Jérusalem où le sépulchre de Jésus, les saints lieux visita, tout remplis de vertus; mais, après avoir soutenu des douleurs excessives, muni des sacrements, de saincte foi chrétienne, lendemain de Noël M. VC. et VI, il rendit l'esprit le jour Sainct-Estienne. Requiescat in pace. Amen.

§. III.

LARCHANT.

Bourg situé à quatre lieues au S.-O. de Fontainebleau et à deux petites lieues à l'O. de Nemours.

C'était anciennement une petite ville fermée de fortes murailles avec tourelles et remparts.

Elle fut, dit-on, le lieu de la naissance de saint Mathurin; et cette circonstance la rendit célèbre dans le voisinage. Mathurin excellait dans l'art d'expulser des corps les démons les plus opiniâtres. La fille du césar Galère-Maxime était possédée d'un diable qui, dans les exorcismes, cria par la bouche de cette princesse, *qu'il ne sortirait point, si Mathurin le Sénonais ne l'en chassait, et que c'était lui qui, par ses prières continuelles, délivrerait le peuple romain de la pestilence en laquelle il était*[1].

On fit donc venir Mathurin; et il réussit effectivement à délivrer la fille de l'empereur, comme aussi à faire cesser la *pestilence* de Rome. Après ce double succès, il resta quelque temps dans cette ville, et y mourut. On ensevelit son corps; mais le lendemain, ce corps fut trouvé hors de terre. On se souvint alors de la promesse qu'il avait exigée de le transférer dans la Gaule. En conséquence, ses amis le prirent, traversèrent les Alpes et le déposèrent en la ville de Sens, où il fut honorablement enseveli *par les ordres de l'empereur*. Là, sa présence fut sur-le-champ signa-

---

[1] *Morin*, liv. II, page 361.

lée par une infinité de miracles; « ce qui in-
» cita de bâtir, sous les auspices dudit saint,
» une très-magnifique église au lieu qu'il fut
» né; et son corps fut tiré de Sens et mis en
» cette église, où abordent de tous côtés *les*
» *dévoyés d'esprit*, et s'y font de grandes mer-
» veilles de jour en jour [1] ».

C'est ici une vieille fable dont les légendaires
se sont emparés pour la reproduire en divers
lieux et en diverses façons. Illidius ou saint
Allyre chassa pareillement le diable du corps
de la fille de cet empereur Maxime. On trouve
souvent la même légende appliquée à plusieurs
saints.

L'église de Saint-Mathurin fut dévastée par
les calvinistes, au XVIe. siècle. On y venait
processionnellement, le jour de Saint-Barnabé,
des villages environnans à huit ou dix lieues à
la ronde.

Au XVIe. siècle, Nicolas de Grimonville était
seigneur de Larchant, chevalier de l'ordre du
roi, capitaine des cent archers de la garde.
C'était un homme d'exécution; il allait même
au-delà des ordres tyranniques que lui donnait

[1] Morin, *Histoire du Gâtinais*, page 362.

Henri III. Ce roi, en 1582, ayant expulsé de sa cour, Marguerite de Valois, sa sœur, épouse de Henri IV, ordonna à Larchant de l'arrêter en chemin. Larchant, avec soixante archers de la garde, se rendit à Palaiseau, où était couchée cette reine, fouilla jusque dans son lit, l'emmena prisonnière avec sa suite à Montargis, où le roi l'interrogea lui-même, et puis la fit relâcher.

Ce fut le même Larchant qui, en 1588, disposa tout pour l'assassinat du duc de Guise, à Blois. Il réussit à merveille et en fut récompensé par le roi. Larchant mourut sans enfans, en 1592.

Ce bourg est situé au bas d'une montagne qui le domine vers le nord. Autrefois, du côté du midi, étaient de vastes marais qui y rendaient l'air très-insalubre : ils furent desséchés au commencement du XVII°. siècle, et devinrent alors d'excellentes prairies.

Larchant appartient au département de Seine-et-Marne, canton de La Chapelle; sa population est de 500 habitans.

§. IV.

MALESHERBES.

Bourg considérable situé sur la rivière d'Essonne, et traversé par la route de Fontainebleau à Orléans, à quatre lieues vers le S.-O. de la première ville, et à seize au S. de Paris.

Ce lieu, dont le nom signifie *mauvaises herbes*, était une ancienne seigneurie avec château autrefois nommé *Bois-Malesherbes*. En 1388, elle appartenait à Jean de Montagu, qui, le 17 octobre 1409, fut décapité à Paris; puis, au XVe. siècle, à Louis Malet, sieur de Graville, de Marcoussy, etc., amiral de France. Une de ses filles, Anne Malet de Graville, fut enlevée et épousée, malgré son père, par Pierre de Balzac, seigneur d'Entragues, à qui elle porta en dot la seigneurie du Bois-Malesherbes. Ce fut elle qui, par ordre de la reine Claude, traduisit, en langage de son temps et en vers, un vieux roman en prose, intitulé *les Amours d'Alcite et de Palémon* : cette traduction est restée manuscrite à la Bibliothèque royale.

Le petit-fils d'Anne de Graville, François de Balzac, seigneur d'Entragues, de Marcoussy et du Bois-Malesherbes, épousa en secondes noces *Marie Touchet*, maîtresse du roi Charles IX, lequel l'avait rendue mère de deux enfans, dont l'un fut appelé *Charles bâtard, duc d'Angoulême*. François d'Entragues devait être blâmé par les nobles de s'être allié à une femme rôturière, et par les moralistes d'avoir épousé une fille déshonorée; mais on a bien d'autres reproches à faire à ce François d'Entragues. Il eut deux filles, héritières des goûts de leur mère, c'est-à-dire très-galantes. Je ne parlerai que de *Henriette*, dont Henri IV devint violemment amoureux.

Le père, profitant de l'aveugle passion du roi, mit à un très-haut prix le déshonneur de sa fille et le sien. On marchanda assez long-temps. Henri IV, impatient de conclure, consentit à signer une promesse de mariage, dont Sully déchira une copie devant le roi, et consentit à donner cent mille écus, somme qui aujourd'hui équivaudrait à plus de huit cent mille francs. Pour faire sentir au roi combien cette somme était excessive, Sully, en sa présence, l'étala sur le plancher. Henri IV, en voyant l'espace qu'elle occupait, s'écria : *Ventre-saint-gris, voilà une nuit bien payée!*

Henri IV ne borna pas là ces libéralités envers cette maîtresse ; et ses parens eurent une bonne part aux bienfaits dont il la combla. Il la créa ensuite duchesse de Verneuïl. Je dois dire que ce fut au mois d'octobre 1599, et au château de Malesherbes, que Henri IV, par le ministère d'un nommé Nau, conclut le honteux marché, et que ce fut dans ce château que la marchandise lui fut livrée.

Henriette d'Entragues, que Sully qualifie de *pimbêche* et de *rusée femelle*, quoique ses services fussent amplement rétribués, n'en fut pas moins infidèle et ingrate. Elle entra, avec son père et autres de sa famille, dans une conspiration contre la personne du roi et contre sa dynastie. La conspiration étant découverte, les conspirateurs furent, en février 1605, condamnés à des peines graves que la bonté du roi commua en de plus douces. La marquise de Verneuil eut la terre de ce nom pour exil ; et son père, condamné à mort, fut relégué en sa maison de Malesherbes.

Au XVIIe. siècle, la terre de Malesherbes passa dans la famille de Lamoignon, et donna son nom à un membre de cette famille, Chrétien-Guillaume Lamoignon-Malesherbes, qui, par ses talens, ses principes, son courage, devint un des hommes les plus respectables du xviiie. siècle, et dont la mémoire est honorée par une statue placée dans la grande salle du Palais de Justice.

M. de Châteaubriand, arrière-petit-fils de Mme. de Malesherbes, possède cette terre.

Le château est situé sur un coteau; on y jouit d'une vue très-étendue. M. de Malesherbes en fit abattre les deux ailes qui menaçaient ruine. On y a conservé et l'on montre avec respect l'ameublement de la chambre où Henri iv fut cajolé et trompé par Henriette d'Entragues.

Ce bourg s'honorait autrefois d'un beau couvent de cordeliers, fondé, en 1494, par Louis de Graville, amiral de France. Les bâtimens pouvaient contenir de trente à quarante religieux. Le fondateur y avait son tombeau. Au xvie. siècle, les armées du prince de Condé ruinèrent presqu'entièrement ce couvent; mais il fut réparé par le zèle des seigneurs de Malesherbes. En 1622, le roi Louis xiii voulut s'associer à ce bienfait, et la nouvelle église fut consacrée dans la même année. On l'enrichit alors de quelques précieuses reliques, entre autres du *menton de saint Athanase*. Il s'y faisait des pélerinages très-renommés, surtout le jour où se célébrait la fête de Notre-Dame-de-Pitié et le vendredi avant le dimanche des Rameaux. Ce monastère n'existe plus; mais Malesherbes possède son ancienne église paroissiale sous le titre de Saint-Martin.

Le parc du château, enclos de murs, est contigu à un bois d'environ trois cents arpens, fort bien percé et où se trouvaient plusieurs arbres exotiques.

Le sol des environs produit surtout des grains. Le marché passe pour le plus considérable du département après celui d'Orléans, et a lieu le mercredi de chaque semaine. Il se tient en outre quatre foires par année : la première, le mercredi de la Passion; la deuxième, le 4 juillet; la troisième, le 24 août; et la quatrième, le 11 novembre.

Malesherbes est un chef-lieu de canton de l'arrondissement de Pithiviers, département du Loiret. Il y a une justice de paix et une brigade de gendarmerie. On y compte environ 1,000 ou 1,100 habitans, en y comprenant plusieurs hameaux voisins, entre autres, *Rouville*, où l'on remarque un château très-ancien situé à mi-côte, et qui a sept tours toutes différentes les unes des autres. Il appartient à M. le comte de Fera-Rouville.

§. V.
ANGERVILLE-LA-RIVIÈRE.

Château ancien, situé sur la rivière d'Essonne, à une lieue au S. de Malesherbes. Réduit au corps principal de logis, flanqué de deux tours, ce château présente encore une assez belle apparence. Au XVIe. siècle, il appartenait à la famille L'Huillier, dont le chef, Jean L'Huillier, fut, en 1592, prevôt de Paris, et facilita, non sans de grands risques, la reddition de cette ville à Henri IV. Malheureusement pour la mémoire de Jean L'Huillier, le service qu'il contribua à rendre à la France ne fut pas gratuit : avant la reddition de Paris, il avait, de concert avec de M. de Brissac, fait un traité avec Henri IV; aussi, ce roi le mettait au rang de ceux qui lui avaient *vendu Paris*.

Un peu plus tard, Angerville fut acquis par la maison de Condé. Quelques constructions semblent se rapporter à cette époque. La maison de Condé l'ayant, vers le milieu du xviie. siècle, donné au président Perrot, le grand Condé y trouva momentanément un asile pendant les troubles de la fronde. On y remarque encore la salle des gardes et la chambre du prince. Ce château est actuellement la propriété de M. Berryer fils, avocat.

§. VI.

PUISEAUX.

Petite ville située entre Nemours et Pithiviers, à quatre lieues et demie de la seconde, et à près de vingt lieues au S. de Paris.

Puiseau, autrefois *Puteau*, *Puteolus*, nom commun à plusieurs lieux de France, et qu'il ne faut pas confondre avec le *Puiset*, dont le nom latin est le même. Le château du Puiset est fameux dans l'histoire du xiie. siècle par les vexations, le brigandage et la cruauté de ses seigneurs.

Puiseaux, au xiie. siècle, était nommé *Puseols*. Louis vii, vers l'an 1146, adressa une lettre à Ervise, abbé de Saint-Victor de Paris, dans laquelle il lui remontre que ses hommes (ou ses serfs) de Puseols ont commis quelques excès sur les terres de l'abbaye de Saint-Maximin d'Orléans ; il l'invite à faire un accommodement avec l'abbé de Saint-Maximin [1]. Il résulte de cette lettre que les abbés de Saint-Victor étaient seigneurs en tout ou en partie du territoire de Puiseaux, et qu'ils y avaient des serfs et un prieuré sous le nom de *Sainte-Marie.* Dans un acte de l'an 1478, où sont dénombrées les églises appartenant à l'abbaye de Saint-Victor, on trouve le prieuré de Puiseaux ainsi désigné : *Sancta Maria de Puteolis* [2].

Le prieur de Sainte-Marie de Puiseaux avait la haute, moyenne et basse justice dans la ville et dans la banlieue ; le faubourg seulement dépendait à cet égard de l'abbaye de Ferrières. Les appels de cette juridiction monacale étaient portés directement au parlement de Paris ; et, dans la suite, le bailli de Melun et le prevôt de Château-Landon ayant tenté d'entreprendre sur les droits des moines, un acte de Charles V, en 1371, confirma les concessions qui leur avaient été faites par Louis-le-Gros, et défendit aux magistrats des lieux voi-

---

[1] *Recueil des historiens de France*, tome XVI, page 114.
[2] *Gallia christiana*, tome VII, page 687.

sins de troubler les Religieux dans l'exercice de leurs droits.

Toute la terre des environs avait primitivement appartenu au prieuré; dans les derniers temps, les habitans lui payaient simplement la dîme de leurs produits.

« Le château de Puiseaux, bâti par Louis VI,
» comprenait, au dix-septième siècle, l'église,
» le prieuré et le rang des maisons qui sont du
» côté de l'église, sur la place du Marroy, jus-
» qu'au carrefour; et se voient encore quelques
» vestiges et restes de vieilles murailles fort
» épaisses. Les porteaux de la ville de Puiseaux
» sont des plus beaux qui se puissent voir, y
» ayant de grosses tours de pierres de taille,
» à gros pavillons couverts d'ardoises, notam-
» ment la porte St.-Jacques, qui a été bâtie par
» un excellent architecte nommé Jacques de
» Bruges, dont elle a retenu le nom [1]. »

Les habitans de cette petite ville ont signalé en plusieurs circonstances un courage qui les a honorés. En 1568, ils contraignirent seuls l'armée du prince de Condé de décamper après quelques jours d'un siége infructueux; et, plus

---

[1] *Histoire du Gâtinais*, page 277.

tard, le duc de Bouillon tenta vainement de s'en emparer.

Dans la nuit du 19 juin 1698, une trombe éclata sur cette petite ville, et la ruina presqu'entièrement.

Dans le siécle dernier, un aveugle, né à Puiseaux, se distingua par la délicatesse de son toucher et la finesse de son esprit. Cet homme inspira à Diderot sa *Lettre sur les aveugles*, qui conduisit le philosophe à la Bastille.

Puiseaux est un chef-lieu de canton de l'arrondissement de Péthiviers, département du Loiret. Son principal commerce consiste en vin, cire, miel et safran. Sous Louis XV, on y comptait 404 habitans; aujourd'hui leur nombre s'élève à 1,900.

§. VII.

SOUPPES.

Bourg situé sur la route de Lyon et près du Loing, à deux lieues et demie au S. de Nemours, et à vingt lieues de Paris.

Ce village est fort ancien. Le pont bâti en cet endroit, sur le Loing, passe pour être de construction romaine; il était connu, dit-on, sous le nom de *Pont-Sulpicie;* mais ces nombreuses et petites arches, construites en forme d'ogives, démentent cette origine. Toutefois ce pont est un monument remarquable de l'art de construire au xve. siècle. Il traverse toute la largeur du vallon de Loing. Au milieu, la route est interrompue; et, au lieu d'une arche en maçonnerie, se trouve un espace qui devait être rempli par une charpente : ce qui indique la présence d'un pont-levis qui fermait la route dans des temps de danger. La route qui correspondait à celle du pont, aboutissait, à l'est du vallon de Loing, à l'ancien château du Boullay, et, du côté opposé, à Château-Landon.

L'église de Souppes est fort ancienne. C'était un prieuré-cure, dépendant de l'abbaye de Saint-Florentin de Bonneval. L'édifice actuel remonte, à ce qu'on croit, au règne de Philippe-Auguste. Le patron est *saint Clair,* archevêque de Cologne, dont le corps y était, en grande partie, déposé avec plusieurs autres reliques. *Saint Clair* recevait surtout les prières et les hommages des personnes affligées de maux d'yeux ou qui ne voyaient pas *clair :* on a souvent autrefois attribué aux saints la vertu de guérir des maux qui avaient des rapports avec leur nom. On venait à Souppes, en grande affluence, à certaines époques de l'année. Ces pélerinages avaient enrichi le prieuré; mais il fut détruit pendant les guerres civiles du XVI°. siècle et au XVII°. Les titres ayant été brûlés, les biens ravis, et les bâtimens abattus, il ne restait plus que quelques vestiges du monastère.

Sur le territoire de Souppes, dans une prairie, entre deux collines, était l'abbaye d'hommes de *Cercauceau*, en latin *Sacracella*. Elle fut bâtie sous le règne de Philippe-Auguste, vers l'an 1190. « C'est une des belles églises » qui soit au reste de la France avec des cloî- » tres bien bâtis et de belle longueur; mais » ni l'un ni l'autre n'a été parachevé [1]. » Les cloîtres renfermaient un très-grand nombre de tombes. Ces moines vivaient sous la règle de Cîteaux. L'abbaye fut pillée pendant les guerres de religion. Elle a été démolie dans la révolution et remplacée par une papeterie.

A une lieue de Souppes est le château du Boullay avec un petit hameau, compris, ainsi que plusieurs autres, dans la commune. Ce

[1] *Morin*, page 386.

château est ancien; et ses possesseurs se signalèrent plusieurs fois dans des troubles qui agitèrent la contrée. Il y en eut qui furent de véritables brigands. Ce château appartient actuellement au comte d'Harcourt.

On remarque à Souppes une usine considérable, où l'on convertit le fer en acier et où l'on fabrique des ouvrages en acier : le propriétaire de cette usine est M. le baron de La Garde.

Le sol des environs produit des grains. Il y a aussi des prés, des vignes et des bois.

Le village de Souppes s'accroît continuellement par la route très-fréquentée qui le traverse ; il est en grande partie composé d'auberges, et appartient à l'arrondissement de Fontainebleau, et au canton de Château-Landon. Les hameaux compris dans cette commune forment une population d'environ 1100 habitans.

FIN DU SIXIÈME VOLUME.

TABLE

DES CHAPITRES ET PARAGRAPHES

CONTENUS DANS CE VOLUME.

SUITE DU LIVRE PREMIER

DE LA HUITIÈME PARTIE.

		Pages.
CHAPITRE IV.	Crécy, Couilly, Faremoutier, La Celle, Coulommiers, Boissy-le-Châtel, Rebais, La Ferté-Gaucher.	1
§. I.	Crécy	id.
§. II.	Couilly.	5
§. III.	Faremoutier.	8
§. IV.	La Celle.	20
§. V.	Coulommiers	22
§. VI.	Boissy-le-Châtel	29
§. VII.	Rebais.	30
§. VIII.	La Ferté-Gaucher.	38

LIVRE DEUXIÈME.

CHAPITRE I.	Coup-d'œil général. — Pays d'entre Seine et Marne.	44

		Pages
Chapitre II.	Saint-Maur-des-Fossés, Champigny-sur-Marne, Chenevières-sur-Marne, La Queue-en-Brie, Tournan, Rosay, Fontenay-Tresigny et Lumigny.	51
§. I.	Saint-Maur-des-Fossés	id.
§. II.	Champigny-sur-Marne.	62
§. III.	Chenevières-sur-Marne.	64
§. IV.	La Queue-en-Brie	67
§. V.	Tournan.	69
§. VI.	Fontenay-Tresigny et Lumigny.	72
§. VII.	Rozay *ou* Rosoy	80

LIVRE TROISIÈME.

ROUTE DE PROVINS.

Chapitre I.	Bercy, Conflans, Charenton, Creteil, Sussy en-Brie et Boissy-Saint Léger, Brie-Comte-Robert.	82
§. I.	Bercy	id.
§. II.	Conflans.	87
§. III.	Charenton.	89
	Charenton-le-Pont.	90
	Charenton-Saint-Maurice.	93
§. III *bis*.	Creteil.	98
§. IV.	Sussy-en-Brie et Boissy-Saint-Léger.	105
§. V.	Brie-Comte-Robert.	106
Chapitre II.	Provins	117

LIVRE QUATRIÈME.

ROUTE DE MELUN.

Chapitre I.	Alfort, Maisons, Villeneuve-Saint-Georges, Crosne, Hières, Montgeron, Brunoy.	172

		Pages.
§. I.	Alfort.	172
§. II.	Maisons.	174
§. III.	Villeneuve-Saint-Georges.	177
§. IV.	Crosne.	186
§. V.	Hières.	188
§. VI.	Montgeron.	194
§. VII.	Brunoy.	195
Chapitre II.	Draveil, Varennes et Jarcy, Combs-la-Ville, Lieusaint, Moissy-Cramayel, Pouilly-le-Fort, Voisenon et le Jard, le Vivier-en-Brie, la Grange-Bleneau.	199
§. I.	Draveil.	id.
§. II.	Varennes et Jarcy	202
§. III.	Combs-la-Ville.	204
§. IV.	Lieusaint *ou* Lieursaint	206
§. V.	Moissy-Cramayel.	208
§. VI.	Pouilly-le-Fort.	209
§. VII.	Le Jard	210
§. VIII.	Le Vivier-en-Brie.	213
§. IX.	La Grange-Bleneau.	224
Caapitre III.	Melun	232
	Le Lis.	261
	Vaux-le-Peny.	263
Chapitre IV.	Vaux le-Praslin, Blandy, Champeaux, la Chapelle-Thiboust, Chartrettes, Fontaine-le-Port, Montereau.	264
§. I.	Vaux-le-Praslin.	id.
§. II.	Blandy.	267
§. III.	Champeaux	272
§. IV.	La Chapelle-Thiboust	275
§. V.	Chartrettes.	277

		Pages.
§. vi.	Fontaine-le-Port.	279
§ vii.	Montereau-Faut-Yonne.	281

NEUVIÈME PARTIE.

ROUTE DE FONTAINEBLEAU.

LIVRE PREMIER.

Chapitre I.	Gentilly, Arcueil, Ivry, Bicêtre, Villejuif, Choisy-le-Roi.	295
§. i.	Gentilly.	ib.
§. ii.	Arcueil.	298
§. iii.	Ivry-sur-Seine.	300
§. iv.	Bicêtre.	302
§. v.	Villejuif.	309
§. vi.	Choisy-le-Roi.	311
Chapitre II.	Rungis, Juvisy, Corbeil, Essonne.	315
§. i.	Rungis.	ib.
§. ii.	Juvisy.	317
§. iii.	Corbeil	320
§. iv.	Essonne.	341

LIVRE DEUXIÈME.

Chapitre I.	Ménecy et Villeroy, Pringy, Cély, Milly, Viry	347
§. i.	Ménecy et Villeroy.	ib.
§. ii.	Pringy.	353
§. iii.	Cély.	354
§. iv.	Milly	355
§. v.	Viry.	358
	Fleury-d'Argouges.	360

DES CHAPITRES ET PARAGRAPHES. 475

		Pages.
Chapitre II.	Fontainebleau.	362
	Environs de Fontainebleau.	421
	Avon.	id.
	Basses-Loges	422
	Ermitage de la Madeleine	423
	Thomery.	426
Chapitre III.	Moret, Nemours, Malesherbes, Larchant, Angerville-la-Rivière, Puiseaux, Souppes.	427
§. i.	Moret	ib.
§. ii.	Nemours.	435
	Environs de Nemours	452
	Le Fay.	453
§. iii.	Larchant.	454
§. iv.	Malesherbes	458
§. v.	Angerville-la-Rivière.	463
§. vi.	Puiseaux.	464
§. vii.	Souppes.	467

FIN DE LA TABLE.

www.ingramcontent.com/pod-product-compliance
Lightning Source LLC
Chambersburg PA
CBHW051135230426
43670CB00007B/815